석탄산업의 사양화와 일본 사회의 대응

정진성 지음

도서출판 해남

석탄산업의 사양화와 일본 사회의 대응

초판1쇄 인쇄 2024년 4월 17일
초판1쇄 발행 2024년 4월 26일

지은이 정진성
발행인 노현철
발행처 도서출판 해남

출판등록 1995. 5. 10 제 1-1885호
주 소 서울특별시 마포구 마포대로8길 9 영명빌딩 405호
전 화 739-4822 팩스 720-4823
이 메 일 haenamin30@naver.com
홈페이지 www.hpub.co.kr

ISBN 978-89-6238-184-9 93320

머리말

석탄산업은 이제 우리에게 낯선 산업이다. 우리나라에서는 아직 몇 개의 탄광이 가동하여 연탄 원료인 무연탄을 생산하고 있지만 연탄 자체가 아스라한 향수(鄕愁)처럼 우리의 기억 창고에서 소환될 뿐이다. 더구나 일본의 석탄산업은 우리와 무관한 존재이다. 식민지기에는 일본에서 다량의 유연탄이 조선에 수입되고 많은 조선인 노동자가 자의에서든 타의에서든 일본의 탄광에서 노동했지만, 이제 일본에서는 석탄산업 자체가 존재하지 않는다.

그럼에도 이 책이 일본 석탄산업의 쇠퇴와 소멸을 다루는 이유는 이것이 우리에게 여전히 현재적 문제를 던지고 있기 때문이다. 석탄산업의 사양화는 대량 실업, 지역 사회 쇠퇴 등과 같은 곤란한 사회적 문제를 수반하며 진행되었고, 지역 사회 문제는 현재도 진행 중이다. 과거에 석탄 생산지로 은성(殷盛)을 구가했던 지역이 지금은 다른 지역보다 훨씬 심각한 지역 '소멸'의 문제에 직면하고 있다. 더구나 이러한 것은 일본만의 문제가 아니다. 산업 사양화는 석유위기 후 선진국에서, 그리고 오늘날의 우리나라에서도 발생하고 있고, 그때마다 고통스러운 사회적 갈등을 야기했다.

이 책은 에너지 혁명하에 석탄산업 사양화가 급격히 진행되던 1960년대를 대상으로 하여 석탄산업의 사양화가 가져온 충격에 대한 일본 사회 – 정부, 기업, 노동조합, 지역 사회 – 의 대응을 살펴보고자 하는 것이다. 일본의 경험에서 오늘날 우리 사회가 겪고 있는 문제 해결을 위한 시사점을 얻을 수 있다면, 필자로서는 망외의 기쁨이다.

일본 석탄산업에 대한 연구는 유학 시절부터 시작되었다. 나는 서울대학교의 안병직 교수와 쓰쿠바대학의 외국인 교수였던 강동진 교수의 도움으로 일본 문부성의 장학금을 받고 1983년부터 일본 쓰쿠바대학에 유학할 수 있었다. 나의 박사학위 논문, 「戰間期日本における石炭獨占組織と中小炭鑛」은 제2차 세계대전 전 일본의 석탄 카르텔인 '쇼와(昭和)석탄'과 '석탄광업연합회'에 관한 연구였다. 이 논문은 미쓰이문고(三井文庫)에 소장되어 있던 쇼와석탄 관련 자료를 분석하여 작성한 것인데, 지도교수였던 이와사키 히로시(岩崎宏之) 교수의 도움으로 이 자료를 이용할 수 있었다.

내가 제2차 세계대전 전의 석탄산업사 연구에서 벗어나 전후의 석탄산업에 관심을 갖게 된 계기는 2003년에 개최된 제27회 후지 콘퍼런스였다. 후지 콘퍼런스는 일본의 경영사학회가 주관하는 권위 있는 국제적 학술대회인데, 제27회 콘퍼런스의 주제는 산업 사양화에 대한 기업의 대응이었다. 나는 유학 시절의 은사이며 동 콘퍼런스의 오거나이저였던 아베 다케시(阿部武司) 교수로부터 발표 의뢰를 받고, "Strategies of Japanese Coal Mining Firms under the 'Energy Revolution'"이라는 논문을 발표했다. 이 논문은 2004년에 「에너지 혁명하 일본 탄광기업의 경영전략」(『국제지역연구』 제13권)이란 제목으로 국내 학술지에 게재되었다. 본서 제5장은 이 논문을 대폭 수정한 것이다.

2004년 여름부터 1년간 도쿄대학에서 안식년을 보낼 수 있게 되어 그 기간 동안 후지 콘퍼런스의 발표 논문에서 충분히 검토하지 못했던 일본의 전후 석탄정책에 대해 본격적으로 공부했다. 그 결과물은 2006년에 「高度經濟成

長期の石炭産業調整政策-生産維持と雇用調整を中心に-」라는 제목으로 일본의 『社会経済史学』(제72권 제2호)에 게재되었다. 다행히 이 논문은 호평을 받아 나중에 영어로 번역되어 *Micro-Performance During Postwar Japan's High Growth Era*(Springer, 2016)라는 책의 한 챕터를 구성하였다. 본서의 제2장은 이 논문을 기반으로 하고 있다.

석탄정책에 대한 연구를 진행하면서 에너지정책 전반에서의 석탄정책의 위치를 검토할 필요성을 느꼈다. 이 문제에 대해서는 당시 서울대학교 국제대학원의 교수였던 고 김장권 교수를 중심으로 진행된 「동아시아의 로칼리즘, 내셔널리즘, 리저널리즘」을 주제로 한 연구 프로젝트에 참여하면서 약간의 고찰을 할 수 있었다. 이 연구는 「무역자유화와 일본의 종합 에너지정책」이란 제목으로 2007년 간행된 『동아시아의 로칼리즘, 내셔널리즘, 리저널리즘』의 한 챕터로 발표되었다. 이 논문 내용의 일부는 이 책의 제1장에 수록되었다.

이상의 세 논문은 주로 1960년대를 대상으로 했기 때문에 후속 연구로 제2차 세계대전 후부터 1950년대의 석탄산업에 관한 연구를 진행했다. 그 연구 성과는 「전후 부흥기 일본의 석탄산업」(『한국방송통신대학교 논문집』, 제48집, 2009), 「1950年代の大手石炭企業の投資戦略」(『大阪大学経済学』 제63권 제1호, 2013)으로 발표되었다. 이 책은 1950년대를 대상으로 하고 있지 않으나 이 논문들은 제1장과 제5장의 집필에서 참조되었다.

석탄정책에 대한 공부를 하면서 절실하게 느꼈던 것의 하나는 석탄 문제는 단순한 산업의 문제가 아니라 지역 사회의 문제이기도 했다는 점이다. 석탄은 한정된 지역에서만 생산되기 때문에, 석탄산업의 사양화는 석탄 생산지의 쇠퇴를 필연적으로 수반하게 되고 이에 따른 사회적 문제에 대한 대처를 필요로 했다. 『社会経済史学』에 게재된 논문에서는 이 문제를 전혀 다루지 못했기 때문에 언젠가는 이 문제를 연구해야겠다고 생각했다. 그러나 자료 문제를 비롯해 좀처럼 연구의 실마리를 찾지 못하고 있던 중에 당시 도쿄대학 경제학부 교수였던 다케다 하루히토(武田晴人) 교수로부터 산탄지역진흥심의회 회의록이란 자료를 소개받아 이를 이용하여 산탄 지역 정책에 대한 논문을 작성할 수 있었다. 다케다 교수는 도쿄대학에서 안식년을 보낼 때 나의 호스트 교수로서 여러모로 나의 연구에 관심을 갖고 배려를 해 주었던 분이다. 산탄지역정책에 대한 논문은 2013년에 「일본의 산탄지역진흥정책: 산업구조조정정책에서 지역개발정책으로」(『일본비평』 제8권)라는 제목으로 국내 학술지에 발표되었고 본서 제3장의 내용이 이에 해당된다.

일본의 석탄산업사 연구에서 노동운동, 노무관리에 관한 연구가 차지하는 비중은 대단히 크다. 비단 석탄산업사에서만 그러한 것이 아니라 일본의 노동운동사, 노무관리사에서도 석탄산업에서의 노동 문제는 핵심적인 위치를 차지하여 왔다. 그런 의미에서 시장(독점) 문제나 정책 문제에 치중된 나의 연구는 석탄산업사의 전체상을 그려내기에는 한참 부족한 것이었다. 나는 이 점을 자각하고는 있었지만, 방대한 연구 성과가 축적되어 있는 이 문제에 좀처럼 다가갈 수 없었다. 그러던 중, 서울대학교 일본연구소에서 수행하는 일본의 노사관계에 관한 연구 프로젝트에 참여할 기회를 얻게 되어 석탄산업의 노동 문제에 관한 연구를 시도할 수 있었다. 이 연구 결과는 2012년에 「에너지혁명기 일본석탄산업의 노동운동–석탄정책전환투쟁을 중심으로–」(『韓日經商論集』 제56권)라는 제목으로 발표된 후, 다음 해 서울대학교 일본연구소가 『현대일본생활세계 총서』의 하나로 출판한 『협조적 노사관계의 행방』의 한 챕터를 구성하게 되었다. 본서 제4장은 이 논문에 약간의 수정을 가한 것이다.

일본 석탄산업의 사양화 과정을 연구하다 보니, 자연히 한국의 석탄산업에 관한 관심도 생겼지만, 이 작업을 본격적으로 수행할 생각은 없었다. 그러나 마침 사양산업 문제에 관심이 많았던 한국개발연구원의 김준경 원장으로부터 한국 석탄산업의 구조조정 과정에 대한 연구를 권유받게 되어, 성신여자대학교의 박기주 교수와 함께 『사양산업의 구조조정정책: 석탄산업의 사례를 중심으로』(기획재정부, 2013)라는 보고서를 작성하게 되었다. 이 연구는 박기주 교수의 주도하에 진행되었고 나는 보조적인 역할을 담당했을 뿐이지만, 이 연구를 통해 획득한 한국 석탄산업 구조조정정책에 대한 지식은 일본의 석탄정책을 국제 비교할 수 있는 레퍼런스로서 기능할 수 있었다. 마침 나는 2011년 후반기에 6개월 간 스탠포드대학에서 안식년을 보내게 되었는데 이 기간 동안 본격적인 것은 아니지만, 미국 무연탄산업의 사양화 과정을 비롯해 영미의 석탄산업에 관한 문헌을 살펴볼 수 있었다. 이와 같은 한국 석탄산업의 구조조정 과정에 대한 연구와 영미의 석탄산업에 관한 문헌 조사를 바탕으로 2013년에 「산탄지역대책에 대한 한미일 비교」(한국방송통신대학교 『통합인문학연구』 제5권 제2호)를 집필했는데, 본서의 보론은 이 논문의 내용을 기초로 한 것이다.

이처럼 이 책은 2003년 후지 콘퍼런스에서의 발표로 시작되어 이후 10여 년 간 진행된 일련의 연구를 기초로 하여 집필된 것이다. 처음부터 일관된 구상을 가지고 시작한 연구는 아니었으나, 중간중간 중단되면서도 10여 년간 연구를 이어오다 보니, 석탄정책, 지역정책, 탄광기업, 노동운동의 각 부문별로 논문들이 쌓이게 되어 한 권의 책으로 구성하는 것도 가능하게 되었다.

그러나 한 권의 책으로 발표할 것을 전제로 하여 쓰여진 논문들이 아니었기 때문에, 이 논문들을 일관된 문제 의식하에 다시 정리할 필요가 있었다. 이 과정에서 논문들을 수정하고 편성을 새로 하는 작업에 상당한 시간이 소요되었다. 또 이 책의 기초가 된 논문들은 짧게는 10년에서 길게는 20년이나 전에 발표된 것이기 때문에, 그동안 새로 진전된 연구 성과를 소화하여 반영하는 작업에도 상당한 노력이 필요했다. 나름대로 고심하여 작업을 했지만 완성된 결과물을 보니 부족한 점이 많다. 석탄산업 연구를 좀 더 치열하게 붙들고 늘어지지 못한 아쉬움이 앞선다.

이 책이 완성되기까지 많은 분들의 도움이 있었다. 우선 일본 유학의 기회를 주신 강동진 교수와 나의 일본경제사 연구 지도를 수락해 주신 이와사키 히로시 교수께 감사의 말씀을 올리고 싶다. 강교수님과 가족 여러분의 따뜻한 배려는 낯선 유학 생활에 큰 힘이 되었다. 이와사키 교수는 일본사에 관한 체계적인 지식도 제대로 갖추지 못한 유학생을 일본경제사 입문에서부터 석탄산업사 연구까지 자상하게 이끌어주셨다. 이미 고인이 된 두 선생님께서 이 책을 보실 수 없음이 유감이다.

이 책의 출판을 적극 권유해 주신 아베 다케시 교수께도 깊은 감사의 말씀을 올린다. 아베 교수는 내가 쓰쿠바대학에서 유학할 시기부터 학문적으로나 인간적으로 훈도를 받아온 분이다. 경제학 전공이었던 나는 사학과에서 공부하면서 한편으로는 신선한 충격과 함께 다른 한편으로는 어떤 부족함을 느끼고 있었다. 그런 부족함을 당시 사회과학연구과의 경제학과 교수였던 아베 교수의 강의를 들으면서 메워나갔던 것 같다. 아베 교수는 내가 쓰쿠바대학에서 박사학위를 취득하기 전에 오사카대학으로 직장을 옮겼지만 계속하여 나의 연구에 관심을 가지고 학문적으로 조언하고 훌륭한 연구자들을 소개해 주었으며, 제2차 세계대전 후의 석탄산업 연구에 나를 이끌어 주었다. 이 책의 출판을 망설이고 있을 때, 아베 교수의 간곡한 출판 권유가 이 책의 집필을 결심할 수 있는 용기가 되었다.

강원랜드의 강창대 팀장에게도 감사의 말씀을 전하지 않을 수 없다. 강 팀장이 2019년 7월 나의 논문을 읽고 나의 연구실을 방문한 것은, 이 책의 출간에 큰 힘이 되었다. 강 팀장의 당시 정확한 직함은 기억 못하지만, 석탄 생산 지역의 지원 업무와 관계있는 분야였던 것 같다. 강 팀장은 산탄 지역의 진흥, 지원 방책을 연구하다가 나의 산탄 지역 진흥정책에 관한 논문을 읽고 강원도 정선에서 서울 동숭동의 내 연구실까지 찾아온 것이다. 나는 산탄 지역 문제에 대한 강팀장의 진지한 태도에 큰 감동을 받은 동시에, 나의 연구가 조금이라도 사회에 기여하는 바가 있음을 실감하는 기쁨도 누렸다. 아베 교수로부터 책 출간을 권유받았을 때 긍정적으로 생각할 수 있었던 바탕에는 강 팀장의 방문이라는 '놀라운 경험'이 있었다.

이 분들 외에도 많은 분들의 도움과 배려 덕분에 이 책이 출간될 수 있었다. 아베 교수로부터 소개받은 사와이 미노루(沢井実) 교수, 다케다 하루히토 교수는 나의 일본경제사 연구의 멘토와 같은 존재였다. 경제사학회와 산업사 연구회의 선배, 동료, 후배 연구자들로부터는 늘 많은 가르침과 신선한 자극을 받아왔다. 이 책이 이 분들에 대한 조그만 보답이 될 수 있기를 희망한다.

마지막으로 이 책의 출판을 적극 지원해 주신 해남출판사의 노현철 사장님과 원고를 꼼꼼히 읽고 코멘트 해준 한영혜에게 감사드린다.

2024년 수리산 자락에서

차례

제3장 산탄 지역 진흥정책: 산업조정정책에서 지역개발정책으로

제4장 노동조합의 대응: 정책전환 투쟁을 중심으로

제5장 탄광 기업의 대응: 설비투자, 퇴출, 다각화

보론 산탄 지역 대책에 대한 한·미·일 비교

종장 일본 석탄산업 사양화 과정의 특징

서장

산업 사양화의 그림자

1. 산업 사양화에 직면한 사회

2. 일본 석탄산업의 성장과 사양화

3. 본서의 구성

미이케(三池)탄광의 만다갱(万田坑) 유적(2016년 필자 촬영)

1. 산업 사양화에 직면한 사회

산업의 사양화는 특정 산업의 장기적 쇠퇴 과정을 의미하며 경기변동에 따른 일시적인 불황을 의미하지 않는다. 따라서 그 결말은 당해 산업의 소멸이거나 혹은 산업 규모의 대폭적인 축소조정이 된다. 이러한 산업의 사양화는 종종 그 산업에 종사하던 취업자, 그 가족, 지역 사회에 큰 고통을 주면서 진행된다. 직장을 잃은 사람들은 실업자가 되거나 설사 새로운 직장에 취업하게 되어도 근로조건은 더 열악할 수 있고 또는 고용 기회를 찾아 다른 지역으로 이동해야 한다. 다른 지역에서 취업하는 경우에는 장거리 통근을 감수하던가 주거를 변경해야 하기도 하며, 이 경우 종종 '이산가족'과 같은 가족의 해체 현상이 발생한다. 취업자 가족은 수입 감소를 보완하기 위해 생활비를 줄이고 일자리를 찾아 나서지 않을 수 없게 된다. 지역 경제는 기간 산업 소멸로 침체하고 인구 유출이 심각해지며 때로는 지역 사회의 존립 자체가 위협받는다. 산업의 사양화는 이해관계자 사이의 갈등을 촉발하기도 한다. 실업자의 발생은 노사 갈등을 첨예화시키고 이것은 정치적 갈등을 심화시키기도 한다. 기업 또는 정부와 지역 주민 사이의 갈등이 폭발하여 대중적 시위가 일어나고 정치적 투쟁으로 발전되기도 한다. 이해관계자 사이의 갈등은 사양화 과정을 더욱 고통스럽게 한다.

성장에 익숙했던 한국 경제도 21세기에 들어와서 성장률이 하락하는 가운데, 사양산업 대책을 진지하게 고려하지 않을 수 없는 상황에 처하고 있다. 2010년대 후반기에 있었던 조선산업의 위기는 사양산업에 대한 정책적 대응의 시급함을 보여 주는 사례이다.[1] 한국 조선산업의 2017년 10월 말 기준 수주실적은 2015년의 약 50%에 불과할 정도로 심각한 불황에 빠졌다. 대형 조선소의 하나인 대우조선해양이 채권단 주도로 구조조정을 하는 가운데 수조 원의 공적 자금이 지원되었고, 중소 조선사들도 존폐의 기로에 놓였다. 이 과정에서 조선업 근로자 수는 2015년 말에서 2017년 10월 말 사이에 약 7만 명이 줄었고, 대량 감원에 반발하는 격렬한 노동쟁의가 발생했으며, 조선산업이 주력산업으로 위치하던 군산, 울산, 거제도 등의 지역 경제는 심각한 침체에 빠졌다.[2] 이러한 조선산업의 위기는 경기변동의 일환인 측면이 있으나 장기적으로 보면 후발국의 추격, 조선 시장의 포화 등에 규정된 장기적 사양화의 한 국면으로 볼 수 있다.

한국 사회보다 일찍 성숙기로 접어든 선진 자본주의 국가는 훨씬 이른 시기에 이미 산업의 사양화 문제에 직면했다. 1960년대 이전부터 영국의 섬유산업, 조선산업, 자동차산업 등에서 문제가 되었던 사양화는, 1970년대의 석유위기 이후 세계 경제가 위축되던 시기에 전 세계적으로 중요 이슈가 되었다. 미국에서는 석유위기 및 미국 경제의 전반적 경쟁력 약화라는 배경 속에 1980년대에 철강업, 자동차산업 등 기존 주력 산업의 사양화가 심화하면서 러스트 벨트(Rust Belt)의 실업, 지역 사회 쇠퇴 등의 문제가 사회적으로 큰 주목을 받게 되었다.[3] 일본에서는 석유위기 후 에너지 다소비형 산업의 사양화에 직면하여 본격적인 산업조정정책이 실시되었으며,[4] 지역 사회에서는 이른바 '기업 성하정'(企業城下町)[5]이라고 불리는 특정 기업에 대한 의존도가 높은 지역 사회의 쇠퇴 문제가 큰 사회적 관심을 끌었다.

이처럼 선진 자본주의 국가에서 산업의 사양화가 경제적 문제만이 아니라 사회적, 정치적 문제로서 대두됨에 따라, 산업 사양화의 과정과 원인, 그 영향 등을 탐구하는 역사적 연구도 활발히 진행되기 시작했다. 필자의 좁은 관견(管見)에서도 1990년대에 이미 영국과 미국에서는 산업 사양화에 대한 우수한 역사

적 연구 성과가 발표되고 있었다.[6]

일본의 경우, 사양산업의 역사적 연구는 이제 방적업 등의 분야에서 막 시작하는 단계라고 할 수 있다.[7] 일본의 공업화가 영미에 비해 늦었던 만큼 산업의 사양화도 늦게 발생함에 따라, 사양산업의 현황 분석이 더 시급한 과제였기 때문일 것이다. 그러나 산업의 사양화, 산업의 구조조정이 심각하게 제기된 1970년대부터 이미 50여 년이 지난 현재는 산업의 사양화를 장기적인 시야에서 역사적으로 탐구해 볼 시점으로 늦었을지언정 결코 이르다고 할 수 없다. 본서는 이러한 연구 상황을 염두에 두면서, 일본 석탄산업을 대상으로 동 산업의 사양화가 급격하게 진행된 1960년대를 중심(정확히는 1950년대 말부터 제1차 석유위기까지)으로 그 사양화 과정을 살펴보고자 하는 시도이다.

석탄산업의 사양화는 일본이 1970년대의 석유위기가 초래한 '중후장대형'(重厚長大型) 산업의 사양화 이전에 경험한 본격적인 산업 사양화였다. 1960년도에 682개였던 탄광 수는 1973년도에는 57개로 감소했으며, 탄광 기업은 같은 기간 205개에서 23개로 감소했다. 석탄 생산량은 1961년도에 전후 최고치인 연 5,541만 톤을 기록한 후 감소하기 시작하여 1973년도에는 2,093만 톤으로 축소되었으며, 1950년대 전반에 30만 명을 넘었던 탄광부 수는 1961년도에 20만 명 이하로 감소했고 1973년도에는 불과 2만 3,000여 명으로 줄어들었다. 탄광의 폐광과 실업자의 증가는 탄광이 입지하고 있던 지역의 인구 감소와 경제적 쇠퇴를 가져옴으로써 산탄(産炭) 지역의 경제 재건도 중요한 문제로 제기되었다. 예를 들면, 규슈(九州) 북동부의 석탄 산지였던 지쿠호(筑豊) 지역에 소재하는 이이즈카시(飯塚市) 인구는 1960년에서 1975년 사이에 10만 4,000여 명에서 7만 5,000여 명으로 감소했고, 역시 석탄의 주요 생산지였던 홋카이도(北海道)의 유바리시(夕張市) 인구는 1965년에서 1975년 사이에 8만 5,000여 명에서 약 5만 명으로 줄었다.

석탄산업의 사양화는 국내 에너지 자원의 확보, 국제수지 방어와 같은 국민경제적 차원에서 제기되는 문제와 더불어 광부 실업, 지역 경제 쇠퇴와 같은 사회적 문제를 초래함으로써 일본 정부도 이에 대한 대책을 강구하지 않을 수 없었다. 일본 정부는 1950년대 말부터 석탄산업의 합리화 대책을 강력히 추진하는 한편, 이에 따른 실업 문제와 지역 문제에 대처하기 위해 고용정책 및 산탄 지역 진흥정책도 합리화 대책과 병행하여 실시했다.

일본 경제에서 차지하는 석탄산업의 비중과 사양화가 가져오는 실업, 지역 경제 쇠퇴의 규모가 컸던 만큼, 1960년대의 일본 석탄산업에 대해서는 이미 많은 연구가 있다.[8] 이들 연구는 이 시기 석탄산업의 생산구조, 석탄 시장의 수급구조, 기업의 설비투자 동향, 정부의 석탄정책 등을 분석하여 석탄산업이 경쟁력을 잃게 되는 과정을 상세히 구명했지만, '사양화'라는 문제의식은 희박했다. 1970년대의 연구 성과는 주로 현재 진행 중인 석탄정책을 국내 자원의 포기, 혹은 국가 독점 자본주의 정책으로서 비판하는 데 중점이 놓여 있었다. 이미 일본의 석탄산업이 소멸한 후인 2011년에 발표된 시마니시(島西)의 연구는 석탄산업사 수준을 한 단계 높인 빼어난 연구 성과이지만, 산업사 영역에 머물러 사양화가 초래하는 지역적, 사회적 문제까지는 충분히 다루지 못했다.

이 책은 사양화의 문제를 산업 차원에 국한하지 않고, 이를 지역 사회, 노동운동에까지 넓혀 고찰하는 것을 지향한다. 첫머리에서 언급한 바와 같이, 산업의 사양화는 산업과 기업의 존속만이 아니라, 노동자의 생활, 지역 사회에도 심대한 영향을 미친다. 이러한 다방면에서의 영향을 시야에 넣기 위해, 본서는 '사양화에 대한 이해관계자의 대응'이란 시점에서 석탄산업의 사양화 과정을 살펴보고자 한다.

사양화에 대한 이해관계자로서 개인, 노동조합, 기업, 지역 사회, 정부를 생각할 수 있다. 이들은 산업의 사양화가 초래하는 실업, 지역 쇠퇴 등의 문제들에 대해 제각기 다양한 방법으로 대응한다. 개인은 새로운 취업처를 찾고, 노동조합은 고용 보장 내지는 충분한 이직 대책을 확보하고자 하며, 기업은 다각화나 퇴출을 도모하고, 지역 사회는 새로운 산업을 유치하고자 한다. 그러나 이런 개인, 노동조합, 기업, 지역 사회의 노력은 종종 보답을 받지 못한다. 개인은 새로운 숙련을 형성하기 어렵고 가족 단위로 이동하기가 곤란하기 때문에 전직이 용이하지 않으며, 기업은 퇴출장벽이 높아 퇴출이 쉽지 않다. 지역 사회는 지리적 여건이 불리하거나 재정적 뒷받침이 부족하여 새로운 산업을 유치하기 어렵다. 노동조합이 강력한 경우에는 노조 활동이 사양산업의 구조조정을 억제하고, 취약할 경우에는 노동자의 실업에 적절히 대응하지 못하게 된다. 이처럼 산업 사양화를 둘러싼 다양한 이해관계자들이 자신들의 역량만으로 사양화가 초래하는 문제에 충분히 대응하지 못할 때 정부가 개입하게 된다.

'사양화에 대한 대응'이란 시점에 섬으로써 종래에 주목되지 않았던 다음과 같은 측면을 밝힐 수 있을 것으로 기대된다.

첫째, 산업 사양화에 대한 대응을 산업조정(industrial adjustment)이라는 측면에서 살펴볼 수 있다. 산업조정이란 쇠퇴하고 있는 산업에서 경쟁력이 있는 산업에 노동이나 자본 등의 생산요소가 이동하는 것이며, 산업조정정책은 그러한 생산요소의 이동을 원활하게 하는 정책이라고 할 수 있다.[9] 지속적인 경제성장을 위해서는 쇠퇴하는 산업에서 성장하는 산업으로 생산요소의 이전이 원활하게 이루어져야 하는 만큼, 산업조정이 경제성장에 기여하는 바는 결코 작지 않다. 석탄산업의 사양화에 대해 일본 정부가 막대한 예산을 투입하여 추진한 석탄정책에 대해서 종래는 산업보호정책 내지 산업합리화 정책 측면에서만 보아

왔으나 이를 산업조정정책이란 측면에서 검토하는 것이 필요하다.

둘째, 사양화 대응의 일환인 산탄 지역 진흥정책을 시야에 넣음으로써 석탄정책이 지역정책으로서 가지는 의미를 확인할 수 있다. 산업조정이 원활히 진행된 결과, 원래 그 산업이 입지하던 곳의 지역 경제가 쇠퇴하여 버린다면 그것은 주민들의 생활 보장이라는 면에서 바람직한 결과는 아니다. 더구나 그 지역에 애착을 갖고 뿌리를 내리고 사는 주민들의 입장에서 생활 보장이란 단순히 경제적 효율성만으로 따질 수 있는 문제가 아니다. 산탄 지역의 쇠퇴, 소멸은 일본의 석탄산업이 사실상 사라진 현재에도 여전히 진행 중이며, 최근 일본 사회의 이슈로 떠오른 '지방 소멸'[10]의 원형이 되는 문제이기도 하다. 산업조정이란 시각만으로 석탄정책의 전체상을 파악할 수 없으며 지역정책이란 관점에서의 접근이 필요하다.

셋째, 석탄산업의 이해관계자 중에서 탄광 기업의 대응에 관해서는 설비투자의 동향이나 다각화 전략 등에 관한 연구가 있으나, 노동조합과 지역 사회의 대응에 주목한 연구는 별로 보이지 않는다. 아마도 이들의 대응이 인상적이지 않았기 때문에 연구자들의 주목을 받지 못했을지도 모른다. 그러나 서구의 경우에는 노동조합이 정부의 석탄정책에 강력한 영향을 미치기도 하고 혹은 지역사회가 정부 지원 없이 독자적인 대응을 하는 사례도 관찰된다. 따라서 일본의 경우 노동조합과 지역 사회의 역할이 미미했다면, 왜 그렇게 되었는지를 탐구하는 것은 일본의 노동운동이나 지역 사회의 특질을 이해하는 작업이 될 수도 있다.

2. 일본 석탄산업의 성장과 사양화

18세기 중반 이후 영국에서 시작된 산업혁명의 주요 내용 중 하나가 석탄으로 대표되는 화석연료의 본격적 사용이었음은 주지의 사실이다. 유럽에서 공업화가 시작된 지역은 거의 예외 없이 근처에 대규모의 탄전을 끼고 있었다. 1880년대 중반부터 시작된 일본의 산업혁명에서도 석탄은 핵심적인 역할을 했다. 일본이 아시아에서 유일하게 공업화에 성공한 데에는 다양한 요인이 작용했지만, 공업화에 필요한 석탄을 국내탄으로 충당할 수 있었다는 점도 소홀히 할 수 없다. 석탄은 에너지원으로서뿐만 아니라 제철업의 원료 등 제조업의 원료로서도 중요한 의미를 가지고 있었는데, 일본에서 생산되는 석탄의 주종은 원료탄으로 사용 가능한 유연탄이었다. 일본 철강산업 확립의 지표로서 많이 언급되는 관영 야하타(八幡)제철소가 규슈 북부(현 기타규슈시(北九州市))에 건설된 것도 그 배후 지역인 지쿠호 지역이 일본 굴지의 석탄 산지였기 때문이었다.

공업화가 시작된 후 석탄산업은 경제성장에 필요한 에너지의 주 공급원이라는 역할을 해왔다. 일반적으로 경제성장과 에너지 소비 사이에는 상당히 강한 상관관계가 있음이 경험적으로 관찰되는데, 일본도 제1차 에너지 소비와 GNP가 대체로 같은 패턴으로 변화해 왔다(〈그림 서-1〉). 즉, 에너지 소비의 증가와 경제성장이 함께 나타나고 있음을 확인할 수 있는데, 제2차 세계대전 전 일본의 제1차 에너지 소비의 절반 이상은 석탄으로 충당되었다.

제1차 에너지 공급 중 석탄이 차지하는 비율은 1880년에는 13.8%에 불과했으나 공업화가 진전되면서 1900년에는 44.9%로 증가했으며 제2차 세계대전 전까지 대체로 60~70%를 차지했다(〈그림 서-2〉). 이 시기에 일본에서 소비된 석탄의 대부분은 일본에서 생산된 석탄이었다.

그림 서-1 GNP와 1차 에너지 소비의 추이 (단위: 원유환산 100만kl, 조 엔)

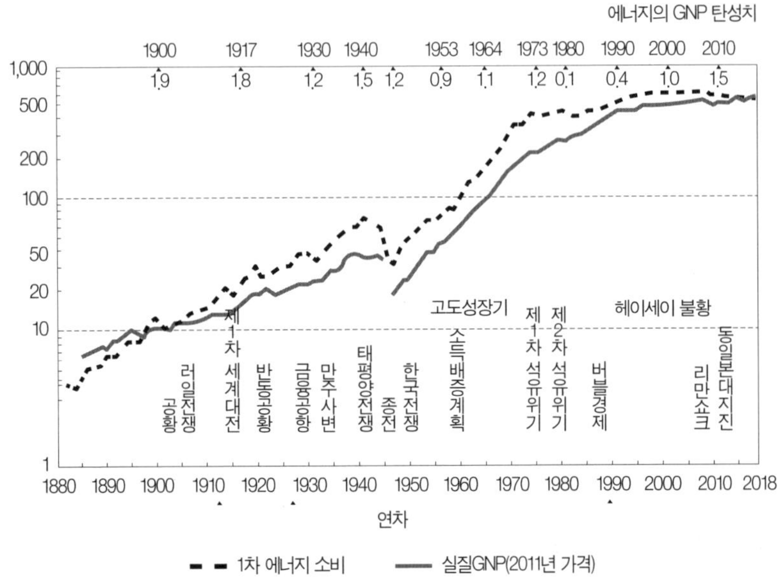

주: 에너지의 GNP 탄성치=에너지 수요 신장률/GNP 신장률.
자료: 日本エネルギー経済研究所 計量分析ユニット編(2020).

경제성장에 따라 증가하는 석탄 수요에 대응하여 일본 국내의 석탄 생산량은 빠르게 증가했다(〈그림 서-3〉). 1890년도에 260여만 톤에 불과했던 석탄 생산량은 1905년도에 1,000만 톤, 1915년도에 2,000만 톤, 1925년도에 3,000만 톤을 넘었으며, 1940년도에는 전전 최고 수준인 5,631만 톤을 기록했다.[11] 석탄 생산량 증가는 기존 탄광의 확충과 함께 새로운 탄전 개발을 통해 이루어졌다. 메이지 초기에는 규슈 북서부의 사가(佐賀) 지방과 미이케(三池)(〈그림 서-4〉의 ⑧, ⑩)가 석탄의 주요 산지였으나 1880년대에 공업화의 진행과 함께 규슈 북동부인 지쿠호 지역의 탄전이 개발되었으며, 1920년대에는 홋카이도 지역 탄전의 대

그림 서-2 에너지원별 1차 에너지 공급 (단위: %)

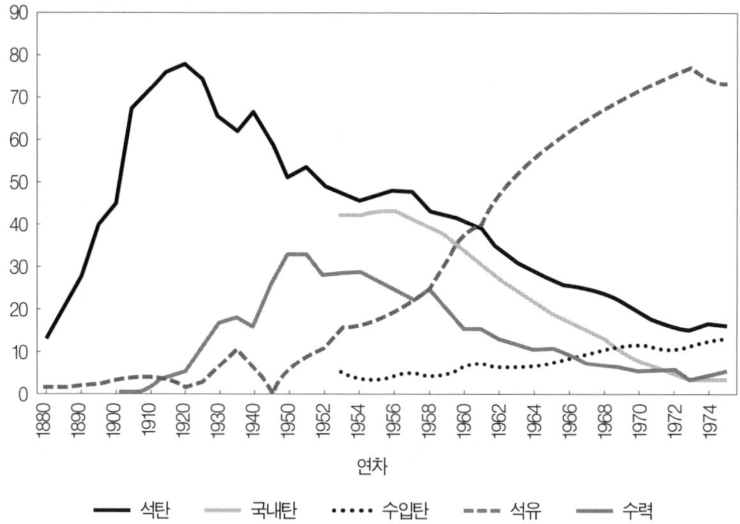

자료: 日本エネルギー経済研究所 計量分析ユニット編(2020).

대적인 개발이 시작되었다. 이에 따라 1930년대에 들어와서 홋카이도는 규슈와 함께 일본 최대의 석탄 산지가 되었다. 이처럼 석탄의 최대 생산지가 일본의 주요 공업지역인 도쿄와 오사카에서 멀리 떨어진 홋카이도와 규슈에 존재한다는 것이 일본 석탄산업 특징 중의 하나였다.

에너지의 독점적 공급 부문으로서 석탄산업의 지위는 제2차 세계대전 후에도 1957년경까지 흔들리지 않았다. 1957년까지 제1차 에너지 공급에서 차지하는 석탄의 비중은 50%에 조금 미치지 못하는 수준을 유지했고 국내탄만의 비중은 42~43%대에서 움직이고 있었다(〈그림 서-2〉). 그러나 제1차 에너지 공급에서 차지하는 석탄의 비중은 1958년부터 빠르게 감소하기 시작하여, 1961년에는 1957년의 47.7%보다 8.9%포인트나 하락한 38.8%로 떨어졌다. 반대로 그 비중

그림 서-3 석탄 생산량과 노동자 수의 추이(1890~2000년)

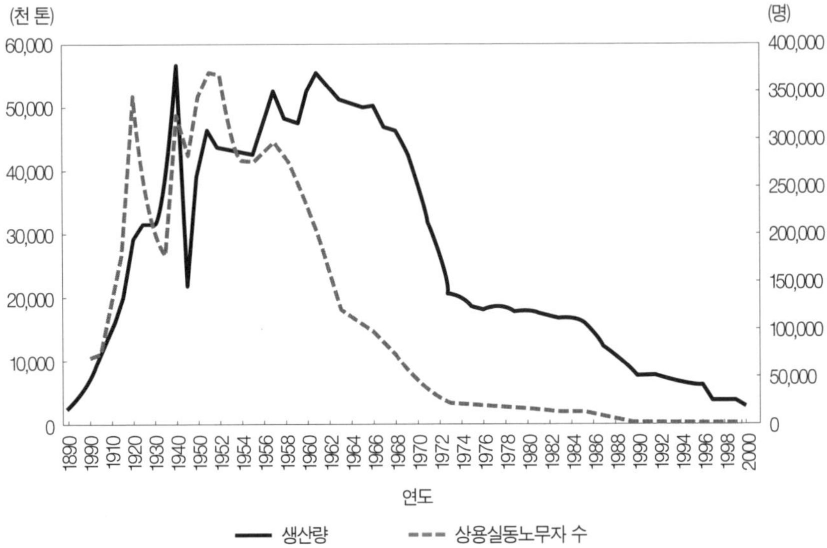

자료: 石炭政策史編纂委員会編(2002), 資料編.

을 높인 것은 석유였다. 석유 비중은 같은 기간 22.3%에서 40.6%로 18.3%포인트 증가했다. 그 결과 1961년에는 제1차 에너지 공급에서 차지하는 석탄과 석유의 비중이 역전되었다(국내탄과 석유의 비중은 이미 1960년부터 역전되었다).

1960년대에 들어서면 석탄 비중의 감소 속도는 더욱 빨라져, 1970년에는 20%대를 밑돌고 석유위기가 발발한 1973년에는 15.5%까지 떨어졌다. 1961년에서 1973년 사이에 23.3%포인트나 감소한 것이다. 국내탄만의 비중을 보면 같은 기간 30.9%에서 4.0%로 무려 26.9%포인트가 감소했다. 반면 해외탄의 수입이 꾸준히 증가해 1961년에 7.7%였던 수입탄 비중은 1969년에 국내탄 비중을 넘어서고 1973년에는 11.4%가 되었다(〈그림 서-2〉).

그림 서-4 일본의 주요 탄전

주: ⑤ 大嶺炭田은 ④ 宇部炭田에, ⑥ 福岡炭田은 ⑦ 筑豊炭田에 포함시키는 경우가 있음.
자료: 島西(2011), viii쪽. 원자료는 通商産業省大臣官房調査統計部編, 『全国炭鉱要覧』 1960年版, 石炭通信社.

일본의 석탄 생산량은 제2차 세계대전 직후인 1945년도에 2,235만 톤까지 대폭 감소했지만, 경사생산방식 등을 통해 급속히 회복되어 1950년도에는 1935년도의 생산량 수준을 넘어섰으며, 1961년도에는 5,541만 톤으로 전전 최대 기록인 1940년 수준에 근접했다(〈그림 서-3〉). 그러나 전술한 바와 같이 그 이면에는 에너지원으로서 석탄 비중의 하락이 이미 진행하고 있었다. 전후 최고의 생산량을 기록한 1961년에 제1차 에너지 공급에서의 석탄과 석유의 비중이 역전되었음은 아이러니하다.

1962년 이후에는 석탄 생산량 자체가 감소하기 시작했다. 1960년대 중반까지는 5,000만 톤대 규모를 유지하며 완만한 감소세를 보였으나 1960년대 후반부터 감소 속도가 빨라지면서, 1967년도에 5,000만 톤을 하회하고 제1차 석유위기가 발발한 1973년도에는 약 2,100만 톤으로 감소했다. 석유위기 후 석탄 가치에 대한 재평가가 이루어지면서 석탄 생산량의 감소 속도가 일시적으로 주춤했지만 1980년대 중반부터 다시 빨라지면서 최종적으로 석탄산업은 소멸하는 과정을 밟게 되었다. 현재 일본에서 갱내 채굴하고 있는 탄광은 홋카이도 구시로시(釧路市)에 있는 구시로콜마인주식회사(KMC)[12]의 구시로탄광뿐이며, 이 밖에 몇 개의 소규모 노천굴이 홋카이도에서 가행(稼行)되고 있을 뿐이다.

이상에서 일본 석탄산업의 사양화는 1950년대 말부터 시작되어 1960년대에 급속히 진행되었음을 알 수 있다. 이 시기에 석탄산업의 사양화가 급격히 진행된 것은 당시에 '에너지 혁명'이라고 불린 석유에 의한 석탄의 대체가 빠르게 진행되었기 때문이다. 석유는 석탄에 비해 사용상의 편리 등 여러 가지 유리한 점이 있었지만, 무엇보다도 석탄에 대해 강력한 가격경쟁력을 가지고 있었다.

제2차 세계대전 후 석유의 국제 가격이 크게 하락하면서 일본의 수입 석유 가격도 하락했다. 메리트[13]를 고려하지 않으면 1952년의 경우 석탄 산지에 가까운 한신(阪神) 지방에서는 탄가와 중유 가격이 거의 같은 수준이었지만 게이힌(京浜) 지방에서는 중유 가격이 더 낮았다(〈그림 서-5〉). 1953년에 탄가가 하락함으로써 한신 지방은 1953년부터, 게이힌 지방은 1954년경부터 탄가가 중유 가격을 하회하게 되었지만, 1957년 하반기부터 중유 가격이 다시 하락하면서 1958년경부터 석탄과 중유 가격은 다시 역전되었다. 한편, 메리트를 고려하면

그림 서-5 C중유와 석탄의 가격 비교 (단위: 엔/칼로리)

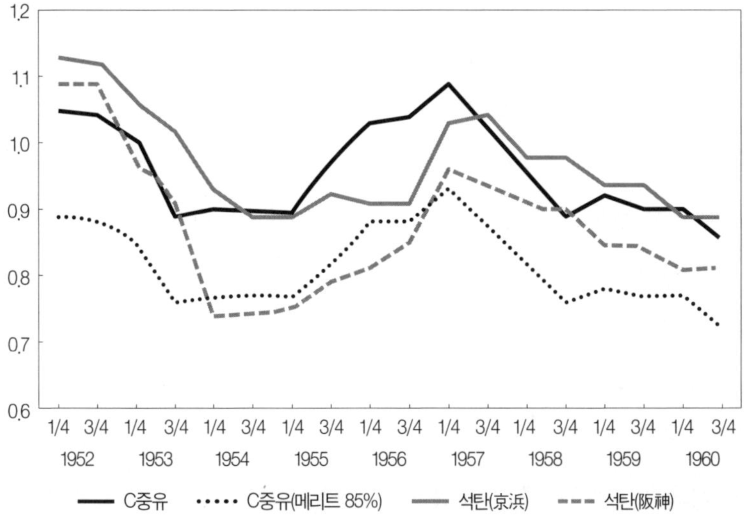

자료: 石炭経済研究所(1962), 327쪽. 원자료는 중유는 日銀卸売 조사에 의한 買主店先渡価格, 석탄은 대기업 생산업자의 소비자 대상 가격.

1953년까지는 게이힌 지방은 물론 한신 지방도 중유가 더 저렴했다. 중유가 석탄을 본격적으로 대체하게 되는 것은 1950년대 말부터이지만, 중유에 대한 석탄 가격경쟁력의 열위는 이미 1950년대 전반기부터 의식되고 있었다.

석탄이 석유에 대한 가격경쟁력을 잃었다고 해도, 일본 정부가 무역에 대한 통제권을 가지고 있는 한 일본 정부는 석유 수입을 통제하여 국내탄 수요를 확보할 수 있었다. 그러나 1960년대 초에 무역자유화가 단행되어 석유 수입에 대한 통상산업성(이하 통산성)의 통제가 풀리면서 국내탄은 밀려들어 오는 석유와 더 이상 경쟁할 수 없게 되었고, 그 결과 정부의 강력한 석탄정책이 실시되었음에도 불구하고 일본의 석탄산업은 급속한 쇠퇴 국면을 맞이하게 되었다.

3. 본서의 구성

석탄산업 사양화에 대한 주요 이해관계자인 정부와 노동조합, 석탄 기업, 지역 사회의 대응을 살펴본다는 본서의 시점에 따라, 제1장에서 제3장은 정부 정책을, 제4장은 노동조합의 대응을, 제5장은 탄광 기업의 대응을 분석 대상으로 한다. 지역 사회의 대응에 대해서는 이 책에서 본격적으로 다루지 못했으나, 보론에서 산탄지역정책의 국제 비교를 하는 중에 이에 대해 약간의 설명을 했다. 다만, 사양화에 대한 개인 차원에서의 대응은 이 책에서 다루지 못했다. 각 장에서 다루는 주요 내용은 다음과 같다.

제1장에서는 에너지정책의 기본 방침이 탄주유종(炭主油從)에서 유주탄종(油主炭從)으로 전환되면서 석탄정책도 합리화 정책에서 산업조정정책으로서의 지향을 명확히 하게 됨을 밝히고, 산업조정정책으로서의 석탄정책의 내용과 체계를 살펴본다.

제2장은 석탄산업의 사양화가 가장 극적으로 진행된 1960년대에서 제1차 석유위기까지의 시기를 대상으로 석탄정책이 생산조정 및 고용조정에 미친 영향을 살펴보고, 같은 시기 유럽 석탄 생산 국가의 생산조정과 고용조정 상황과 비교하여 일본의 특징을 밝힌다.

제3장에서는 제1차 석유위기까지의 시기를 대상으로 산탄 지역 진흥정책의 전개 과정에 대해 살펴본다. 1961년경부터 추진된 산탄 지역 진흥정책이 초기의 신산업 유치 등을 골자로 하는 산업조정정책적 성격에서 1970년대 초에는 산업조정정책의 범위를 넘어서 지역정책으로서의 성격을 뚜렷이 보이게 되는 과정을 검토한다.

제4장은 석탄산업 사양화에 대한 노동자의 대응을 1960년 가을에서 1963

년 봄에 걸쳐 전개되었던 정책전환 투쟁을 중심으로 살펴본다. 정부의 유주탄종 방침으로의 전환과 석탄산업의 강력한 합리화가 진행되는 중에 전후 최대의 노동쟁의라고 일컬어지는 미이케쟁의에서 패배한 노동조합은 기업이 아닌 정부를 상대로 하여 석탄정책의 전환을 요구하는 투쟁을 전개했다. 일본의 노동운동사에서의 정책전환 투쟁의 의미와 함께 석탄정책 면에서 이 투쟁이 획득한 성과와 한계에 대해서 검토한다.

제5장은 석탄산업 사양화에 대한 탄광 기업의 대응을 살펴본다. 탄광 기업의 전략 선택에서 석탄정책, 퇴출장벽, 기업집단이 어떤 영향을 주었는지를 설비투자, 퇴출, 다각화의 측면에서 검토한다.

보론에서는 1960년대의 일본 석탄산업이라는 본서의 주제에서 벗어나, 한국, 일본, 미국을 대상으로 하여 산탄 지역 쇠퇴에 대한 대응 양식의 차이를 정부 정책, 기업, 노조, 지역 사회별로 살펴보고, 그러한 차이점이 나타나게 된 요인을 찾아본다.

종장에서는 본서의 내용을 총괄한 뒤, 1960년대의 석탄산업 사양화 과정의 특징을 같은 시기의 유럽 국가들의 경험과 비교해 드러내 보이고 마지막으로 향후의 연구 과제를 제시한다.

제1장

유주탄종 방침의 확립과 석탄산업 조정정책의 개시

1. 머리말

2. 석탄산업 합리화의 요구

3. 탄주유종 방침하의 석탄산업 합리화 정책

4. 에너지정책의 전환: 탄주유종에서 유주탄종으로

5. 유주탄종 방침하의 석탄산업 조정정책

6. 맺음말

홋카이도 하보로(羽幌)탄광에서 1968년부터 도입한 자주궤(自走枠) 호버(hobber) 채탄
(http://www.suzukishoten-museum.com/footstep/company/cat25/post-77.php)

1. 머리말

석탄산업의 사양화는 서장에서 본 바와 같이 1950년대 말부터 본격적으로 진행되었으며, 이에 대해 일본 정부는 강력한 석탄정책으로 대처했다. 일본의 석탄정책에 대해서는 이미 상당한 연구 축적이 있으나, 기존 연구는 정책 당국 측에서 간행된 것을 제외하면 대체로 석탄정책의 파탄을 지적하고 파탄의 근거를 국내 석탄 자원의 포기 및 석탄산업의 붕괴에서 구하고 있다.[1] 이러한 평가의 배경에는 석탄정책을 산업보호정책으로서 이해하는 시각이 있다. 즉, 석탄산업을 보호해야 할 정책이 석탄산업의 유지에 성공하지 못했기 때문에 석탄정책은 실패했다는 것이 된다. 이들 연구에서는 석탄정책의 산업조정정책이란 측면에 대해서는 거의 주목하지 않고 있다.[2]

산업조정이란 쇠퇴해 가는 산업에서 경쟁력 있는 산업으로 노동, 자본 등의 생산요소를 이동시키는 것을 의미하며, 산업조정정책은 그러한 생산요소의 이동을 원활하게 하는 정책을 의미한다. 따라서 산업조정정책은 생산능률 향상이나 비용 절감과 같은 산업의 합리화만을 추구하는 것이 아니라, 그런 과정에서 필연적으로 발생하는 실업자, 지역 경제의 쇠퇴 등의 문제에 대한 대응책을 포괄하는 것이다. 여기서는 합리화에만 중점을 두었던 석탄정책이 1960년경부터 에너지정책의 기본 방침이 탄주유종에서 유주탄종으로 전환함에 대응하여, 고용 문제, 지역 문제, 광해(鑛害) 문제 등을 아우르는 산업조정정책으로의 성격을 명확히 하여 실행되었음을 밝히고자 한다.

2. 석탄산업 합리화의 요구

1) 고탄가 문제의 대두

제2차 세계대전 직후 일본의 석탄산업이 당장 해결해야 할 과제는 석탄의 증산이었다. 전시기의 남굴에 의한 탄광의 황폐화, 설비 및 자재 부족, 그리고 조선인 노동자의 귀국으로 석탄 생산은 전쟁 전의 연 5,000만 톤 수준에서 2,000만 톤 수준으로 급감했다. 제1차 에너지 공급의 태반을 차지하는 석탄 생산량의 감소는 전후 일본 경제의 위기적 상황을 상징하는 것이었다. 이러한 위기적 상황을 돌파하기 위해 연합국 점령하에서 일본 정부는 탄가와 배탄 등에 관한 강력한 통제를 실시하는 한편, 1946년 말에 경사생산방식을 채용하여 석탄의 증산을 최우선적 목표로 설정하고 자원을 석탄과 철강의 생산에 집중했다.[3] 1947년 1월에는 부흥금융금고(復興金融金庫)를 설립하여 석탄 부문에 집중적인 자금 지원을 했다. 그 결과 1949년에 석탄 생산은 3,700만 톤까지 회복되어 일본 경제는 석탄의 절대적 부족 상태에서 벗어났다.

그러나 1949년부터 닷지 라인(Dodge Line)에 의해 긴축재정의 실시와 함께 통제경제에서 시장경제로의 전환이 이루어지면서 '고탄가'(高炭價)라는 새로운 문제가 대두됨에 따라 탄가 인하를 위한 탄광의 합리화와 종합적인 관점에서 에너지정책의 수립이 모색되기 시작했다.

당시 시장에서 수급 논리에 의해 형성된 탄가 수준은 이중의 의미에서 상대적으로 비싼 것이었다. 첫째, 국내탄은 수입탄보다 고가였으며(〈표 1-1〉), 둘째 전후의 도매물가에 대한 탄가의 상대 가격은 1930년대 중반보다 높았다(〈표 1-2〉). 이 때문에 석탄의 주요 수요자이며 수출산업화를 지향하고 있던 철강업

표 1-1 국내탄과 수입탄의 가격 추이 (단위: 엔/톤)

	수입 원료탄 가격(CIF)		국내 원료탄 가격(게이힌) (3월·9월 평균)
	미국	인도	
1950년 평균	–		5,630
1951년 평균	10,368	7,740	6,216
1952년 평균	7,985	7,985	7,847
1953년 평균	7,060	5,544	7,377
1954년 1~10월	6,336	5,284	6,846

자료: 中村(1961), 表 7·38. 원자료는 통산성.

표 1-2 출탄 원가, 탄가 및 도매물가의 추이 비교(1934~1936년 평균=100)

연년	출탄원가지수 (A)	석탄 도매가격지수 (B)	도매물가지수 (C)	% (A/C)	% (B/C)
1948	37,184.8	16,216.2	12,792.6	290.7	126.8
1949	39,065.8	24,743.1	20,876.4	187.1	118.5
1950	42,626.7	28,708.0	24,680.7	172.7	116.3
1951	54,215.7	39,425.0	34,177.2	158.6	115.4
1952	65,513.1	45,200.0	34,780.4	188.4	130.0

자료: 通商産業省石炭局編(1953), 228쪽. 출탄원가지수는 通産省石炭局 조사, 석탄도매가격지수와 도매물가지수는 일본은행 조사.

계를 중심으로 고탄가가 문제시되었다.

일본철강연맹은 1950년 1월 기관지에서 석탄의 선철에 대한 상대 가격이 과거에 비해 대단히 높다는 사실을 지적했다. 나아가 이를 전제로 2월 이후 철강 보급금(補給金) 폐지에 앞서 고탄가 문제의 해결 필요성을 각 방면에 진정했다. 이에 대해 석탄업계가 반론을 하고 일본산업협의회가 석탄, 철강, 조선 3업계 대표자의 산업정책간담회를 개최하는 등 고탄가 문제는 당시에 핫 이슈의 하나가 되었다.[4] 고탄가 문제는 탄가 인하를 위한 석탄산업 합리화의 필요성을 제기했으며 석탄의 대체재로서 석유의 존재를 부각시켰다.

2) 석탄산업 합리화 정책의 시도

고탄가 문제는 일본 산업의 수출경쟁력 확보라는 점에서 일본 산업계가 반드시 해결해야 할 문제였다. 따라서 정부에서도 1950년 초부터 산업합리화심의회 등에서 고탄가 문제의 해결 방안을 논의하기 시작하여, 동년 6월에 철강 수출 채산이 맞는 탄가를 '목표 탄가'로 설정하고 '석탄산업 합리화 3개년 계획'을 수립했다. 이 계획은 3년간 총액 426억 엔의 자금을 투자하여, 신규 탄갱 개발, 설비의 근대화, 작업의 기계화 등을 통해 고탄가 문제를 해결하고자 하는 것이었다.[5] 그러나 한국전쟁 발발에 따른 국제 가격의 전반적인 상승으로 실현되지 못하고 석탄 기업의 체질 개선은 후일로 미루어졌다.

석탄산업 합리화에 대한 논의는 한국전쟁 초기의 호황이 일단락된 후인 1952년경부터 고탄가 문제가 재연됨에 따라 재개되었다. 일본 경제는 1951년부터 경기의 하향 국면에 접어들었지만 탄가는 계속 상승했다. 1951년 1년 동안 도매물가가 약 20% 정도 상승한 것에 비해 탄가는 거의 50%나 상승했으며, 1952년 중에는 동년의 일본탄광노동조합(이하 탄로로 줄이는 경우 있음)의 장기 스트라이크[6]에 의한 출탄량 감소로 연초의 고가격이 유지되었다. 더구나 세계적 불황에 따른 운임의 하락으로 수입탄 가격이 하락함으로써 국내탄은 수입탄에 비해 비싸졌다(〈표 1-1〉). 철강업계에 따르면, 선철의 국제 가격에서 본 목표 가격인 톤당 55달러를 실현하기 위해서는 원료탄 가격을 현행 7,400엔보다 33.4% 낮은 4,930엔으로 할 필요가 있었다.[7]

통산성은 이에 대한 대책으로 원유 수입의 증대를 도모하는 한편, 1952년

3월 산업합리화심의회 석탄부회 답신에 따라 탄가 인하를 위한 '합리화 3개년 계획'을 수립했다. 그 내용은 1954년도까지 능률(광부 1인당 1개월 생산량)을 12톤에서 17톤까지 끌어올려 송탄(送炭) 원가를 톤당 4,318엔에서 3,675엔까지 끌어내리는 것을 목표로 하여 이 사이에 대기업[8] 18사에 566억 엔의 합리화 투자를 하는 것이었다.[9]

이러한 구상을 기초로 하여 이 합리화 정책을 구체화한 것이 1952년 10월의 수직갱 개발 5개년 계획(竪坑開鑿5カ年計画)이었다. 즉, 종래의 사갱(斜坑)에 의한 개발 방식과 갱내 구조를 근본적으로 개혁하여 코스트를 대폭 절감하겠다는 것이 정책의 주요 목적이었다. 구체적으로는 1953년도 이후 5개년간 22개 기업에 대해 490억 엔을 투입하여 79개의 수직갱을 개발함으로써 코스트의 35% 인하를 실현하고, 이를 위해 연리 3%, 5년 거치 10년 변제의 국가자금을 투입하는 것이었다. 그러나 이 계획은 1953년의 불황으로 재검토가 불가피하게 되어 1953년 8월 말에 수직갱 개발 5개년 계획이 다시 입안되었다.[10] 새로운 계획은 향후 5년간 연간 9본의 수직갱을 개발하는 것으로 희망하는 탄광 기업 각사의 공동출자로 전문 신회사를 설립하는 한편, 개발비의 반액을 조성금(5년간 115억 엔)으로 교부함으로써 개발을 촉진한다는 것이었다. 그러나 조성금 교부에 대한 대장성의 반대로 이 계획도 원안대로 실현되지 못했다. 결국 1957년까지 수직갱 개발에 투입된 자금은 원래 계획의 26%에 불과한 128억 엔에 그쳤으며, 개발된 수직갱은 28개뿐이었다.[11]

3. 탄주유종 방침하의 석탄산업 합리화 정책

1) 탄주유종 방침의 명확화

일본 정부가 에너지정책의 기본 방침으로 '탄주유종'(炭主油從)을 명확히 한 것은 1954년경부터였다. 수입 에너지의 경쟁 압력과 외환위기에 대응해 실시된 긴축정책에 따른 석탄의 수요 감소로, 석탄산업이 1953년에서 1954년에 걸쳐 심각한 불황에 빠짐에 따라 통산성은 종합적인 에너지정책의 검토를 개시했다.

통산성은 1954년 3월 상순에 산업합리화심의회 에너지부회를 열고 에너지 수급에 관한 장기적 검토를 개시하여 1954년 3월 말 당면한 연료정책 방침으로서 '석탄과 석유의 조정정책'을 결정하여 각의 요해(閣議了解)[12]를 얻었다. 그 내용의 핵심은 에너지 소비의 기본을 "석유 등 국제 정세에 의해 공급량이 좌우되기 쉬운 자원에 과도하게 의존하여서는 안되며, 기본적으로 전력 및 석탄 사용에 중점을 두어야 한다"는 것이었다.

통산성은 위와 같은 방침에 입각한 '에너지 종합 대책'을 작성해 1955년 5월 27일 각의의 요해를 받았는데, 그 기본 방침은 "에너지 수요의 증대에 대응하여 에너지 자급도의 향상을 도모하고 국제수지의 개선에 기여하는 견지에서 극력 국내 에너지의 유효 이용을 추진"하는 것이었다. 석탄 대책으로는 탄가를 중유 및 수입탄에 필적할 수 있는 정도까지 인하하는 것을 목적으로 하는 합리화 추진을, 석유 대책으로는 중유 보일러 설치 제한 등을 통한 중유 사용의 억제를 명시했다. 석탄광업의 발본적 합리화를 전제로 한 탄주유종 방침을 최종적으로 확정한 것이라고 할 수 있다.

'에너지 종합 대책'은 원래 장기적 전망에 입각하여 석탄, 석유, 전력, 신탄

(薪炭) 등 각종 에너지 간의 조정을 의미하는 '종합적' 대책이어야 했으나, "본질적으로 석탄방위정책이며 중유 등 수입 연료에 대한 자원주의적 입장에서의 규제 조치"[13]라고 하는 것이 타당할 것이다. 또한 국제수지의 개선을 자원주의적 입장의 가장 중요한 근거로 하고 있는 점이 특징이었다.

2) 「석탄광업합리화임시조치법」의 제정

1955년 9월에 성립한 「석탄광업합리화임시조치법」(이하 합리화법)은 상기의 '에너지 종합 대책'의 방침에 따라 석탄산업의 합리화를 통해 고탄가 문제를 해결하고자 하는 것이었다.

합리화법의 구체적 정책 수단으로서는 다음과 같은 내용이 중요하다.

① '스크랩 앤드 빌드'(scrap and build)에 의한 생산성 향상: 스크랩은 비능률 탄광의 폐광을 촉진·지원하는 정책이며, 빌드는 수직갱의 굴착과 같은 설비투자에 대한 지원책이다. 특히 스크랩은 이전의 합리화 계획에는 없었던 새로운 조치로 합리화법의 가장 큰 특징이다.

② 공동행위의 용인: 생산제한 혹은 가격협정과 같은 카르텔 행위를 독금법의 적용 대상에서 제외했다.

③ 수요 확보: 중유 소비 억제와 석탄 수요 확보를 위해 5년간 시한법으로 중유 보일러 규제법을 제정하고, 원유 및 B·C급 중유에 관세를 부과했다.

④ 6,200kcal 일반탄의 현금 거래 가격을 시장 탄가의 기준으로 하는 표준탄가제도를 창설했다.

⑤ 석탄광업정비사업단의 설립 및 석탄광업심의회의 설치: 비능률 탄광의 매수를 실시하는 기관으로 석탄광업정비사업단을 설립하고, 통상산업대신의

자문에 응하여 석탄정책의 중요 사항을 심의하기 위한 기구로서 전문가로 구성되는 석탄광업심의회를 설치했다.

요컨대 합리화법은 탄주유종이라는 에너지정책의 기본 방침에 따라, 한편에서는 석유 소비를 억제하여 석탄의 수요를 확보하면서 다른 한편으로 합리화에 의한 코스트 삭감을 실현하여 당시의 석탄 불황과 고탄가 문제에 대처하고자 하는 것이었다.

합리화법의 제정과 함께 5년간에 걸친 합리화 계획이 수립되었다. 합리화 계획은 1960년도의 생산목표를 1954년도의 실적 4,300만 톤보다 약 20% 많은 5,100만 톤으로 설정했다. 5,100만 톤이라는 생산목표는 증가하는 에너지 수요를 국내 자원, 즉 석탄 중심의 에너지 공급으로 충당하고자 하는 것으로서, 중유 보일러 규제법에 의한 중유 소비의 억제와 함께 탄주유종 방침에 대응하는 것이었다.

생산목표를 5,100만 톤으로 상정한 데에는 경제기획청을 중심으로 입안 중이던 경제자립계획이 영향을 주었다. 경제기획청 산하 경제심의회는 '경제자립과 완전고용 달성을 위한 장기경제계획'에 관한 총리의 자문에 대해 1955년 12월 5일에 '경제자립 6개년 계획'을 답신하여, 그것은 동월 20일, '경제자립 5개년 계획'으로서 내각에서 결정되었다. 에너지 분야에 대해서는, "석탄 및 전력을 중심으로 하여 해외 에너지 의존도를 가급적 낮추고 동시에 열효율을 높여 사용 합리화를 도모"[14]하는 것을 기본 목적으로 하여, 1960년도의 총에너지 공급을 1954년도보다 24% 증가한 약 1억 3,245만 톤(석탄 환산)으로 추정했다(〈표 1-3〉 ①). 이에 따르면 총에너지 공급에서 차지하는 석탄, 수력발전, 석유제품의 비율은 1960년도에 각각 40.2%, 33.9%, 15.9%로서 1954년도의 41.4%, 33.0%, 13.7%와 큰 차이가 없고 국내탄과 수력 중심의 구도에 변화가 없음을 알 수 있다.

표 1-3 1차 에너지 공급의 장기 전망 (단위: 천 톤)

연차	① 경제자립계획(1955년)					② 산업합리화심의회 에너지부회(1956년)					③ 신장기경제계획(1957년)					④ 국민소득배증계획(1960년)				
	석탄	(국내탄)	석유	합계	해외 에너지 의존도	석탄	(국내탄)	석유	합계	해외 에너지 의존도	석탄	(국내탄)	석유	합계	해외 에너지 의존도	석탄	(국내탄)	석유	합계	해외 에너지 의존도
1954 (실적)	44,140 (41.4)	42,912 (40.2)	14,600 (13.7)	106,722 [100]																
1955						46,688 (42.9)	40,814 (37.5)	18,421 (16.9)	10,894 [100]	(19.9)										
1956											48,984 (45.1)	44,369 (40.8)	20,850 (19.2)	108,642 [100]	(23.0)					
1959																50,636 (37.8)	42,666 (31.9)	39,356 (29.5)	133,729 [100]	(33.6)
1960	53,300 (40.2)	51,000 (38.5)	21,010 (15.9)	132,450 [124]																
1962(a)											71,103 (44.3)	59,513 (37.1)	41,234 (25.7)	160,397 [148]	(32.0)					
1965						72,942 (41.6)	58,560 (33.4)	42,442 (24.2)	175,346 [161]	(29.2)										
1967																				
1970																81,278 (28.7)	50,914 (18.0)	140,618 (49.6)	283,226 [212]	(58.8)
1972																				
1975						88,573 (36.7)	62,400 (25.9)	79,448 (32.9)	241,134 [221]	(41.0)	93,228 (34.4)	68,500 (25.3)	106,312 (40.3)	271,040 [250]	(48.7)					
1980																100,858 (22.2)	50,914 (11.0)	284,537 (62.6)	454,689 [340]	(72.5)

주: 1) 단위는 선탄환산 톤수. 환산율은 ①과 ②는 석탄 1kg당 6,500cal, 그 외는 석탄 1kg당 7,000cal로 하여 석탄톤수로 환산.
2) ( )는 %, [ ]는 지수.
3) 해외 에너지 의존도는 에너지 공급 합계에 대한 수입탄, 수입원유, 석유제품 수입 합계의 비율.

자료: ①은 総合研究開発機構(NIRA) 戦後経済政策資料研究会編(1999), 74, 207~208쪽; ②는 通商産業大臣官房物資調整課編(1957), 213~215쪽; ③은 経済企画庁(1958), 3쪽; ④는 経済企画庁(1961).

3) '스크랩 앤드 빌드'에 의한 합리화에서 '증산'을 통한 합리화로

1955년 후반부터 경기 회복에 따른 석탄 수요의 증가를 배경으로 정부는 장기 에너지 수급 전망을 재검토했는데, 그 결과 탄주유종 방침은 더욱 분명해졌다. 우선 통산성은 산업합리화심의회 에너지부회에서의 장기 에너지 전망 작업을 1956년 2월부터 재개했다. 약 8개월에 걸친 검토 결과 제출된 답신의 주된 내용은 다음과 같다.[15]

답신은 1955~1975년의 GNP 연평균 신장률이 4.2%라는 가정하에, 같은 기간 중 총에너지 수요는 약 2.2배 증가할 것으로 예상했다. 에너지 공급의 종별 구성은 국내탄 비중이 37.5%에서 25.9%로 감소하고 석유의 비중은 16.9%에서 32.9%로 증가하여, 수입 석유를 비롯한 수입 에너지 의존도는 19.9%에서 41.0%로 상승할 것을 예상했다. 국내탄 생산 규모는 1965년도에 5,856만 톤(실톤수는 6,100만 톤), 1975년도에 6,240만 톤(실톤수는 6,500만 톤)으로 추정되었다(〈표 1-3〉 ②). 국내탄의 구성비는 감소했지만 생산 규모 예상치는 경제자립계획의 전망을 상회하는 것이었다. 이것은 에너지 수요의 확대로 해외 에너지 의존도의 상승이 불가피함을 인정하면서 당시의 석탄 호황을 배경으로 석탄 증산에 대한 기대를 반영한 것이다.

산업합리화심의회 에너지부회의 답신은 큰 반향을 일으켜 각 방면으로부터 에너지정책의 재검토 기운이 높아졌다. 특히 1957년 8월에 고노 이치로(河野一郎) 경제기획청 장관이 '탄주유종'이라고 해야 할 '고노 구상'(河野構想)을 공표하여 에너지정책은 정부 차원에서 더욱 적극적인 석탄 증산을 용인하는 방향으로 전환하게 되었다.

이러한 정부 방침의 전환을 추인하는 의미를 가지는 것이 경제기획청 산하의 경제심의회가 심의하고 있었던 신장기경제계획(1957년 12월 발표)이었다. 신장기계획에 포함되는 동 심의회의 에너지부회 보고[16]는, 장래의 에너지 수요 증가에 대해 국산 에너지 공급으로는 대응할 수 없으며 따라서 해외 에너지 의존도가 높아질 것을 예상하고, 에너지의 안정적 확보와 국제수지 혹은 고용면의 영향을 참작하여 경제적으로 가능한 한 극력 국내 자원 개발을 도모하는 것을 에너지정책의 근간으로 했다. 동 보고서에서는, GNP의 연평균 증가율을 1956~1965년은 6.5%, 1966~1970년은 5%, 1970~1975년은 4%로 가정할 때, 1956~1975년의 20년간 총에너지 수요는 약 2.5배 증가할 것으로 예상했다. 1956~1975년의 에너지 공급의 종별 구성 변화를 보면, 국내탄의 비중은 40.8%에서 25.3%로 크게 감소하는 반면, 석유의 비중은 19.2%에서 40.3%로 크게 증가하는 것으로 되어 있다(〈표 1-3〉 ③). 산업합리화심의회 에너지부회의 추계에 비해 더 높은 해외 에너지 의존을 예측하고 있지만, 이것이 에너지정책의 방침이 유주탄종으로 전환한 것을 의미하는 것은 아니다. 그것은 국내 에너지, 그중에서도 국내탄을 가능한 한 증산하는 것을 전제로 하는 것이며, 1975년도의 예상 석탄 생산량을 산업합리화심의회 에너지부회의 예상보다 1,000만 톤 많은 7,200만 톤(실톤수, 환산톤수는 6,850만 톤)으로 상정해 석탄 증산의 방향을 명확히 했다.

신장기경제계획에 대응하여 통산성이 작성한 석탄광업합리화법의 개정안이 1958년 4월 국회에서 가결되었다. 개정의 골자는, 합리화 대책의 색채가 강했던 동법을 신탄전의 종합개발을 주요 내용으로 하는 증산 대책을 주안으로 하는 것으로 바꾸는 데 있었으며, 이 개정에 수반하여 동법의 기한은 1967년까지 연장되었다. 개정 후 새로이 세워진 합리화기본계획은 목표연도인 1967년의 석탄 생산 규모를 6,900만 톤으로 상정했다. 석탄의 수급 사정이 핍박해지는 중에, '스크랩 앤드 빌드'에 의한 합리화를 도모한다는 합리화법의 취지가 '증산을 통

한 합리화'라는 방향으로 궤도 수정된 것이다.[17]

4) 사회적 문제 대책의 지체

합리화에 따른 이직자, 지역 경제, 광해(鑛害) 등과 같은 사회 문제에 대한 대책 수립은 지체되었다.

이직자 대책의 경우, 1953~1954년에 석탄산업의 불황에 따른 탄광 실업자의 증대에 대해서 정부는 1954년 10월에 '광해복구사업 조기 추가 시행'을 각의 결정하여 약 1만 명의 실업자를 동 사업으로 흡수하고자 했다.[18] 합리화법이 시행되면 다수의 이직자 발생이 예상됨에 따라 동법의 시행에 앞서서 1955년 5월 '석탄광업의 합리화에 수반되는 실업 대책에 대해서'를 각의 결정했다. 그 내용은 각종 건설사업(하천개수사업, 도로사업, 수도사업, 철도건설, 개량사업) 등의 실시, 주택건설과 전원개발 등의 사업에 배치전환된 이직자에 대한 직업 보도(輔導)사업 실시, 제염(製鹽)사업 및 기타 탄광 이직자 흡수에 적절한 사업의 육성 조장, 종래의 광해복구사업, 실업대책사업 등을 탄광 지대에 중점적, 계획적으로 실시하는 것이었다.[19]

합리화법에는 탄광의 매수에 수반하여 해고, 이직이 불가피한 광산 노동자에 대한 지원 조항(제33조)[20]이 설치되었다. 1956년 10월에는 합리화 실시계획의 실시에 수반하는 이직자 대책으로서, 이직자의 재취직에 장해가 되지 않도록 석탄광업정비사업단에 의한 이직금의 조기 지불 또는 미불 임금의 대위(代位) 변제를 촉진할 것 등과, 1955년 5월에 결정된 대책과 함께 광역 소개, 자영 촉진 등의 대책을 추가하는 것에 대한 각의 요해가 이루어졌다.

이후 1958년부터의 석탄 불황에 따라 다양한 이직자 대책이 실시되었으나,

당시의 대책은 "공공사업, 실업대책사업 등에 실업자를 흡수하는 것을 주로 하는 응급적인 것으로, 광역 직업 소개, 직업훈련, 원호 업무 등에 대해서도 종합적이며 일관적인 체제는 확립되었다고 하기 어려운 상태"였다.[21]

광해 문제는 탄광사업에 필연적으로 수반되는 문제이다. 일본의 경우 석탄산업의 광해는 특히 규슈 지쿠호 지역에 다수 발생했는데, 석탄 채굴 지역 지표면에 있는 논밭의 지반 침하 등이 대표적인 피해 사례이다. 광해 배상 관계는 원래 사적 관계이며 광업법이 정하는 원칙에 의해 당사자 간에 해결해야 할 문제였으나, 광범위하게 방치된 광해가 사회적 문제로 부상함에 따라 정부는 1952년 7월 「임시석탄광해복구법」을 제정하여 국고 부담에 의한 광해 복구 조치를 취할 수 있게 되었다.

이처럼 광해 문제는 직접적으로 합리화와 관련되는 문제는 아니지만, 합리화로 인한 폐광의 증가에 따라 광해 복구를 둘러싼 분쟁이 다수 발생하여 사회 문제화될 우려가 있었다. 폐광하는 경우, 피해자는 종래 수취하고 있던 광해 배상이 중단되고 피해가 방치될 것을 걱정하여 폐광 시까지 완전한 배상을 요구하게 되는 반면, 탄광 측은 폐광 처리나 신광 개발 등으로 막대한 자금이 필요해 간단히 피해자의 요구에 응하기 어렵기 때문에 양자 간의 대립, 분쟁은 극도로 심각해질 것이 예상되었다.[22]

이러한 문제에 대해 합리화법은 "사업단은 매수한 채굴권의 광구에 관한 광해 배상에 필요한 비용을 충당하기 위해 통상산업대신의 인가를 받은 방법에 따라 적립하지 않으면 안된다"는 조항(제34조)을 마련했으나 그 외의 추가적인 광해 대책은 마련되지 않았다. 한편, 산탄 지역 쇠퇴에 대한 대책은 합리화법에서는 고려되지 않았으며, 1960년에 이르기까지 산탄 지역 문제에 대한 제도적 대응은 없었다.

4. 에너지정책의 전환: 탄주유종에서 유주탄종으로

1) 유주탄종으로의 방침전환 요구

1958년 후반부터 경기가 회복됨에도 불구하고 석탄산업의 불황이 계속됨에 따라, 석탄산업의 불황이 단순한 경기순환에 의한 것이 아니라 구조적인 것이며, 그 배경에는 에너지 혁명의 급진전이 있음이 명확해졌다. 더구나 1959년 들어 무역자유화의 논의가 활발히 진행되고 석유 수입 자유화도 조만간 현실화될 것이 예상됨에 따라 석유 수입 자유화를 전제로 한 에너지정책의 재검토가 불가피해졌다.

1950년대 후반에 중유 억제 정책을 비판하고 석유 수입 자유화를 전제로 한 유주탄종(油主炭従)정책으로의 전환을 강력히 주장한 것은 전력업계였다. 전력업계와 석탄 및 석유 수요 업계를 중심으로 구성된 산업계획회의(産業計画会議)는 1956년 9월의 권고에서, 일본의 에너지 쇄국정책이 고탄가나 석유 가격체계의 왜곡을 가져와 일본 경제의 진보를 저해하는 요인이 되고 있으므로 중유의 소비 억제나 외화할당제를 개선해 값싼 에너지원인 중유로 전환할 필요성을 강조했다.[23] 또 산업계획회의의 위원장인 마쓰나가 야스자에몽(松永安左衛門)은 전력중앙연구소(電力中央研究所)에서 매년 발표하는 '전력설비근대화계획'(이하 근대화계획)을 통해 값싸고 안정적인 전력공급의 실현을 위한 '화주수종'(火主水従)이나 화력발전용 연료를 석탄에서 중유로 전환할 것(유주탄종)을 적극적으로 주장했다.[24]

고보리 사토시(小堀聰)에 따르면, 전력중앙연구소의 유주탄종 주장은 1957년의 제3차 근대화계획에서 제기되어 1958년의 제4차 근대화계획에서 확고해졌다.[25] 제4차 근대화계획의 발표 직후인 1958년 10월에 발표된 산업계획회의의 권고는 정부의 에너지정책에 대해서 "물량 밸런스만을 다루고", "가격 측면을 전혀 무시하고" 있다고 비판하고, 에너지 가격을 원유 가격 수준까지 인하하기 위해 석유에 대한 외화할당제도를 완화할 필요가 있다고 주장했다.

전력업계를 중심으로 제기되고 있던 에너지 코스트 삭감을 위해 에너지원을 중유로 전환해야 한다는 주장은 석유 가격 하락에 의해 석탄 가격의 상대적인 고가 경향이 분명해짐에 따라[26] 경제계 전반의 동의를 얻게 되었다. 석탄의 상대적 고가 경향이 지속되는 중에 1959년 6월 15일에는 석유연맹·일본철강연맹·전기사업연합회 등 26개 단체가 중유보일러 규제법 철폐운동을 전개할 것을 결정했다. 경제단체연합회도 7월부터 연료대책위원회에서 정식으로 석탄 문제의 검토를 개시하여 12월 8일에 발표한 '석탄가격정책에 관한 의견'에서 "장기적 관점에 서면 연료의 수급은 자유경제의 일환으로서 경제적 합리성에 기초한 소비자 자유선택에 의해서 성립해야 할 것"을 명백히 했다.

유주탄종으로의 전환을 요구하는 목소리가 커지는 가운데 일본 정부는 1961년 9월 26일 '무역외환자유화촉진계획'을 발표했고, 뒤이어 1962년 10월에 석유 수입의 자유화가 실현되었다.[27] 일본 정부가 석유 수입의 자유화를 단행한 것은 미국을 비롯한 서구 제국이 일본의 무역자유화를 강력히 요구했기 때문이지만, 위와 같은 일본 국내의 동향을 배경으로 정부 내에서도 에너지 코스트의 삭감이란 측면에서 석유 수입 자유화를 지지하는 의견이 대두되고 있었다.[28]

2) 유주탄종 방침으로 전환

경제기획청에서는 1959년 4월에 경제심의회 에너지부회를 설치하여 신장기경제계획에 대신할 새로운 장기에너지계획에 대해 심의하기 시작했다. 그런데 정부가 1959년 11월 경제심의회에 소득배증계획을 자문함에 따라 경제심의회 정부 공공 부문 에너지 소위원회에서도 에너지부회와 병행하여 장기에너지계획에 대해 심의하게 되었다. 에너지 소위원회는 에너지부회의 장기 에너지 전망 작업의 결과를 참고하여, 1960년 12월 27일 보고서를 제출했는데, 그것은 탄주유종에서 유주탄종으로의 에너지정책 전환을 명확히 제시하는 내용이었다.

동 보고서의 장기 에너지 수급 전망은 그대로 소득배증계획에 반영되었는데 이에 따르면, 연평균 경제성장률 7.8%의 가정하에 1959~1970년 사이의 에너지 총수요는 2.1배가 되는 것으로 추정되었다(〈표 1-3〉 ④). 공급 면에서는 해외에너지의 구성비가 같은 기간 중 33.6%에서 58.8%로 증가하는 반면, 국내탄의 비중은 31.9%에서 18.0%로 감소하여 1970년도의 국내탄 생산은 5,091만 톤(실톤수로는 5,500만 톤)으로 상정되었다. 즉, 석탄 생산 규모는 현상 유지 규모라고 할 수 있는 5,500만 톤에 고정하고 증대하는 에너지 수요에 대해서는 적극적으로 해외 에너지 수입으로 대응한다는 방침임을 알 수 있다. 이는 1957년의 신장기경제계획이 에너지 수요에 대해 가능한 한 국내탄 증산으로 대응하고, 국산 에너지로 충족되지 않는 에너지 수요에 대해서는 해외 에너지의 수입으로 충당한다는 방침을 취한 것과는 정반대다. 소득배증계획은 고도성장에 필요한 에너지의 저렴한 공급 확보를 위해 '유주탄종'으로의 방침전환을 명확히 선언한 것이다. 1962년 10월에 단행된 석유 수입 자유화는 그 필요조건이었다.

5. 유주탄종 방침하의 석탄산업 조정정책

1) 석탄산업 조정정책의 시동

경제기획청에서 장기에너지계획에 대한 심의가 진행되는 것과 병행하여 통산성에서도 기존의 신장기경제계획 선상에서 추진되던 석탄증산정책에 대한 재검토 작업을 진행했다. 통산성은 1959년도 석탄 '신정책' 수립 작업을 개시한 1959년 4~5월부터 이미 석탄산업을 명확히 구조불황산업으로 인식하고 그 대책의 필요성을 확인하는 한편, 중유 보일러 규제를 완화하여 석유로의 전환을 촉진하고 에너지 코스트를 낮추어 일본의 국제 경쟁력을 향상시키는 방향을 시사했다.[29] 석탄 신정책의 골자를 확정한 통산성은 석탄광업 합리화 대책의 철저화를 위해 석탄광업심의회의 기구를 확대·강화하여 석탄산업 체질 개선의 추진 주체로 삼는 구상을 확정하고, 이런 방침에 따라 1959년 10월에 석탄광업심의회에 기본문제부회와 생산성부회를 설치하여 석탄광업의 합리화 대책을 동 심의회에 자문했다.

신정책의 구체적 내용은 1959년 12월 19일 석탄광업심의회 기본문제부회(部會長 有沢広巳) 중간 답신으로 발표되었다. 이 답신은 모두(冒頭)에서 "최근의 에너지 사정을 관통하고 있는 주된 흐름은 유체 에너지의 고체 에너지에 대한 우위와 경제적 합리성의 지배"라고 선언하여, 석탄 불황의 원인을 경기변동에 따른 일시적인 것이 아니라 최근 에너지 사정에서 오는 구조적인 것임을 명확히 했다. 따라서 석탄정책도 이에 조응하는 구조적 조치이어야 함을 강조하고, 석탄정책의 기본을 경쟁재에 대항할 수 있는 조건을 갖추는 데 두었다. 구체적으로는 합리화 목표로 1963년도까지 탄가 1,200엔 인하(1958년도 대비)와 동년도의 석탄 생산량을 5,000만 톤~5,500만 톤으로 설정했다. 동 답신에 따르면, 연생산량이 4,000만 톤 전후 규모인 경우, 수익성은 크지만 급격한 규모 축소에 따른 한계 코스트의 상승에 의해 가격 인하 가능성이 축소되는 점, 고용에 미치는 악영향, 투자 중단에 따른 손실, 국제수지 면의 부담 증가, 에너지 자급도에 대한 불안 등의 문제가 있으며, 6,000만 톤 이상 규모인 경우에는 비능률 고비용 탄광이 온존함으로써 탄가 인하가 곤란하고 규제에 의한 석탄 선택의 강제가 필요하기 때문에 제도의 영속성을 보장할 수 없다는 문제가 있었다.

5,000만 톤에서 5,500만 톤이란 생산목표 설정은 1975년도 7,200만 톤의 출탄체제를 목표로 한 신장기계획의 포기를 의미하며, 이는 경제심의회 에너지 소위원회 보고(1960년 12월)에서 밝힌 향후의 에너지 수요 증가분을 주로 석유 수입으로 충당하겠다는 방침과 궤를 같이하는 내용이란 점에서 유주탄종 방침으로의 전환에 상응하는 것이었다.

기본문제부회의 중간 답신에 대해서는 동 답신이 기존의 탄주유종정책의 전환을 요구한 점에서 획기적 의의를 가지고 있음이 평가되어 왔지만, 동 답신이 탄광 이직자 대책과 지역 사회 대책에 대해서도 중요한 제언을 하고 있는 점은 종래 주목받지 못했었다.

중간 답신은 '관계자에 대한 요청' 항목에서 "합리화에 수반하여 불가피하게 발생하는 이직자에 대해 이미 「탄광이직자임시조치법」에서" 마련된 "조치들의 기능이 충분히 발휘되도록 함과 함께 가급적 일반경제계의 협력하에 배치전환 형태로 이직자 흡수가 원활히 이루어지도록 계획적으로 추진해야 할 것"과, "탄광 이직자 다발 지대에 있는 문제의 심각성에 비추어 지역 사회의 종합적 진흥 대책을 수립하는 것이 당면 초미의 급무"임을 지적했다. 탄광 이직자 대책과 지역 사회 진흥 대책의 수립에 대한 중간 답신의 제언은, 이후의 석탄정책이 산업조정정책으로서의 성격을 명확히 하며 전개되는 시발점이 된다는 점에서 이 역시 획기적 의의를 가지는 것으로 평가되어야 할 것이다.

중간 답신의 제언은 답신 발표를 전후하여 관련 분야에 대한 법 제도의 정비로 구체화되었다. 생산 부문에 대해서는 석탄산업의 합리화를 강화하기 위해 석탄광업정비사업단을 석탄광업합리화사업단으로 개조(1960년 9월)하여 합리화사업단이 석탄산업의 근대화를 위한 설비투자자금을 탄광 기업에 융자하도록 했다. 고용 면에서는 중간 답신의 발표 전일에 「탄광이직자임시조치법」(炭鑛離職者臨時措置法)이 제정되어, 이 법률에 따라 탄광이직자원호회(炭鑛離職者援護會)가 설립됨으로써(1959년 12월), 합리화에 따른 탄광이직자뿐만 아니라 이직자 일반을 대상으로 재취업을 원호하는 제도적 장치가 마련되었다. 탄광이직자원호회의 업무는 1961년 6월 「고용촉진사업단법」의 제정에 따라 동년 7월에 설립된 고용촉진사업단으로 흡수되었다.

중간 답신이 지역 사회의 종합적 진흥 대책 필요성을 언급한 것에 대응하여서는 1960년 8월 산탄지역진흥심의회 설치가 결정되고, 1961년 11월에는 「산탄지역진흥임시조치법」이 성립되어 동법에 근거한 산탄지역진흥사업단이 설립되었다. 광해 대책도 강화되었다. 1960년 12월에는 광해대책부회가 석탄광업심의회에 설치되고 동 부회는 1961년 4월 석탄광해대책심의회로 발전했다. 동 심의회는 광해 배상의 실행을 확보하는 수단으로서 광해배상적립금제도의 설치를 제언했는데, 그것은 1963년에 「석탄광해배상담보법」의 제정과 광해배상기금의 설립을 통해 실현되었다.

이처럼 중간 답신은 에너지정책의 기본 방침이 유주탄종으로 전환한 것에 대응하여 '스크랩 앤드 빌드'를 주요 수단을 하는 석탄산업 합리화 방침과 함께 합리화에 수반되는 사회적 마찰 완화를 위한 대책 수립을 촉구함으로써,

석탄정책이 합리화 대책과 산탄 지역 진흥 대책, 고용 대책, 광해 대책을 망라하는 종합적인 산업조정정책으로서의 체계를 갖추게 되는 첫걸음이었다고 평가할 수 있다.

2) 석탄산업 조정정책의 내용과 체계

석탄정책은 탄가 1,200엔 인하 정책부터 산업조정정책으로의 성격이 강화되었지만, 일관된 계획에 의해 일사불란하게 추진된 것은 아니었으며, 그때그때의 경제 상황이나 석탄산업 상황의 변화에 따라 목표나 수단의 변화가 있었다. 1960년도부터 시작된 석탄정책은 2002년 3월 석탄 대책 관계 법률의 폐지까지 총 10차에 걸쳐 시행되었는데, 야다(矢田)는 이를 스크립 앤드 빌드 정책(탄가 1,200엔 인하 대책에서 제2차 석탄 대책), 점차적 철퇴정책(제3~5차 석탄 대책), 석탄 재검토 정책(제6~7차 석탄 대책), 최종적 철퇴정책(제8차~포스트 제8차 석탄 대책)으로 나누었다[30](〈표 1-4〉, 〈부표 1-1〉). 이하 야다의 시기 구분에 따라 석탄정책의 내용을 간략히 살펴보기로 한다.[31]

'스크랩 앤드 빌드' 정책기(1960~1966년)에는 탄가 1,200엔 합리화 정책과 제1차, 제2차 석탄 대책이 실시되었다. 이 시기에는 '스크랩 앤드 빌드'를 통해 우량탄광을 중심으로 1966년도까지 연 5,500만 톤 생산체제의 유지를 목표로 했다. '빌드' 탄광에 대해서 석탄광업합리화사업단에 의한 근대화 자금의 무이자 융자, '스크랩' 탄광에 대해서는 석탄광산정리촉진교부금의 교부, 정비자금의 대부 등의 지원이 있었다. 특히 종래의 매수 방식(구방식)에 대신하여 1962년도에 도입된 석탄광산정리촉진교부금제도(신방식, 또는 일반폐산 방식)는 폐광을 촉진하는 데 크게 기여했다. 또 수요확보정책으로서 석탄의 장기안정거래협정이 대

표 1-4 석탄정책의 추이

시기 구분	석탄정책	실시 기간	답신 일자	생산목표	주요 정책
스크랩 앤드 빌드 정책	탄가 1,200엔 인하 합리화 정책	1960~1962	1959년 12월 19일 석탄광업심의회 기본문제부회 중간 답신	1963년도 5,500만 톤	•합리화사업단에 의한 근대화 자금 •석탄광산정리촉진교부금 창설 •석탄의 장기안정거래협정 성립
	제1차 대책	1963~1964	1962년 10월 13일 제1차 석탄광업조사단 답신	1967년도 5,500만 톤	탄광이직자구직수첩제도 창설
	제2차 대책	1965~1966	1964년 12월 16일 제2차 석탄광업조사단 답신	동상	•탄가 인상 •이자 보급 조치
점차적 철퇴정책	제3차 대책	1967~1968	1966년 7월 25일 석탄광업심의회 발본책 답신	1970년도 5,000만 톤	•1,000억 원 대체 변제 •석탄특별회계 창설
	제4차 대책	1969~1972	1968년 12월 25일 석탄광업심의회 석탄 대책 답신	명시하지 않음.	•850억 엔 제2차 대체 변제 •석탄광산정리특별폐산교부금 창설
	제5차 대책	1973~1975	1972년 6월 29일 석탄광업심의회 석탄 대책 답신	1975년도 2,000만 톤	700억 엔 제3차 변제
석탄 재검토 정책	제6차 대책	1976~1981	1975년 7월 16일 석탄광업심의회 석탄 대책 답신	현상 유지	해외탄의 개발/수입, 국제 협조 촉진
	제7차 대책	1982~1986	1981년 8월 4일 석탄광업심의회 석탄 대책 답신	현상 유지	안정보급금의 경사 배분
최종적 철퇴정책	제8차 대책	1987~1991	1986년 11월 28일 석탄광업심의회 석탄 대책 답신	1991년도 1,000만 톤	•과잉재고 대책 •이직자 대책 충실 •산탄 지역 진흥 대책 충실
	포스트 제8차 대책	1992~2001	1991년 6월 7일 석탄광업심의회 석탄 대책 답신	명시하지 않음. 단계적 축소	신분야 지원
			1999년 8월 9일 석탄광업심의회 석탄 대책 답신	2001년도 말까지 석탄정책 완료	
	석탄 관계 법률 폐지	2002년 3월			

주: 석탄정책의 시기 구분은 矢田(1995)에 의거했음. 석탄 대책의 자세한 내용은 〈부표 1-1〉을 참조.

자료: 矢田(1995); 石炭鉱業合理化政策史研究会編(1990); 石炭政策史編(2002).

량 수요자인 전력, 철강, 가스, 시멘트업계 사이에 성립되었다(1961년 6월 7일).

제3차 석탄 대책에서 제5차 석탄 대책까지의 기간(1967~1975년)은 점차적 철퇴기로 이 기간 중에 석탄의 생산목표는 5,500만 톤에서 5,000만 톤 정도로(제3차 석탄 대책), 그리고 다시 2,000만 톤으로(제5차 석탄 대책) 축소 조정되었다. 이 시기에 실시된 시책으로 중요한 것은 탄광 기업의 경영 상황을 개선하기 위해 정부자금으로 기업의 채무를 대체 변제(肩代わり)한 것이다. 그 금액은 제3차 대책에서 1,000억 엔, 제4차 대책에서 약 850억 엔, 제5차 대책에서 약 700억 엔에 달했다.[32] 그런데도 기업의 재정 상황이 개선되지 않자, 제4차 대책에서는 기업에게 석탄산업에서의 진퇴에 대한 용단을 촉구하는 한편 기업 단위로 철수를 촉진하기 위해 특별폐산교부금제도(특별폐산 방식)를 설치했다. 또한 제3차 대책에서 석탄광산정리 석탄대책특별회계(이하 석특회계)를 창설했다. 이 제도는 '석탄 대책을 위한 재원과 지출 내용을 타 회계와 구별하여 명확히 정리하는 조치'를 실시하기 위한 것으로 원유와 중유 관세 수입의 일부를 그 재원으로 했다.

축소 일변도였던 석탄 생산은 제6차 석탄 대책에서 제7차 석탄 대책까지(1976~1986년) 연 2,000만 톤 생산체제를 유지했다. 이것은 석유위기를 겪으면서 국내에서 생산되는 에너지원으로서 그리고 철강 생산의 원료탄으로서 일본 석탄이 재평가된 결과이기도 했다.[33]

그러나 1980년대 중반 이후 국내탄과 해외탄의 가격 격차가 한층 더 벌어짐으로써 석탄 생산은 다시 축소 과정에 들어갔다. 즉, 제8차 석탄 정책(1987~1991년)에서 생산목표치는 연 1,000만 톤 규모로 축소되었고, 포스트 제8차 석탄 대책(실질적인 제9차, 1992~2001년)에서는 1990년대를 석탄광업 구조조정의 최종적 단계로 규정하고 석탄 생산을 단계적으로 축소하기로 했다.

위와 같은 석탄정책은 이른바 '석탄 6법'이라고 하는 법적 근거 위에 수행되었다. 석탄 6법은 「임시석탄광해복구법」(1952년 제정), 「석탄광업합리화임시조치법」(1955년 제정),[34] 「탄광이직자임시조치법」(1959년 제정),[35] 「산탄지역진흥임시조치법」(1961년 제정), 「석탄광해배상담보등임시조치법」(1963년 제정),[36] 「석탄대책특별회계법」(1967년 제정)[37]을 말한다. 이상과 같은 석탄 6법을 근거로 하여 탄광의 합리화, 광해 복구, 산탄 지역 진흥, 이직자 대책 등이 석탄특별회계에 의한 재정적 뒷받침하에 수행되었다. 석탄 6법에 의해 뒷받침된 석탄정책 전체의 체계는 〈그림 1-1〉과 같은데, 이런 석탄정책 체계는 1960년대 초에 이미 그 골격이 형성되었음을 알 수 있다. 1990년대를 석탄광업 구조조정의 최종적 단계로 규정한 포스트 제8차 대책이 종결되는 2001년도에 석탄 6법의 유효 기간이 끝남에 따라, 석탄 6법에 근거해 시행되던 정책들은 대부분 그 실시가 중단되었지만 일부는 다른 법률에 근거해 계속 추진되기도 했다.

석탄정책이 합리화만이 아닌 실업자 대책, 지역 사회 대책, 광해 대책을 아우르는 산업조정정책이었음은 석탄 대책 관계 예산을 통해서도 확인할 수 있다. 석탄 대책 관계 예산은 탄가 1,200엔 인하 정책이 실시된 1960년도부터 크게 증가했는데, 동년도 예산 58억 엔은 전년도 9억 엔의 6.5배나 되는 금액이다(〈표 1-5〉). 석탄 대책 관계 예산은 이후 급격히 늘어나 1973년에는 약 1,092억 엔에 달했으며, 1960~1973년도까지의 누계는 무려 약 7,360여억 엔에 달했다.[38]

석탄 대책 관계 예산을 합리화 안정 대책, 탄광 이직 원호정책, 산탄 지역 진흥 대책, 광해 대책별로 보면, 합리화 안정대책비의 비율이 45~70%로 가장 크다. 그 내용을 보면 탄광의 빌드 업을 위한 설비투자와 스크랩 다운을 위한 정리촉진비가 비슷한 정도의 규모이고, 경리(経理)개선비가 1966년도부터 나타나기 시작해 1967년도부터 최대 비목이 되었음을 알 수 있다.

빌드 업, 즉 근대화 설비투자에 필요한 자금은 합리화법 제정 후부터 일

그림 1-1 석탄정책의 체계(1999년 시점)

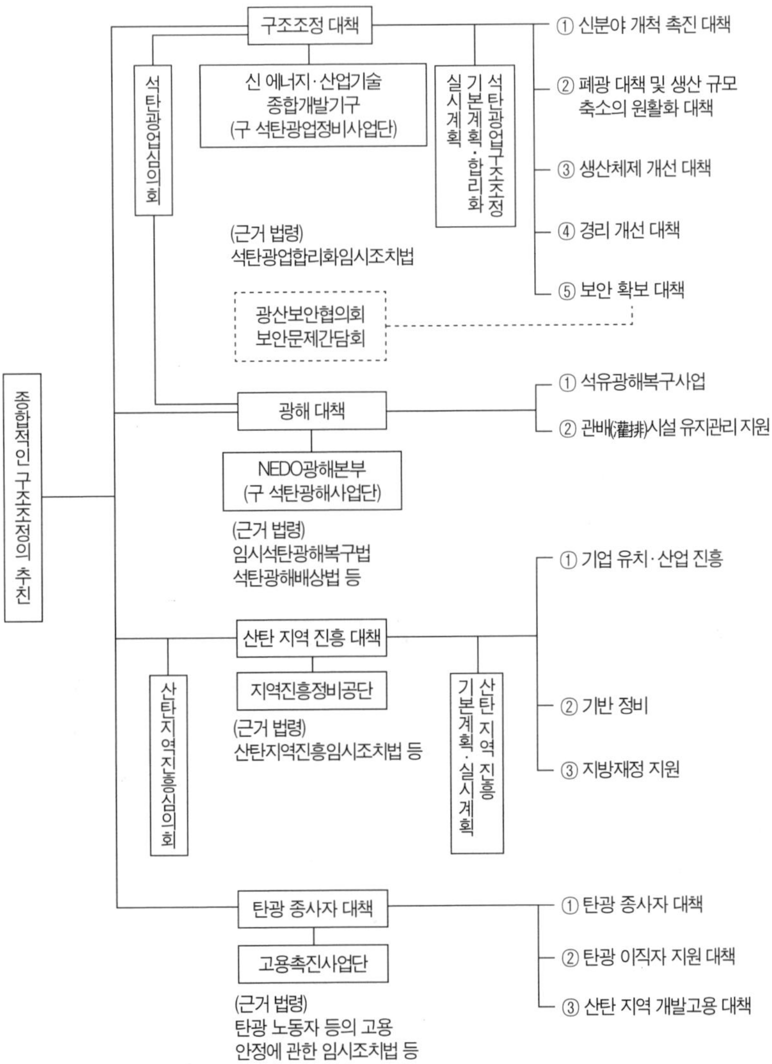

자료: 石炭鉱業審議会参考資料(1999년 8월).

본개발은행과 중소기업금융공고가 알선했으나, 1960년에 석탄광업정비사업단이 석탄광업합리화사업단으로 개조된 후, 합리화사업단이 재정자금을 재원으로 하여 설비투자자금을 무이자로 융자(근대화 자금)하게 되었다. 정리 촉진을 위한 정비교부금 및 정비자금 대부액을 보면, 제1차 석탄 대책이 실시된 1962년도, 제3차 석탄 대책이 실시된 1967년도, 특별폐산교부금제도가 실시된 1969년도에 각각 교부금 및 대부금액이 크게 증가한 것을 알 수 있다. 경리개선비용이 1966년도부터 나타나 1967년도부터 급증하는 것은 탄광기업 차입금의 이자보급(補給)[39] 조치 및 정부자금에 의한 대체 변제가 실시되었기 때문이다.

석탄 대책 관계 예산의 30~55%는 탄광 이직 원호정책, 산탄 지역 진흥 대책, 광해 대책 등 사회정책적 비용에 충당되었다. 탄광 이직 원호대책비는 1960년도부터 계상되어 1960년대 전반에는 최대 비목이 되었다. 산탄 지역 진흥대책비는 1961년도부터 계상되어 1960년대 후반에 크게 증가했다. 광해대책비도 1960년대 후반에 크게 증가했는데, 폐광하는 탄광의 증가에 따른 광해 대책이 더 필요해졌기 때문이다.

이처럼 석탄 대책 관계 예산 면에서 보아도 합리화를 위한 비용에 버금가는 규모의 금액이 합리화 과정에 수반되는 사회적 마찰을 완화하기 위한 대책에 투입되었다. 더구나 통산성이 주관하는 석탄 대책 관계 예산만이 아니라 노동성이나 자치성 등이 고용안정이나 지역 대책을 위해 투입한 예산까지 포함하면, 사회정책적 비용은 〈표 1-5〉에 표시된 금액을 훨씬 초과할 것으로 추측된다. 예를 들면, 제3장에서 보는 바와 같이 산탄 지역 진흥 대책에는 석탄 대책 관계 예산만이 아니라 자치성, 노동성, 지방 자치체 등에서 거액의 예산이 별도로 책정되고 있었다.

표 1-5 석탄 대책 관계 예산 주요 항목의 추이(1959~1973년도) (단위: 100만 엔)

연도	합리화 안정대책비					탄광 이직자 원호대책비	산탄 지역 진흥대책비	광해대책비	합계
	소계	(%)	설비투자	정리촉진	경리개선				
1959	177							734	911
1960	2,640	(45.4)	2,140	400		2,330		850	5,820
1961	3,039	(46.4)	2,800	400		2,607	30	880	6,556
1962	7,654	(52.1)	3,790	4,062		5,077	680	977	14,688
1963	9,957	(52.2)	4,376	5,266		6,172	1,330	1,633	19,092
1964	9,199	(46.8)	4,892	3,985		6,591	2,048	1,800	19,637
1965	12,341	(54.0)	5,712	4,312		5,762	1,810	2,941	22,854
1966	18,324	(60.1)	7,511	5,427	5,032	4,633	2,836	4,679	30,472
1967	41,613	(74.1)	10,045	10,586	14,532	5,030	3,046	6,344	56,193
1968	41,354	(69.3)	11,269	4,888	14,708	5,091	3,294	7,796	59,638
1969	62,057	(70.2)	14,763	10,536	26,919	7,637	5,691	10,640	88,454
1970	66,544	(68.5)	14,410	16,270	30,030	8,553	6,483	12,312	97,114
1971	67,995	(64.1)	15,050	18,070	27,890	9,539	7,990	13,994	106,078
1972	60,436	(60.3)	15,420	11,100	26,800	9,941	8,007	15,160	100,151
1973	62,294	(57.0)	13,670	12,450	27,760	10,947	8,232	17,092	109,228

주: 1) 설비투자는 생산체제 개선비와 합리화사업단 출자의 합계.
2) 1967년도의 합리화 안정대책비는 石炭鉱業合理化政策史研究会(1990)에는 376억 엔. 石炭鉱業合理化事業団編(1976)과 비교해 약 40억 엔이 적은데, 이것은 탄광정리촉진비의 차이에 기인한다. 탄광정리촉진비는 日本産業技術振興協会 자료에 따르면, 100.4억 엔이나, 石炭鉱業合理化政策史研究会(1990)에는 63.4억 엔으로 되어 있다.

자료: 石炭鉱業合理化事業団編(1976), 374~375쪽; 石炭鉱業合理化政策史研究会(1990), 資料編 表 5; 日本産業技術振興協会(1974).

6. 맺음말

전후의 긴급 복구 정책적 성격이 강한 경사생산방식으로 석탄 생산의 양적인 복구가 궤도에 오른 후 닷지 라인에 따라 통제가 철폐되면서 석탄 가격이 상승하자 석탄은 생산량과 함께 그 가격 수준도 문제가 되었다. 이에 대한 일본 정부의 대응은 1950년대 전반의 시행착오를 거쳐 1955년 「석탄광업합리화임시조치법」에서 명확한 모습으로 나타났는데, 그것은 탄주유종의 방침에서 합리화를 통해 고탄가 문제를 해결하고자 하는 것이었다. 합리화법에서도 합리화에 부수되는 사회적 마찰, 즉 고용 문제와 광해 문제에 대한 인식은 있었지만, 그에 대한 제도적 대응은 없었으며, 지역 문제는 언급되지 않았다.

석탄정책이 합리화 대책만이 아니라 실업 대책, 지역 대책, 광해 대책을 아우르는 산업조정정책의 성격을 명료히 하게 되는 것은 1959년 12월의 석탄광업심의회 기본문제부회의 중간 답신에서였다. 석탄에 대한 석유의 우위를 인정한 중간 답신은 에너지정책이 유주탄종으로 전환되는 시점에서, 합리화 정책에 의해 석유에 경쟁할 수 있는 수준까지 탄가를 인하하는 것을 목표로 설정했다. 동시에 탄광 이직자 대책이나 지역 사회의 종합적 진흥 대책의 수립을 '초미의 급무'로 규정하여 관계자의 협조를 요청했다. 이런 점에서 기본문제부회의 중간 답신은 석탄정책이 산업조정정책으로서의 성격을 갖추게 되는 첫걸음이었다고 할 수 있다.

중간 답신의 발표를 전후로 하여 「탄광이직자임시조치법」(1959년 12월), 「고용촉진사업단법」(1961년 6월), 「산탄지역진흥임시조치법」(1961년 11월), 「석탄광해배상담보법」(1963년 7월)이 제정되고, 산탄지역진흥심의회(1960년 8월), 광해대책부회(1960년 12월, 1961년 4월에 석탄광해대책심의회로 발전), 광해배상기금(1963년 7월) 등의 기구가 설치됨으로써 1960년대 초기에 석탄 6법에 근거한 석탄산업 조정정책의 체계가 완성되었다.

석탄정책의 산업조정정책으로서의 성격은 석탄 대책 예산의 구성을 통해서도 알 수 있다. 석탄 대책 예산의 절반 이상은 합리화 대책비가 차지했으나 합리화 대책비에 버금가는 규모의 예산이 고용 대책, 지역진흥 대책, 광해 대책에 투입되었으며, 통산성 외의 성청과 지자체에서 관할하는 고용 대책이나 지역진흥 대책에도 거액의 예산이 투입되었다.

부표 1-1 석탄 대책의 주요 내용

석탄 대책	답신 날짜	답신의 기본 방침	답신에 나타난 목표와 목표연도	주요 시책(제2차 대책 이후는 추가된 시책만)
1,200엔 인하 합리화 정책(1960~1962년도)	1959년 12월 19일 석탄광업 심의회 기본부회 중간 답신	1. 현재의 석탄 불황의 원인은 유체에너지의 고체에너지에 대한 우위와 경제합리성의 지배라고 하는 최근의 에너지 사정에서 오는 구조적인 것임. 2. 경합재와의 경쟁에 대해 경제적으로 대항할 수 있는 조건과 방법을 확립해야 함.	1963년도까지 탄가 1,200엔 인하, 5,000만~5,500만 톤 생산량 설정	1. 석탄광업정비사업단을 석탄광업합리화단으로 개조 2. 근대화 자금의 무이자 융자 3. 석탄광산정리촉진교부금 창설, 탄광정비보증기금의 창설, 합리화사업단에 의한 탄광정비자금 대부 개시 4. 석탄의 장기안정거래협정 성립
제1차 대책(1963년도부터 실시)	1962년 10월 13일 제1차 석탄광업조사단 답신	1. 석탄광업 붕괴가 초래하는 관계자에 대한 영향, 지역 사회에 미치는 심각한 타격, 국민경제가 입는 손실을 방지하는 것이 국민적 과제임. 2. 에너지 혁명의 진행에 수반하는 수요구조의 변화에 대응해 생산구조를 계획적으로 재편해 갈 필요가 있음.	1967년도를 안정화와 자립의 목표연도로 하여 5,500만 톤 확보	1. 석탄화력발전소 건설 등에 의한 석탄 장기 거래량의 증대 2. 석탄전용선의 건조 등에 의한 유통 합리화 3. 전력용탄대금정산(주) 설립 4. 비능률 탄광의 스크랩과 능률 탄광의 빌드를 중심으로 하는 생산체제의 근대화 5. 탄광이직자구직수첩제도 창설 6. 석탄광업의 경리 규제 실시
제2차 대책(1965년도부터 실시)	1964년 12월 16일 제2차 석탄광업조사단 답신	석탄광업 붕괴가 초래하는 경제적 손실과 사회적 영향은 극히 크며, 특히 에너지원의 수입의존도를 높이는 것은 단순히 국제수지만이 아니라 공급의 안정성이라는 견지에서도 바람직하지 않고 중요한 국내 에너지 자원인 석탄을 확보하는 것은 국가적 요청임.	5,500만 톤 정도를 유지, 1967년도경까지 안정	1. 탄가 인상, 톤당 일반탄 300엔, 원료탄 200엔 2. 전력용탄대금정산(주)을 전력용탄판매(주)로 개조하고 공정 가격에 의한 전력용탄의 독점 구입, 독점 판매 실시 3. 차입금의 이자 보급 조치 창설
제3차 대책(1967년도부터 실시)	1966년 7월 25일 석탄광업 심의회 발본책 답신	누적적자 1,000억 엔의 대체변제 등 경영기반 회복 대책과 어느 정도의 수요 확보책을 강구하면, 공급 면에서도 수요 면에서도 금후 5,000만 톤 정도의 출탄 유지는 가능하며 일련의 대책에 의해 석탄광업 경리는 1970년도 시점이 되면 대부분 적자 상태를 탈각할 수 있을 것이라는 인식에 섬.	5,000만 톤 정도를 유지, 1970년도까지 대책의 기본 골격 설정	1. 약 1,000억 엔의 원리보급금의 교부(이른바 제1차 대체변제) 2. 안정보급금의 교부 3. 탄층조사, 갱도굴진비보조금제도 창설(1966년도 예산부터) 등, 조성 조치의 확충과 폐산교부금의 단가 인상 4. 증가인수교부금제도 창설 등에 의한 수요 확보 5. 석탄대책특별회계의 창설(1970년도까지)

제4차 대책 (1969년도부터 실시)	1968년 12월 25일 석탄광업 심의회 석탄 대책 답신	1. 국민경제적으로 보아 안정된 출탄 공급 태세를 확립할 필요가 있으며, 이를 위해 석탄광업의 재건을 도모함. 2. 다른 한편 주어진 조성에 의해 사업의 유지 재건이 곤란한 경우에는, 용단을 내려 진퇴를 결정해야 함. 또 석탄광업의 폐광, 축소는 가능한 한 완만하게 이루어지도록 배려함.	출탄 규모 및 목표 연도를 명시하지 않음. 주요 시책은 1973년도를 한계로 함.	1. 약 850억 엔의 재건교부금 교부(이른바 제2차 대체변제), 안정보급금의 확충, 합리화사업단의 무이자대부제도 확충 등에 의한 기업재건 조성 2. 기업단위 폐광의 경우 특별 조치로서 석탄광산정리 특별폐산교부금(이른바 특별폐산교부금)의 창성(1971년도 이후 없음)과 일반폐산교부금의 단가 인상 3. 석탄대책특별회계의 존속기한을 1973년까지 연장
제5차 대책 (1973년도부터 실시)	1972년 6월 29일 석탄광업 심의회 석탄 대책 답신	1. 석탄광업의 급격한 축소는 다대한 사회적 혼란을 야기할 우려가 있음에 비춰, 1975년도의 수요 규모를 2,000만 톤을 내려가지 않는 수준으로 상정하고 이를 위한 수요 인상 및 대책 확충을 함. 2. 다른 산업에서 유례를 볼 수 없는 두터운 조성 및 수요 업계의 격단의 협력을 기본 전제로 하여, 석탄 기업 및 그 종업원이 노사 일체로 되어 스스로 최대한의 노력을 다하는 것이 필요함.	1975년도에 2,000만 톤을 내려가지 않는 수준의 수요 규모를 설정	1. 약 700억 엔 정도의 제3차 대체변제 실시 및 기존 대체변제 채무의 대체변제 기간의 일부 단축 2. 각종 보조금 융자율의 인상과 운전자금 대책 3. 대규모 수요업계에 대한 국내탄 인수 요청 4. 경합 에너지 가격 추이를 기준으로 매년의 탄가 개정 룰 확립 5. 석탄광업합리화사업단에 관리위원회 설치 등
제6차 대책 (1976년도부터 실시)	1975년 7월 16일 석탄광업 심의회 석탄 대책 답신	1. 신석탄 대책은 새로운 에너지 정세에 입각한 종합 에너지정책의 일환으로서 타 에너지 정책과의 유기적 연계를 보지하면서 석탄의 클린 에너지화, 유체화 기술의 진전에 의해 석탄이 장래 본격적이며 장기에 걸쳐 세계의 중요한 자원·에너지원으로서 이용될 가능성을 가지고 있음을 고려하여 당면 10년간의 우리나라에서의 자원·에너지의 안정공급의 일환으로서 석탄을 가능한 한 활용하여 가는 것을 기본 이념으로 함. 2. 이를 위해 석탄정책은 ① 국내탄의 생산을 유지하고, ② 해외탄의 개발 및 수입을 원활히 하며, ③ 석탄 이용 기술의 연구를 추진하는 것을 목적으로 함.	목표 연도를 명시하지 않음. 현상 생산 규모 유지. 해외탄의 개발/수입을 촉진	1. 신석탄정책에 필요한 재원은 「석탄 및 석유대책 특별회계」로 확보해야 할 것으로 생각됨. 또한 기타 재정 조치를 재검토하면서 자원·에너지의 안정 공급 확보 견지에서 필요한 조치를 검토해야 함. 2. 해외탄의 개발·수입, 국제 협조의 추진 3. 석탄의 가스화·액화 등의 기술개발 추진

제7차 대책 (1982년도부터 실시)	1981년 8월 4일 석탄광업 심의회 석탄대책 답신	1. 석탄 공급의 안정성과 경제성을 조화시킨 정책체계를 책정할 필요가 있음. 2. 이러한 생각하에 석탄정책은 석탄광업의 자기 노력, 정부의 적절한 지도와 조성 및 수요업계의 협력에 의해 석탄광업의 자립을 지향하는 것을 기본으로 해야 함.	목표 연도를 명시하지 않음. 대책 기간은 5년 정도가 적절. 장래 2,000만 톤 정도의 생산 수준 달성을 목표	1. 장래 신광 개발이 기대되는 유망 지역 자원 상황의 적확한 파악 실시 2. 소멸 광구 등의 재개발 촉진 3. 안정보급금의 경사 배분에 의한 탄광 간 격차 시정
제8차 대책 (1987년도부터 실시)	1986년 11월 28일 석탄광업 심의회 석탄대책 답신	1. 에너지정책상의 관점과 동시에 산업구조 조정의 일환으로서의 관점에서도 검토 2. 생산 규모의 단계적 축소는 불가피하지만, 지역 경제, 고용에의 영향을 완화하고 집중 폐광을 회피하는 것이 기본 3. 모회사, 관련 그룹 기업을 포함한 석탄 기업의 자기 노력을 전제로 하여 수요업계의 가능한 한의 협력, 정책의 적절한 지원이 필요	정책 기간은 5년 정도가 적절. 최종적으로 대체로 1,000만 톤의 공급 규모로 하는 것이 적당	1. 수급 갭을 조정하기 위한 과잉재고 대책에 대해 소요의 조치를 강구하고 그 실효를 확보하기 위한 기관의 설치에 대해 검토할 것. 2. 현행 폐산제도에 대해 필요한 재검토를 하면서 그 활용을 도모하는 것이 적당 3. 이직자의 재취직을 원활히 추진하기 위해 현행 이직자 대책을 충실히 하는 것이 필요 4. 각 지역은 상호 연계하여 광역적 시야에 서서 지역 진흥에 주체적으로 대응하는 것이 중요. 폐광에 수반하는 지역에의 영향 완화에 만전을 기하기 위해 관계 각 성청을 통틀어 지원의 충실, 강화를 도모할 것.
포스트 제8차 대책 (1992년도부터 실시)	1991년 6월 7일 석탄광업 심의회 석탄대책 답신	1. 국민경제적 역할 정도에 대응하는 균형 잡힌 국민경제적 부담 방식을 탐색 2. 1990년대를 구조조정의 최종단계로 자리매김하고 금후 구조조정을 계속해 균형점까지는 경영의 다각화·신분야 개척을 도모하면서 국내탄 생산의 단계적 축소를 꾀하는 것이 필요 3. 지역의 고용 안정, 경제 발전, 사회 안정 등에 대처하는 것이 필요	정책 기간은 10년. 국내탄의 역할과 국민 부담의 균형점을 지향. 균형점을 어디에 설정한 것인가는 계속 검토	
	1999년 8월 9일 석탄광업 심의회 석탄대책 답신	현행 석탄정책의 원활한 완료를 향한 추진 방법에 관해		

자료: 石炭鉱業合理化政策史研究会編(1990); 石炭政策史編(2002).

제2장

석탄산업의 축소조정 과정:
생산 유지와 고용조정

탄광 이직자 재취직에 관한 고용촉진사업단의 홍보 포스터(『雇用促進事業団』179쪽)

1. 머리말

산업조정 과정에서 중요한 의미를 가지는 문제의 하나는 조정 속도이다. 조정 속도를 높이면 자원의 효율적 배분이 신속히 이루어진다. 그런 의미에서 국민경제적 입장에서는 긍정적이다. 반면, 조정에 따르는 사회적 문제, 즉 실업, 지역 경제의 쇠퇴 등의 문제가 심각해지면서 사회적 갈등이 폭발하여 그 갈등 해결에 많은 비용과 시간이 소요될 우려가 있다. 따라서 정책 당국으로서는 사회적 갈등을 최소화하면서 가능한 한 조정 속도를 높이는 것이 긴요하다.

일본 석탄산업의 조정 과정에서 눈에 띄는 점은 생산과 고용의 조정 속도가 상이하다는 것이다. 〈그림 서-3〉(12쪽)에서 알 수 있는 바와 같이 생산 수준은 1960년대 중반까지 그다지 감소하지 않았던 반면, 고용 규모는 1960년대 초기부터 급격히 축소되었다. 생산량이 명확하게 감소하기 시작한 것은 1967년경부터이다.

일본의 이러한 현상은 비슷한 시기에 석탄산업 조정이 진행되었던 유럽 각국의 움직임과 비교해도 특징적이다. 〈그림 2-1〉에 따르면 일본의 경우, 1965년의 석탄 생산량은 1955~1957년 평균 생산량보다 6%나 많았다. 석탄 생산량이 1955~1957년 평균 수준을 하회하는 것은 1968년부터이다. 반면 1965년의 갱내부(坑內夫) 수는 1955~1957년 평균 갱내부 수보다 56%나 감소했다. 유럽 국가들 역시 생산조정보다 고용조정이 더 빠르게 진행되었지만, 그 차이는 일본에 비해 훨씬 작다. 유럽 국가 중 석탄산업의 축소가 가장 급격히 진행된 벨기에는 같은 기간(1955~1957년에서 1965년 사이)에 생산량은 33%, 고용은 45% 감소했으며, 비교적 완만한 조정이 이루어졌던 서독은 생산량 10%, 고용 33%가 감소했다. 일본은 1960년대 전반에는 생산조정이 거의 이루어지지 않은 상태에서 고

그림 2-1 석탄 생산량 및 갱내부 수 추이에 관한 국제 비교

(1) 생산량(1955~1957년 평균=100)

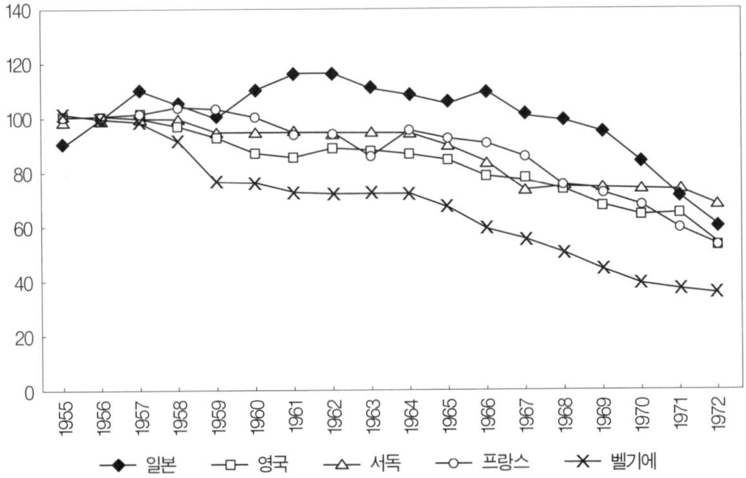

자료: 『石炭·コークス統計年報』. 원자료는 『国連統計年鑑』.

(2) 갱내부 수(1955~1957년 평균=100)

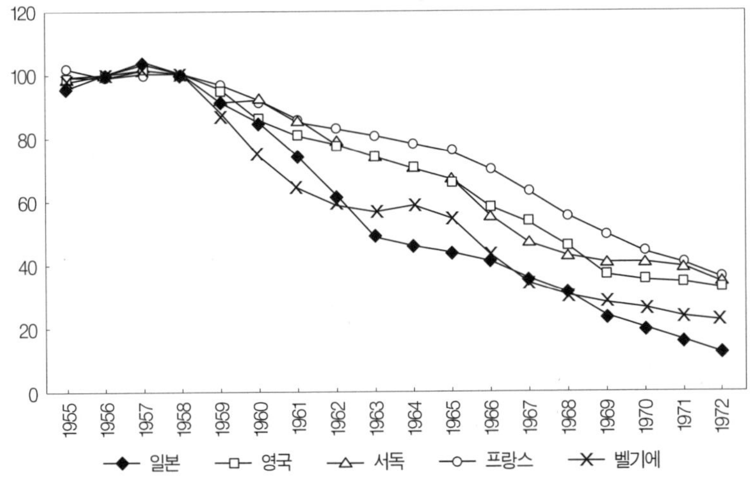

자료: Quarterly Bulletion of Coal Statistics for Europe, United Nations; 日本은 『石炭·コークス統計年報』.

용조정만이 급격하게 일어났음을 알 수 있다.

어떤 이유로 일본에서는 에너지 혁명이 진행 중이었던 1960년대 중반까지 사실상 석탄 생산량의 현상 유지가 도모되었을까? 고도성장은 저렴하고 풍부한 에너지의 안정적 공급을 전제로 하고 있다. 그렇다면 1960년대 중반까지 석탄 생산의 현상 유지를 도모한 정책이 유주탄종을 기본 방침으로 하는 당시의 에너지정책과 양립할 수 있었던 이유를 묻지 않을 수 없다. 이 점을 해명하기 위해서는 일본의 에너지정책에서 석탄의 위치를 명확히 할 필요가 있다. 즉, 석탄정책에서 설정된 '적정 생산 규모'의 근거를 해명하는 것이 중요하다.

또 하나의 의문점은 급속한 고용조정이 어떻게 가능했는가 하는 점이다. 고용조정에는 대개 조정 대상이 되는 광부나 산탄 지역으로부터 거센 저항이 일어나기 마련이다. 이러한 사회적 마찰을 극복하여 고용조정을 실시할 수 있었던 요인이 무엇인지를 밝힐 필요가 있다.

고용조정과 관련하여 다음 두 가지 점에 주의해야 한다. 첫째는 고용조정에 수반되는 사회적 마찰, 즉 실업이나 지역 문제에 대해 어떠한 정책적 배려가 있었는가 하는 점이다. 적절한 고용 대책의 실시는 사회적 마찰을 완화하고 고용조정을 용이하게 했을 것이다. 또 하나는 고도성장이 고용조정에 미친 영향에 관한 것이다. 경제성장에 의한 타 산업 부문에서의 고용 확대는 석탄산업에서 퇴출되는 노동력의 수용 기반이 될 수 있다. 이것이 석탄산업에서의 급속한 고용조정을 가능하게 한 조건이었는지도 모른다. 그러나 광부 중에는 일가의 가장이기도 한 중년 남성 노동자가 많고, 그들은 결코 이동하기 쉬운 노동력이 아니다. 고도성장이라고 하는 경제환경이 고용조정에 미친 영향을 보다 정확히 검토할 필요가 있다.

2. 연 5,500만 톤 생산체제의 유지

1) 경쟁 가능한 생산 규모로서의 연 5,500만 톤

전술한 바와 같이 1959년 12월에 발표된 석탄광업심의회 기본문제부회의 중간 답신에서 1963년도의 목표 생산량은 연 5,000만 톤에서 5,500만 톤 사이로 설정되었지만, 1960년 9월에 5,500만 톤으로 개정되었다. 연 5,500만 톤이라는 목표는 제2차 석탄 대책까지 유지되었지만, 그 근거는 탄가 1,200엔 인하 정책과 제1차·제2차 석탄 대책 사이에 차이가 있다. 즉, 1,200엔 인하 정책에서의 연 5,500만 톤의 근거는 경합 에너지에 대한 경쟁력 회복에 있었지만 제1차 석탄 대책 이후는 이러한 경제성 측면은 엷어지고 사회의 안정을 위한 '사회보험' 측면이 강조되었다.

우선 1,200엔 인하 정책의 목표생산량을 연 5,500만 톤으로 설정한 경위에 대해서는 경제심의회 에너지부회의 장기 에너지 전망 작업으로부터 밝힐 수 있다. 동 부회의 1960년 7월 25일 보고는 중유 1,000kcal당 75전, 수입 약점결탄(弱粘結炭)[1] 톤당 4,700엔을 전제로 하여, 1,200엔 인하 계획이 달성되고 또 1970년도까지 합리화가 계속 추진되어 약간의 코스트 저하가 실현된다면 1960년 시점의 생산 규모인 5,500만 톤을 유지하는 것도 가능하다고 했다.[2]

그러나 5,500만 톤 전부가 가격경쟁력을 가지고 있는 것은 아니며 여기에는 고용과 국제수지에 대한 배려분이 포함되어 있다. 에너지부회의 시산에 따르면, 경제성만을 고려한 경우, C중유 가격을 1,000kcal당 75전으로 상정할 경우 1970년도에 가격경쟁력이 있는 국내탄 생산 규모는 3,770만 톤에 불과했다.[3]

이 계산에 따르면, 경제성을 확보할 수 없는 약 1,700만 톤의 생산량에 대해서는 별도의 수단에 의한 수요 확보가 필요하게 된다. 이 때문에 1961년 6월에 석탄의 대량 소비자(전력, 철강, 가스, 시멘트업계)와 석탄업계 사이에 '석탄의 장기안정거래협정'이 맺어졌다. 이것은 1,200엔 인하 실현을 전제로 하여 설사 국내탄이 상대적 고가이어도 5,500만 톤 출탄에 상응하는 필요 수요량을 의무적으로 떠맡는다는 약정이다. 따라서 1,200엔 인하에 의한 석탄의 경쟁력 회복은 어디까지나 '석탄의 장기안정거래협정'이라는 인위적 수요 확보 정책을 전제로 한 것이었다.

2) '사회보험'으로서의 연 5,500만 톤

1962년도에 들어와 중유 가격이 연 5,500만 톤 및 탄가 1,200엔 인하의 근거였던 1,000kcal당 75전을 하회하는 수준으로 떨어졌으나, 1962년 10월 13일에 발표된 석탄광업조사단(단장 有沢広巳)[4]의 답신대강(答申大綱, 이하 '제1차 답신')은 여전히 연 5,500만 톤을 생산 규모로 설정했다. 그러나 제1차 답신이 "석탄이 중유에 대항할 수 없음은 이제 결정적이다"라고 기술하고 있는 바와 같이 이 단계에서 목표생산량을 연 5,500만 톤으로 설정한 것은, 석탄의 경쟁력 회복이란 관점에서가 아니라 석탄산업 위기가 초래하는 국민경제적 손실과 사회적 영향에 대한 고려라는 관점에서였다.

연 5,500만 톤 수요를 확보하기 위해 중유 보일러 규제법을 연장하고 정책 수요 확보를 위한 조치가 강화되었다. 정책 수요는 전술한 '장기안정거래협정'으로 확보되고 있었지만, 다시 전력·철강의 양 수요산업계에 동 협정에 약속된 인수 수량을 초과하여 인수할 것을 요청하고 이 증가 거래에 수반하는 수요업계의 부담액에 대해서는 원·중유 관세환부제도(특별환부)를[5] 창설하여 정부가 보상하기로 했다.

제1차 답신이 고려한 '국민경제적 손실과 사회적 영향'에는 종래부터 논의되어 왔던 고용이나 국제수지 문제에 대해 '에너지 안전보장' 문제가 포함된 것이 주목된다.[6] 에너지 안정보장론은 제1차 답신이 이루어진 이듬해인 1963년 12월에 발표된 산업구조조사회 종합에너지부회(이하 종합에너지부회) 보고에서 더욱 선명하게 나타나고 있다.

종합에너지부회의 보고는 종합에너지 정책을 검토할 때 고려해야 할 세 가지 사항으로서, ① 에너지 저렴 원칙, ② 에너지 안정 공급 원칙, ③ 다른 국민경제적 이익과의 조정(사회적 마찰에 대한 고려 및 국제수지 문제)을 명확히 했는데, 석탄에 대해서는 "안전보장의 요청만을 고려하면 우리나라 에너지 총수요의 증대에 대응해 국내탄의 생산 규모가 큰 것이 바람직하지만, 이것은 저렴 원칙에 비추어 한계가 있다. 그러나 석탄광업을 안정된 국내 에너지산업으로서 자립시키기 위해서는, 어느 정도의 생산 규모를 유지하는 것이 필요하다"고 하여 1968년 이후의 생산 규모를 5,500만 톤 정도의 보합세로 상정했다. 즉, 보고는 서로 모순되는 저렴 원칙과 안정 공급의 원칙을 조정하기 위해서, "안전보장을 해치는 사태에 대한 사회보험으로서 시인할 수 있는 범위"(방점은 인용자)로서 국내탄 5,500만 톤 규모의 생산을 상정한 것이다.

이처럼 국내탄 생산의 근거로서 에너지 안전보장론은 크게 힘을 발휘했지만, 여전히 '사회보험으로서 시인할 수 있는 범위'에 대해서는 문제가 남는다. 사회보험의 객관적 보험료율을 계산하는 것 자체가 불가능에 가까울 뿐만 아니라, 이해집단 간의 힘 관계가 작용할 여지가 넓게 남아 있을 것이기 때문이다. '사회보험'이라고 하는 개념의 애매함은, 1966년 7월에 발표된 제3차 답신이 종합에너지부회와 같은 입장을 취하면서도 적정 생산 규모를 종래의 5,500만 톤보다 500만 톤 적은 5,000만 톤으로 한 데서 명료하게 나타나고 있다.

3. 연 5,500만 톤 체제의 붕괴

1) 연 5,000만 톤으로 축소조정

제1차 답신의 내용은 즉시 제1차 석탄 대책으로 구체화되어 실천에 옮겨졌지만 석탄산업의 안정화는 달성되지 못해 얼마 되지 않아 정책의 재검토가 불가피해졌다. 〈그림 2-2〉에서 알 수 있듯이 '스크랩 앤드 빌드'의 진행과 함께 생산능률 향상에는 괄목할 만한 성과가 있었지만 임금과 원자재의 급등으로 인해 생산원가는 크게 떨어지지 않았으며, 탄광 현지 가격은 여전히 생산원가를 커버할 수 없는 상황이었다. 1964년 10월에는 대기업 중 하나인 다이쇼광업(大正鉱業)이 파산하는 등 석탄 회사들의 경영 상태는 방치할 수 없을 정도로 위기에 처해 있었다.

석탄 정세의 악화에 직면하여 일본 정부는 1964년 8월 11일 각의에서 제2차 석탄광업조사단(단장 有沢広巳)의 파견을 결정했다. 같은 해 12월 16일에 제출된 동 조사단의 답신(제2차 답신)에 따라 1965년부터 실시된 제2차 석탄 대책에서는 탄가 1,200엔 인하라는 기존 방침을 단념하고 일반탄 300엔, 원료탄 200엔의 탄가 인상을 단행함과 동시에 탄광 기업의 이자 부담을 경감하기 위해 이자보급(利子補給)제도를 도입했다. 그러나 이러한 조치에도 불구하고 탄광 기업의 재정 상황이 호전되지 않음에 따라 정부는 기업의 경리 개선을 위한 추가 대책을 강구하지 않을 수 없었다. 그것이 1966년 7월 15일에 발표된 석탄광업심

그림 2-2 탄광 현지 가격, 생산원가, 생산능률의 추이

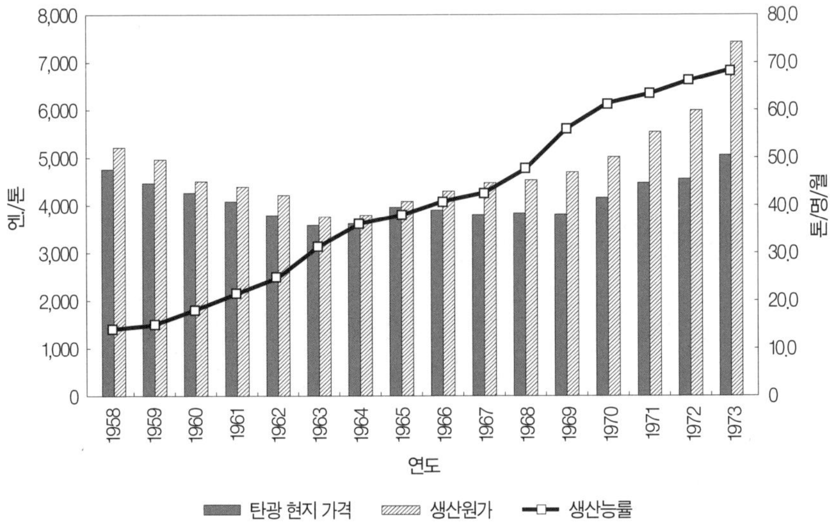

주: 1) 탄광 현지 가격(山元受取価格)과 생산원가(送炭可能原価)는 대기업만의 수치. 탄광 현지 가격은 판매액에서 운임 및 판매비를 제한 값이며, 생산원가는 본사비와 이자를 포함.
2) 생산량은 광부 1인당 월평균 생산량.
자료: 1963년도까지는 『石炭鉱業合理化政策史』, 114쪽; 1964년도 이후는 『団史』(整備·近代化編) 資料編, 統計14; 『石炭政策史』(資料編).

의회의 '석탄광업의 발본적 안정 대책에 대한 답신'(제3차 답신)이다. 여기서 가장 중요한 내용은 1,000억 엔의 탄광 기업 부채를 정부자금으로 대체 변제하여 탄광 기업의 경영 기반을 확립한다는 것이었다.

거액의 정부자금을 민간 기업 구제를 위해 사용하는 만큼 정부로서는 그러한 두터운 국가적 보호의 타당성을 국민에게 납득시키기 위해 에너지 공급에서 석탄의 역할을 명확히 할 필요가 있었다. 석탄의 새로운 위치 설정에 관한 작업은 석탄광업심의회에서의 '발본적 안정 대책'의 심의와 병행하여 진행되고 있었

던 종합에너지조사회[7]에서 이루어져, 동 조사회의 답신에 석탄업계의 관심이 집중되었다. 종합에너지조사회는 1967년 2월에 최종 답신을 제출했으나 석탄광업에 대해서는 그보다 앞선 1966년 7월 20일에 '석탄의 위치 설정'(石炭の位置づけ)에 관한 중간 답신을 발표하고, 국내탄의 적정 생산 규모를 5,000만 톤으로 설정했다. 석탄광업심의회는 이것을 그대로 수용하여, 제3차 답신에서 국내탄 적정 생산 규모는 종래의 연 5,500만 톤에서 연 5,000만 톤으로 축소 조정되었다.

종합에너지조사회는 '저렴하고 안정적인 에너지 공급'과 '국제수지 안정 및 고용안정'이라는 정책목표의 조화를 이루려면, "5,000만 톤 정도의 규모를 유지하는 것이 타당"하다고 보았다. 본 답신의 작성 과정에서는 다음과 같은 생산 규모 변동에 따른 사회적 비용의 변화가 분석되었다. 즉, 현재의 국내 석탄 생산능력 최대치 생산을 가정하는 경우(A안), 원료탄이나 무연탄은 국내 생산, 일반탄만 가격 메커니즘에 의해 확보하는 경우(B안), 모든 석탄을 가격 메커니즘에 의해 확보하는 경우(C안)를 상정하고, 각각의 안에 대해서 사회적 비용(석탄 유지 비용, 수요자 부담 증가, 폐광비용, 산탄 지역 진흥비용), 국제수지, 에너지 코스트, 에너지의 안정 공급의 제 측면을 고려한 위에 5,000만 톤이라는 규모가 타당하다고 결론지었다.[8] 사회적 비용의 추산 결과는 〈표 2-1〉과 같은데, 종합에너지조사회는 B안과 C안의 경우 각각 4,480억 엔, 7,601억 엔이라는 막대한 사회적 비용을 지불하는 것은 국민경제 전체가 감당하기 어렵다고 판단한 것이다.

그러나 이 설명에도 여전히 모호한 점이 있다. 종합에너지조사회는 1970년도에 톤당 평균 4,100엔 정도의 원가로 5,280만 톤의 생산이 가능할 것으로 계산했다. 그러나 이 계산의 전제가 되는 임금이나 물가상승률의 근거는 명확하지 않으며,[9] 거기에 정책 당국의 재량적 판단이 개입했을 여지는 크다. 당시 석탄 생산은 주로 노동력 부족 때문에 1964년도부터 5,000만 톤을 겨우 웃도는

표 2-1 출탄 규모와 사회적 비용 (단위: 억 엔)

	A안	B안	C안
출탄 규모	5,280만 톤	3,130만 톤	1,180만 톤
석탄 유지비용	206	129	0
수요자의 부담 증가	275	87	0
폐광비용의 증가	0	2,643	4,681
산탄지 진흥비의 증가	0	1,640	2,920
사회적 비용의 합계	481	4,480	7,601
존속 탄광의 누적적자 보전비용	1,621	1,063	222

자료: 『石炭政策の概観』, 89~90쪽. 존속 탄광의 누적적자 보전비용은 『昭和41年石油業界の推移』, 120쪽.

수준에서 정체되고 있었는데, 종합에너지조사회가 사회적 비용 추산을 위해 상정한 5,280만 톤은 현상 유지 수준이라고도 할 수 있다. 동 조사회의 답신에서는 '사회보험'이라는 명목으로 어떻게든 석탄 생산을 현상 유지 수준인 5,000만 톤 규모에서 유지하고자 하는 당국의 의도가 엿보인다.

2) 연 5,000만 톤 체제의 포기

거액의 석탄 기업 부채를 정부자금으로 대체 변제하는 것을 축으로 하는 발본적인 대책(제3차 석탄 대책)에도 불구하고, 5,000만 톤 규모의 석탄 생산 유지를 목표로 한 정책 당국의 의도는 정책 실시 1년도 되지 않아 빗나갔다.

첫째, 노동자 부족으로 5,000만 톤 생산이 더 이상 불가능해졌기 때문이다. 석탄 생산량은 제1차 답신이 나온 이듬해인 1963년도에 이미 목표 생산량에 크게 미달했으며(목표 생산량 5,530만 톤 대비 실적은 5,110만 톤), 1964년도부터 1966년도까지는 겨우 5,000만 톤을 넘었지만, 제3차 대책이 시작된 1967년도에는 마침

내 실시 계획 5,030만 톤보다 300만 톤 이상 부족한 4,700만 톤대로 떨어졌다.

이처럼 석탄 생산량이 계획 수준에 미치지 못한 가장 중요한 요인으로 지적된 것이 노동자 감소 및 질의 저하였다. 1963년도 중반부터 "잉여 인원 정리에서 노동력의 절대적 부족, 질적 저하"[10]가 표면화되면서 "빌드(build) 탄광을 중심으로 노동력 부족 문제가 불거져 나와",[11] 노동력 확보 특히 젊은 노동력 확보를 위한 대책이 시급해졌다. 그러나 노동력 충족은 뜻대로 되지 않아 1967년도 노동자 수가 마침내 10만 명선 아래로 떨어지면서 "소위 적정 생산 규모로 여겨지는 5,000만 톤 체제를 유지하는 노무자 충족을 이룰 수 없게 되었다."[12]

둘째, 일반탄 수요가 1960년대 후반에 크게 감소했기 때문이다.[13] 일반탄 수요 감소 요인으로 가장 중요한 것은 전력용 석탄과 같은 정책 수요의 감소였다. 국내탄 수요의 40%를 차지하고 있던 전력용 석탄 수요가 1968년도의 2,590만 톤을 정점으로 1973년도에는 765만 톤으로 크게 감소했는데, 이것은 계속되는 탄가의 인상과 공해 문제의 심각화[14]에 따른 발전소의 클린 에너지 도입 때문이었다. 정책 수요의 감소에 더해 1966년도 말에 중유 보일러 규제법이 폐지되면서 석탄 보일러가 중유 보일러로 대체된 것도 일반탄 수요의 감소를 가져왔다.

셋째, 탄광 기업들의 재정 상태가 악화하여 경영 기반이 무너지고 있었기 때문이다. 제3차 답신은 1970년도까지 석탄 기업이 적자 상태를 탈피할 것으로 예상했지만, 실제로는 물가 급등이나 노동자 부족에 의한 예상 이상의 출탄 저하 때문에 생산원가는 생산능률 향상에도 불구하고 오히려 상승했으며(〈그림 2-2〉), 석탄 기업의 재정 상태는 더욱 악화되었다.[15] 종합에너지조사회는 석탄 생산의 현상 유지를 도모할 경우 탄광 기업의 적자보전비용으로 1,621억 엔을 상정하고 있었지만(〈표 2-1〉의 A안), 제3차 대책으로 1,000억 엔의 석탄 기업 부채를 정부가 대신 변제했는데도 추가적인 자금 지원이 없으면 기업을 재건하기 어려운 상황이 되었던 것이다.[16]

이상과 같이 1967년경에 연 5,000만 톤 생산체제는 생산과 수요 면에서나, 기업 재정 면에서나 더 이상 유지할 수 없게 되었는데, 거기에 더해 지금까지 석탄산업 방어의 명분이었던 국제수지, 에너지 안전보장, 사회적 마찰 문제가 이 시기에 이르러 해결 내지 완화되었다.

국제수지는 1960년대 후반에 이르러 흑자가 정착되기 시작했다. 1968년의 경우에는 약 1,500만 달러의 무역수지 적자가 있었지만, 이것은 수출 129억 7,200만 달러의 0.1%에 불과한 것이었다. 쓰치야 기요시(土屋清)가 이미 1966년에 지적하였듯이 석탄 5,000만 톤을 대체할 석유를 전량 수입하더라도 국제수지 면에서 이를 반대할 근거가 부족해졌다.[17]

안전보장 문제에 대해서도 이전보다 더 유연한 태도가 나타나고 있었다. 예를 들어, 1964년의 '해외에너지사정조사단'[18]은 유럽과 미국의 에너지정책 소개라는 형태로 "석탄만이 안전보장의 유일한 기초라는 생각은 다원적인 국내 및 해외에서의 에너지 자원 개발, 공급 지역 분산화, 비축, 집단적 안전보장 등 다각적 안전보장 개념으로 이행"되고 있음을 보고했다. 그 내용은 1967년 종합에너지조사회의 답신에도 반영되어 동 답신은 원자력 발전 촉진, 석유의 해외 개발 촉진, 저유(貯油), 석유업의 자주성 강조 등 다각적 안정보장 대책을 제언했다.

사회적 마찰의 가장 큰 부분인 광부 실업 문제는 제2절에서 보는 바와 같이 1960년대 중반을 고비로 완화되었다. 광부 실업 문제는 충분히 해결된 것은 아니지만 적어도 에너지정책에 영향을 줄 정도로 큰 사회 문제가 될 가능성은 낮아졌다.

이와 같은 정세 변화는 사회보험료를 인하하는 방향, 즉 석탄 생산목표를 낮추는 방향으로 작용하고 있었지만, 정책 당국이나 석탄업계는 석탄산업의 재건을 위한 새로운 논거를 찾지 못했다. 1967년 말에서 1968년에 걸쳐 석탄광업의 경영체제를 개선함으로써 석탄산업의 재건을 도모하고자 하는 석탄광업 재편성 논의[19]가 활발하게 전개되었으나 눈에 띄는 성과 없이 흐지부지 끝났다.[20] 이후 석탄 생산량의 조정이 급속히 진행되는데, 1972년 제5차 답신에서 목표 생산 규모를 2,000만 톤 수준으로 정하기까지의 과정을 다음 항에서 보기로 한다.

3) 연 2,000만 톤으로 축소조정

연 5,000만 톤을 유지하는 것이 불가능해짐에 따라, 결국 석탄광업심의회는 1968년 12월 25일 '금후의 석탄 대책 방향에 대해서의 답신'(제4차 답신)을 발표하고 점진적인 철퇴정책을 펴기 시작했다.

동 답신은 "오늘날 석탄산업은 더 이상의 자력 재건이 불가능해지고 있다"는 인식하에 "석탄 관계 종업원을 비롯한 산탄 지역의 경제사회에도 큰 영향을 미치는 것인 만큼 폐광, 축소는 가능한 한 '완만하게' 이루어지도록 배려해야 한다"고 했다. '완만한 폐광'이란 이름으로 점차적 철퇴 노선을 명료하게 밝힌 것이다. 구체적으로는 석탄산업의 급격한 붕괴를 막기 위해 '재건교부금' 교부(제2차 대체 변제) 등의 '재건을 위한 보조금'이 강화되고, 다른 한편으로는 철퇴를 원활하게 하는 조치로 '폐산교부금의 단가 인상', '기업 차원 폐산에 대한 배려'(특별폐산교부금의 교부)가 실시되었다.

제4차 답신에서 석탄정책은 석탄산업으로부터의 철수 노선으로, 달리 말하면 축소 균형을 향한 조정으로 분명히 방향을 틀었다고 할 수 있다. 다만, 이 답신에는 "오늘의 출탄 규모를 그대로 지속하기는 어렵다"면서도 5,000만 톤이라는 종래의 적정 생산 규모를 대신할 새로운 생산목표, 즉 앞으로 조정해 나가야 할 다음 지점이 명시되어 있지 않았다.[21]

석탄의 새로운 위치 설정은 1970년 7월 종합에너지조사회가 발표한 새로운 장기 에너지 수급 전망에서 이루어졌다. 이에 따르면 1975년도 국내탄 수급 규모의 예상치는 전술한 종합에너지조사회의 1차 답신의 5,200만 톤에서 1,400만 톤 감소한 3,800만 톤으로 설정되었다. 그러나 1972년 6월에 제출된 석탄광업심의회의 제5차 답신은 1975년도 수급 규모를 "2,000만 톤을 밑돌지 않는" 수준으로 상정했다. 종합에너지조사회 전망보다 1,800만 톤이나 적은 규모가 된 이유로는, 채탄 조건 악화, 비용 증대, 노동자 확보의 어려움, 자금 사정 악화 등 석탄산업 내부의 제 조건이 더욱 악화되었을 뿐만 아니라 실제로 석탄 생산량이 석탄광업합리화기본계획이 상정한 규모에 크게 미치지 못하고 있음[22]을 들고 있다. 제5차 답신에서 설정된 연 2,000만 톤이라는 새로운 적정 생산 규모는 1986년 11월에 이루어진 제8차 답신이 연 1,000만 톤을 적당한 공급 규모로 하향 조정할 때까지 생산목표로 계속 유지되었다.

4. 급속한 고용조정과 고용 대책의 전개

1) 급속한 고용조정

생산조정과 달리 고용조정은 빠른 속도로 이루어졌다. 노동자 수는 석탄산업이 불황에 접어드는 1958년도부터 감소하기 시작했지만, 석탄정책이 본격적으로 실시된 1960년도 이후 고용조정은 더욱 급격하게 전개되었다. 그 결과

그림 2-3 상용실동노무자 수의 변화와 탄광 정비 방식에 따른 이직자(離職者) 수 추이 (단위: 천 명)

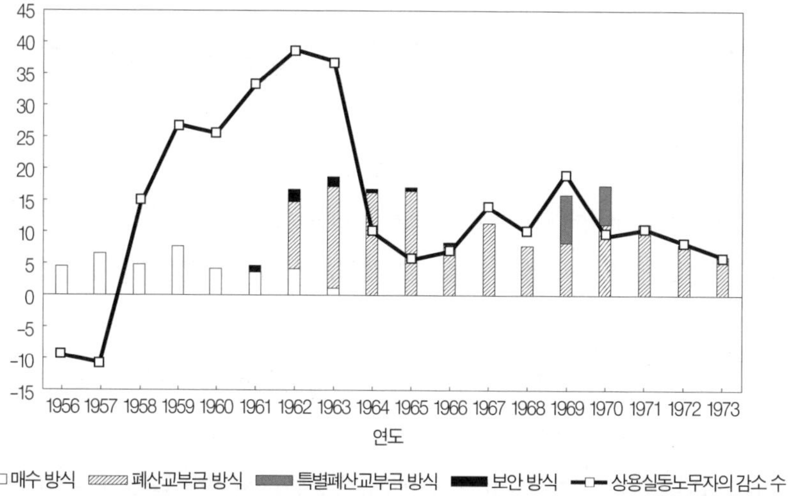

주: 탄광 정비에 따른 이직자 수는 매수 방식, 폐산교부금(석탄광산정리촉진교부금 교부) 방식, 특별폐산교부금(석탄광산정리특별폐산교부금 교부) 방식, 보안 방식(석탄광산정리교부금 교부 방식)의 합계임.

자료: 상용실동노무자 수는 『石炭政策史』(資料編), 표 19, 탄광 정비에 의한 이직자 수는 『石炭鉱業合理化政策史』 資料編, 표 11.

5,500만 톤 체제가 유지되고 있던 1960~1965년도에 실로 약 15만 명의 상용실동노무자(常用実働労務者, 상용노동자로서 실제로 출근하여 노동한 노무자 수를 의미함)가 감소했는데, 특히 1961~1963년도까지 3년간은 매년 3만 명을 훨씬 넘는 감소를 기록했다(〈그림 2-3〉). 상용실동노무자의 감소 수는 1964년도부터 크게 떨어지기 시작해 1965년부터는 1만 명 이하의 수준이 되었지만, 1967년도부터 다시 1만 명을 넘어서서 1969년도에는 2만 명 가까운 수준으로 증가했다. 이것은 이 시기에 대탄광의 폐광이 본격화되기 시작했고, 1969년도부터 특별폐산교부금제도의 시행으로 대탄광의 폐광이 가속화된 것을 반영하는 것이다. 상용

실동노무자의 감소 수는 1970년도부터 다시 줄어들기 시작하여 1973년도에는 5,800여 명으로 축소되었다.

1960년대 전반기의 급속한 고용조정은 생산량을 유지하면서 생산능률을 높이려는 석탄정책의 당연한 결과라 할 수 있다. 당시 일본 석탄산업의 생산성은 유럽의 석탄 생산국들보다 현저히 뒤처져 있었기 때문에[23] 석유로부터의 경쟁 압력을 어느 나라보다 강하게 받을 수밖에 없었다. 따라서 일본 석탄산업은 석유와의 경쟁력을 확보하기 위해 단기간에 생산성을 급속하게 향상시킬 수밖에 없었고, 대량의 인원 정리가 불가피했다.

스크랩 다운(탄광 정비) 정책은 강력한 고용조정 수단이었다. 탄광 정비에 의한 이직자 수는 1962~1965년도에 매년 2만 명 가까이 발생한 후 1966년도부터 1만 명 전후로 감소했지만, 1969~1970년도에 다시 2만 명 가까운 수준으로 증가했다(〈그림 2-3〉). 이러한 탄광 정비에 의한 이직자 수 동향은 1962년도부터 시행된 정리촉진교부금제도(일반폐산 방식), 1969년도부터 시행된 특별폐산교부금제도(특별폐산 방식)와 같은 탄광정비제도의 확충을 반영하는 것이다.[24]

고용조정의 또 다른 특징은 조정이 석탄정책의 예상을 뛰어넘는 속도로 진행되었다는 것이다. 실제 근로자 수는 5년 정도인 중기 계획의 예상치를 밑돌았을 뿐만 아니라 매년 작성되는 합리화 실행계획의 계획치에도 미치지 못하고 있었다.[25]

이처럼 노동자 실적 수치가 계획 예상치를 밑돈 이유 중 하나는 자발적 퇴직의 증가에 있었다. 석탄산업의 재건을 도모하고자 한 제1차 답신은, "아이러니하게도 석탄의 '사양 분위기'를 한층 촉진하고 오히려 '퇴직 분위기'를 조장하여",[26] 자발적 퇴직자의 증가라고 하는 예상치 못한 사태를 가져왔다. 이후에도 자발적 퇴직자가 속출하여 1964년 12월에 발표된 제2차 답신은, "과거에 탄광에서 생활하는 것을 강력히 희망하던 노동자가 최근은 석탄광업의 전도 및 자신이 소속하는 회사 재정에 대해 불안감을 느끼고, 일반적인 노동력 부족의 현황을 배경으로 자발적 퇴직자가 속출"하는 현상을 지적하고, 이 같은 "예상 밖의 이산 무드 확대"를 석탄 업황 악화의 가장 큰 요인으로 들고 있었다.

대량 이직자의 발생에 대해 노동조합 측은 격렬하게 반발했지만, 그 효과는 제한적이었다. 노동조합은 전후 최대의 노동쟁의라고 일컬어지는 미이케(三池)쟁의(1959~1960년)에서 패배한 이후 정책전환 투쟁 등을 전개했으나 고용조정 진행에 효과적인 대응을 하지 못했다.[27]

2) 고용 대책의 전개와 성과

탄광 이직자 대책은 1959년 말부터 본격적으로 전개되었지만, 그 전부터 석탄 불황과 기업 합리화의 진전에 따른 막대한 광부 실업의 발생이 심각한 사회 문제로 대두되고 있었다. 1953년의 석탄 불황으로 중소탄광의 폐광과 생산체제의 합리화에 의한 대량 해고가 발생했던 규슈의 지쿠호 지역이 검은 실업지대(黒い失業地帯)로 불리기도 했으며, 석탄산업의 합리화가 본격화되는 1959년에는 탄광 이직자 구제를 위해 규슈 일각에서 일어난 '검은 날개'(黒い羽根) 운동이 전국으로 파급되면서 탄광 광부의 실업 문제가 사회 문제화되기도 했다.[28]

당시의 광부 실업 상황을 몇 가지 자료를 통해 살펴보기로 한다. 1960년에 실시된 기타큐슈(北九州) 지역의 탄광 이직자 동태조사에 따르면, 이직자 1만 1,065명 중 조사를 마친 3,806명의 약 13%가 완전실업자, 8%가 불안정한 취업자, 5%가 실업대책사업 종사자, 53%가 전출자(轉出者)였다.[29] 완전실업자, 불안정한 취업자, 실업대책사업 종사자를 실업자로 파악하면 실로 이직자의 26%가 실직 상태에 있었던 셈이다. 또한 지쿠호 지역에서 1955~1960년간의 탄광 이직자의 이동 상황을 조사한 자료에 따르면, 이 시기의 탄광 이직자 4만 6,448명의 34.9%인 1만 6,189명이 취직하지 못하고 그 지역에 체류하고 있었다.[30]

이 자료들을 통해 광부 실업 문제에 대한 제도적 대응이 이루어지기 전 단계에서 이미 대량의 실업자가 발생했으며, 그들은 고용 대책의 혜택을 받지 못하고 방치되었음을 알 수 있다. 우선 고용 대책 실시의 타이밍이 너무 늦었음을 지적하지 않을 수 없다.

석탄 불황으로 광부 실업 문제가 심각해짐에 따라 1959년 2월 말에 정부는 일련의 실업 대책을 내놓았다. 그 내용은 관계 기관·고용자의 협력에 의한 배치전환, 재고용의 촉진, 이직자에 대한 취업훈련사업의 확충, 석탄광업정비사업단에 의한 이직자 이동자금 지급, 특정 지역 내에서의 공공사업 및 광해 복구 사업의 집중적 실시 등이었으며, 이를 원활히 추진하기 위해 석탄광업이직자대책협의회(나중에 탄광이직자원호회로 개편)를 설치하기로 했다. 그러나 이러한 일련의 조치는 법적 뒷받침을 결여하고 있었을 뿐만 아니라, 대량의 인원 정리를 수반하는 스크랩 앤드 빌드 정책의 추진이 불가피해짐에 따라 향후 크게 증가가 예상되는 실업자 대책으로서도 불충분한 것이었다.[31]

광부 실업 문제에 대한 제도적 뒷받침은 1959년 말 「탄광이직자임시조치법」 제정과 이에 기초한 탄광이직자원호회 설립으로 뒤늦게나마 이루어졌다. 1961년 6월에는 「고용촉진사업단법」이 통과되고 원호회 업무는 고용촉진사업단에 인계되었다. 「탄광이직자임시조치법」은 광역 직업 소개, 탄광 이직자 긴급취로대책사업 및 특별 직업훈련 실시 등의 직업안정 대책 추진과, 이것을 측면에서 보완하기 위한 각종 재취직 원호 조치를 실행하는 탄광이직자원호회의 설립을 2대 지주로 하여 구성된 것으로, "석탄 불황의 구조적 성격, 탄광 이직자의 지역적 집중 발생, 이전 취직의 곤란성에 깊이 유의하여 장기적 또한 종합적인 탄광 이직자 대책을 수립하기 위한 특별 입법"이었다. 즉, 종래 "공공사업, 실업 대책 사업 등으로 실업자를 흡수하는 것을 주로 하는 응급적인 것"에서 광역 직업 소개, 직업훈련, 원호 업무를 포함하는 "종합적 탄광 이직자 대책"으로의 확충이 기도되었다.[32]

고용 대책은 제1차 석탄광업조사단의 답신(제1차 답신)에 기초하여 책정된 제1차 석탄 대책에서 대폭 강화되었다. 고용 대책의 큰 진전이라고 할 수 있는 것은 탄광정비계획과 고용계획을 연계시켰다는 점이다. 제1차 답신에 따라 노동부 장관은 매년 합리화기본계획에 대해 석탄광업심의회의 의견을 청취하여 석탄광업 정비에 따라 이직할 수밖에 없는 탄광 노동자의 재취직 계획을 정해야 했다.

또한 제1차 답신에서 제언한 '탄광이직자구직수첩'(일명 黒手帳)의 교부는 1963년의 「탄광이직자임시조치법」의 개정으로 실현되었다. 탄광이직자구직수첩은 석탄광업의 합리화에 수반하여 이직이 불가피하게 된 탄광 이직자(1962년 3월 31일에 탄광 노동자이며, 또한 1961년 4월 1일 이후 당해 이직일까지 1년 이상 계속하여 탄광 노동자로서 고용된 경력을 가진 자)에 대해 발급되었다. 수첩 수급자가 취직지도관 등이 실시하는 취직지도를 받고, 그 기간 중에 취직촉진수당을 지급받는 제도이다. 이로써 이직자는 이직 후 3년간 정부로부터 수당을 받으며 취직지도를 받을 수 있게 되었다. 구직수첩제도의 창설은 탄광 이직자의 지원 방식을, 긴급취로사업과 실업 대책 사업으로 이직자를 흡수하는 사업 흡수 방식에서, 수첩에 의한 수당 방식으로 전환했다는 점에서 획기적 의미를 가진다.[33] 이와 같은 제도 정비에 따라 탄광 이직자 원호 관련 예산액은 1963년도에 60억 엔대에 이르게 되었다(〈표 1-5〉(46쪽)).

이러한 탄광 이직자 대책에는 당시 정부 내에서 제기되고 있던 '노동력 유동화'의 개념[34]이 반영되어 있었다. 예를 들어, 고용심의회(회장 有沢広巳)는 고용 문제 대책에 관한 총리대신의 자문에 대해 "가능한 한 이들(탄광 이직자-인용자)을 발전적인 다른 산업, 타 지역의 안정된 직업으로 재취업시켜야 한다. 환언하면 노동력 유동화를 촉진하고 가능한 실업자의 정체(停滯)를 피해야 한다"(방점은 인용자)고 답신했다(1960년 10월 11일). 「고용촉진사업단법」의 제정이나 「탄광이직자임시조치법」의 제정 및 개정은 '노동력 유동화'를 촉진하는 제도적 조치라고 할 수 있다.[35]

주의해야 할 것은 이러한 일련의 고용 대책 강화가 노동 측이 강하게 요구하고 있던 고용 유지와는 다른 내용이라는 것이다. 제1차 답신은 "고용 안정이란 석탄광업에 일하는 노동자 모두가 석탄광업 내부에서 그 고용을 유지한다는 것이 아니라, 석탄광업에 종사하는 노동자가 장래 다른 산업에 필적하는 근대적인 환경과 노동조건하에서 안정된 일자리를 얻도록 조치하는 것, 또 그 반면 이직자에 대해서는 기업과 정부가 이직자정책을 책무로 생각하여 안정된 직장을 공급하는 것"(방점은 인용자)이라는 견해를 취하여, 사회당의 「해고제한법」과 같은 고용 유지 주장을 물리치고 오히려 1967년도까지 약 7만 명의 인원 삭감이 필요하다고 했다. 제1차 답신의 고용 안정에 관한 기본 방향은 '노동력 유동화'를 고용정책의 기본으로 한 당시의 정부 방침과 궤를 같이 하는 것이라고 생각된다.

고용 대책의 성과를 고용 알선 상황을 통해 살펴보기로 한다. 노동성 직업안정국에 따르면, 1970년 시점에서 탄광 이직자는 다른 산업에서의 노동력 부족이라는 호경기에 뒷받침되어 이직 후 3개월 이내에 60%, 6개월 이내에 80%가 재취업하는 성과를 얻을 수 있었다고 한다.[36] 〈표 2-2〉에 따르면 1962~1970년도에 신규 구직자 누계 18만 1,450명(신규 구직자 16만 5,150명과 1962

년도의 전년도 말 구직자 1만 6,300명 합계)에 대해 취업자 누계는 17만 4,360명으로 96%의 취업률을 올리고 있다. 이 수치로부터 이직 후 6개월 이내에 이직자의 80%가 재취업했다는 직업안정국의 평가는 수긍할 수 있다.

〈표 2-3〉은 〈표 2-2〉의 직업안정소 소개에 의한 재취직자 11만 6,250명의 산업별·지역별 재취직처를 나타내고 있다. 이에 의하면, 산업별로는 제2차 산업에 재취직한 사람이 9만 7,534명(83.9%)으로 가장 많고, 지역별로는 산탄(産炭) 지역 외의 광역지자체에 재취직한 사람(53.0%)이 산탄 지역 내의 광역지자체에 재취직한 사람(47.0%)보다 약간 많다. 산탄 지역 외의 광역지자체 중에서는 아이치현(愛知県), 오사카부(大阪府), 도쿄도(東京都), 가나가와현(神奈川県)과 같은 공업 지역의 비중이 크다. 이 4개 도부현(都府縣)에서 산탄 지역 외의 광역지자체 재취직자의 61.1%를 차지했다.

이상의 성과를 근거로 정책 당국은 고도성장을 배경으로 하는 왕성한 노동력 수요에 힘입어 탄광 이직자의 재취업은 매우 순조롭다고 평가하고,[37] 특히 광역 직업 소개의 효과가 유감없이 발휘되어 탄광지대에서 대공업 지역으로, 정체산업에서 발전산업으로, 노동력 유동이 이루어졌다고 했다.[38] 그러나 이직자 대책이 정책 당국이 말한 대로 순조롭게만 진행되고 있었던 것 같지는 않다.

첫째, 이직자 대책의 실시에도 불구하고 광부들의 실업률은 여전히 높은 수준에 있었다. 광부들만의 실업률은 알 수 없지만, 산탄 지역의 실업률은 다른 지역에 비해 매우 높은 수준이었다. 예를 들어, 1960년과 1965년의 전국 평균 실업률은 0.8%, 1.4%였지만, 지쿠호 지역의 실업률은 3.9%, 8.0%였다.[39] 산탄 지역의 높은 실업률의 주요 원인이 탄광 이직자임은 말할 것도 없다.

신규 구직자의 취업률이 높음에도 불구하고 실업률이 여전히 높은 이유로 생각될 수 있는 것은 좀처럼 취직하지 못하고 산탄 지역에 퇴적되어 가는 광범

표 2-2 탄광 이직자의 구직·취직 상황(실적치)

(단위: 인, %)

연도	구직자			공공직업안정소 소개 취직			기타				취업자 계 (e=c+d)	연도 말 구직자	(e)/(a) (%)	(e)/(b) (%)
	전년도 말 구직자	신규 구직자 (a)	계 (b)	광역	일반	계 (c)	산탄지역 진흥 사업단	회사 알선	자기취직·자영·귀농	계 (d)				
1962	16,300	32,800	49,100	5,800	9,100	14,900		7,900	7,500	15,400	30,300	18,800	92.4	61.7
1963	18,800	41,000	59,800	10,800	9,500	20,300	2,500	11,600	6,200	19,600	39,900	19,900	97.3	66.7
1964	19,900	18,980	38,880	9,000	9,810	18,810	980	2,330	3,930	6,760	25,570	13,310	134.7	65.8
1965	13,310	12,000	25,310	6,980	7,040	14,020	360	980	3,590	4,790	18,810	6,500	156.8	74.3
1966	6,500	11,200	17,700	1,390	5,160	6,550	690	1,220	1,900	2,150	8,700	9,000	77.7	49.2
1967	9,000	12,380	22,500	3,760	6,370	10,130	690	2,270	3,960	4,670	14,800	6,580	119.5	65.8
1968	6,580	4,800	11,380	1,270	4,190	5,460	540	720	1,240	1,710	7,170	4,210	149.4	63.0
1969	4,210	19,010	23,220	5,070	9,040	14,110	620	1,560	1,110	1,490	15,600	7,620	82.1	67.2
1970	7,620	12,980	20,600	5,300	6,670	11,970	900	910	1,010	1,540	13,510	7,090	104.1	65.6
누계		165,150	181,450	49,370	66,880	116,250	7,280	29,490	30,440	58,110	174,360	93,010		96.1

자료: 労働省職業安定局(『炭鉱離職者対策十年史』, 342쪽에서 재인용).

표 2-3 합리화 탄광 이직자의 산업별, 지역별 재취직 상황

구분		인원	구성비
산업별	제1차 산업	232	0.2
	제2차 산업	97,534	83.9
	제조업	84,821	73.0
	건설업	9,184	7.9
	제3차 산업	18,484	15.9
	운수통신업	7,440	6.4
	서비스업	5,115	4.4
	계	116,250	100.0
지역별	産炭 도·현 내	54,638	47.0
	産炭 도·현 외	61,612	53.0
	아이치현	15,773	13.6
	오사카부	9,303	8.0
	도쿄도	6,346	5.5
	가나가와현	6,223	5.4
	기타	23,967	20.6
	계	116,250	100.0

자료: 『炭鉱離職者対策十年史』, 341쪽. 원자료는 「職業安定業務統計」.

위한 실업자층의 존재이다. 〈표 2-2〉를 자세히 보면 확실히 신규 구직자에 대한 취업자 수 비율(e/a)은 높지만, 전기 구직자를 포함한 전체 구직자에 대한 취업자 수 비율(e/b)은 훨씬 낮은 60%대에서 추이하고 있다는 점에 주의해야 한다. 그것은 이직자 대책의 실시에도 불구하고 다수의 이직자가 실업자로서 산탄 지역에 체류해 있음을 반영하고 있는 것이다.

이직자 대책의 초기 단계 자료이기는 하지만 규슈광업연맹의 보고[40]는 그 사정을 방증하는 것이다. 이에 따르면, 규슈지방의 1959년부터 1963년까지 전 이직자 20만 8,000명 가운데 탄광 재취직 중복분 6만 3,000명을 제외한 14만

5,000명 중, 직업안정 소개, 회사 알선, 탄광 재취직을 포함한 재취직자는 8만 5,000명으로 전체의 60%이며, 나머지 40%인 6만 명은 공공사업, 실업 대책 사업 등 실업구제적인 일용 노동자나 완전실업자의 형태로, 즉 요대책자(要對策者)로서 그 지역에 퇴적하고 있었다.

산탄 지역에 퇴적되어 가는 실업자층의 중심은 이직한 중고년 광부들이었다. 후쿠오카현의 경우 구직수첩 소지자 중 40세 이상 비율이 1963년 12월 말 55.5%였으나 1964년 7월에는 74.0%로 높아졌다.[41] 또한 1967년도 홋카이도 탄광 이직자 직업 소개 상황을 보면, 구직자 3,394명 중 취업하지 못한 사람이 673명인데 그중 50세 이상이 376명으로 전체의 과반을 차지하고 있었다(40~49세는 187명, 30~39세는 61명).[42] 그 밖에 1960년대를 통해 광부들의 평균 연령이 높아지고 있다는 것(1960년도의 36.1세에서 1970년도의 41.2세),[43] 저연령층일수록 타 지역 취업 희망자가 많고 고령자일수록 지역 내 취업 희망자가 많다는 것은,[44] 중장년 노동자들이 다른 산업이나 타 지역으로의 이직이 어렵다는 방증일 것이다. 그들은 탄광 폐광 등으로 인해 실직한 후에도 탄광을 떠나지 않고 다른 탄광에 취직하거나 실업자로 산탄 지역에 체류하게 된다.[45]

둘째, "탄광 이직자를 발전적인 타 산업, 타 지역의 안정된 직업으로 재취직시킨다"는 노동력 유동화에서도 기대만큼의 성과는 얻지 못했다고 생각된다. 직업안정소 소개에 의한 취업자 11만 5,250명의 약 42%에 해당되는 4만 9,370명이 광역 소개로 취업한 사람들인데(〈표 2-2〉), 이것은 광역 소개 계획치 6만 6,870명의 74%에 불과하다. 이와 같은 광역 소개의 실적에 대해서는 당시 기대에 어긋나는 것이라는 평가가 있었다.[46]

홋카이도 지역에서는 다른 지역보다 광역 소개가 더 어려웠던 것으로 보인다. 홋카이도 노동부 직업안정과에 의한 탄광 이직자 동향 조사를 보면, 산탄지 직업안정소개소 관내의 5개 중소도시에서 취업한 사람들의 비율이 여전히 높고, 도외(道外) 및 도내(道內) 주요 도시로의 이동은 많다고 할 수 없었다.[47] 취직자의 취직 내용도 안정적이지 않으며, 1967년부터 1968년까지의 재취업처는 500명 이하 기업이 압도적 다수를 차지하고 있으며, 석탄산업에의 재취업이 1위였다. 또 일단 취직한 후 다시 이직했다 재취직한 사람이 약 30%, 재이직 후 취업하지 못한 사람을 포함한 체류(실업)자가 역시 약 30%에 달하고 특히 35세 이상의 중년층에서 이런 현상이 두드러지게 나타났다.[48] 홋카이도의 경우, 주요 공업 지역과 떨어진 원격지이며 비교적 늦은 시기까지 탄광이 가행되고 있었다고 하는 지역적 특성이 작용하고 있을지도 모른다.[49]

이상 이직자 대책의 성과에 대해 살펴보았는데, 신규 구직자의 취업률로 볼 때 이직자 대책은 높은 성과를 거두었다고 할 수 있다. 고도성장에 따른 왕성한 노동력 수요의 존재가 높은 취업률의 배경에 있었다. 그러나 중고년 광부를 중심으로 한 광범위한 실업자층 퇴적 문제를 해결하지 못했고, 게다가 광역 소개를 중요 수단으로 하는 노동력 유동화에서도 기대된 성과를 얻지 못했다는 의미에서 이직자 대책의 성과는 제한적이었다.[50]

5. 맺음말

생산 규모 면에서 석탄정책은 1960년대 중반까지 현상 유지 수준, 즉 연 5,500만 톤 규모의 유지를 일관되게 목표로 한 반면, 고용 규모 면에서 '스크립 앤드 빌드'의 강력한 추진에 의한 급속한 고용조정을 도모해, 1959~1965년에 상용실동노무자가 58% 감소했다. 그러한 석탄산업 조정 과정에서의 특징은 당시 일본 경제의 성장 국면에 강하게 규정된 것이었다.

고도성장을 위한 저렴한 에너지의 안정적 공급은 일본 경제에서 불가결한 것으로, '탄주유종'정책에서 '유주탄종'정책으로의 전환은 합리적인 것이었다. 그러나 당시 국제수지의 강한 제약을 받는 상황에서 에너지 안전보장을 생각하지 않을 수 없었던 일본 정부는 1960년대 중반까지 '유주탄종'정책에 위배되지 않는 범위에서 석탄 생산의 현상 유지를 도모했다.

동시에, 고탄가를 시정하고 국제 경쟁력을 높이기 위해 급격한 합리화 정책이 추진되었는데, 그 과정은 급격한 고용조정에 다름없었다. 고용조정은 저생산성 부문에서 고생산성 부문으로의 노동력 이동을 촉진한다는 의미에서 경제성장에 기여하는 것이다. 그러나 고용조정 과정에서 배출된 수많은 탄광 이직자에 대한 정책은 충분하지 않았다. 이직자 대책은 중장년 광부를 중심으로 한 실업자 퇴적 문제를 해결하지 못했고, 게다가 광역 소개를 중요 수단으로 하는 노동력의 유동화 성과에서도 기대했던 성과를 얻지 못했다. 그런 의미에서 고용조정에서 석탄정책의 성과는 제한적이며, 석탄정책은 산업조정 코스트를 노동자에게 과도하게 부담시킨 결과를 가져왔다 할 수 있다.

석탄산업 조정이 초래한 사회적 문제는 광부 실업에만 그치지 않는다. 산탄 지역의 쇠퇴와 붕괴라는 또 다른 사회적 문제는 보다 광범위한 지역 및 사람들이 관련되어 있으며 더 오랜 기간에 걸쳐 대처해야만 하는 문제이다. 석탄정책의 올바른 평가를 위해서는 산업적 측면만이 아니라 지역 사회도 염두에 둔 종합적인 연구가 요청된다.

제3장

산탄 지역 진흥정책:
산업조정정책에서 지역개발정책으로

1. 머리말

2. 산탄 지역 진흥정책의 제도적 틀의 정비

3. 산탄 지역 진흥정책의 전개

4. 산탄 지역 진흥정책의 성격 변화

5. 맺음말

홋카이도 유바리시 혼쵸(夕張市本町) 상점가(왼쪽은 1982년, 오른쪽은 유바라시의 마지막 탄광인 미쓰비시 미나미오유바리탄광(三菱南大夕張炭鉱)이 1990년에 폐광한 후인 2006년의 모습)
(https://www.sorachi.pref.hokkaido.lg.jp/ts/tss/yama/photogallery/living.html)

1. 머리말

석탄산업의 사양화에 따라 산탄 지역(産炭地域)은 인구 감소, 높은 실업률, 빈곤, 재정위기라는 심각한 문제들에 직면했다. 1960~1965년에 일본 인구는 약 5.2% 증가했지만 산탄 지역[1] 인구는 3.4% 감소했다. 1964년 산탄 지역의 생활보호율[2]은 43.8로 전국 평균 16.5보다 2.6배나 높은 반면, 재정력지수[3]는 전국 평균 70.6에 대해 59.3에 불과했다. 산탄 지역 중에서도 특히 석탄산업에 대한 의존도가 높았던 '6조 지역'[4]의 피폐 정도는 심각했다. 1960~1964년에 '6조 지역'의 인구는 15.2% 감소, 생활보호율은 39.6에서 69.0으로 상승, 재정력지수는 62.4에서 40.1로 급락했다.[5]

산탄 지역 사회의 피폐가 심각해짐에 따라 일본 정부는 산탄 지역 대책을 석탄정책의 중요한 한 축으로서 고려하지 않을 수 없게 되었다. 1961년 4월 1일 통산성의 자문기구로서 산탄지역진흥심의회를 설치하면서 산탄 지역 대책이 본격적으로 추진되기 시작했다. 같은 해 11월 13일에 산탄 지역 진흥정책의 법적 근거를 마련한 「산탄지역진흥임시조치법」이 공포·시행되었으며, 다음 해 4월 30일에는 「산탄지역진흥사업단법」이 공포되고 이어서 7월 20일에 산탄 지역 진흥 사업을 총괄하는 산탄지역진흥사업단이 설립되었다. 「산탄지역진흥임시조치법」은 처음에는 5년간의 시한 입법으로 제정되었지만 이후 계속 연장되어 2001년까지 무려 40년 동안 유지되었다.

40년 동안 「산탄지역진흥임시조치법」에 근거하여 실시되었던 산탄 지역 진흥정책은 시기에 따라 그 내용과 성격에 변화가 있었다. 여기서는 특히 「산탄지역진흥임시조치법」 제정 이후 제3차 산탄지역진흥계획이 책정되는 1971년까지의 10년간을 대상으로 하여, 이 기간 중의 산탄 지역 진흥정책의 내용 변화 및 그러한 변화를 가져온 요인을 구명하고자 한다.

산탄 지역 진흥정책에 대한 연구는 많지 않은데, 그 대부분은 산탄 지역 진흥정책의 성과에 대한 평가에 초점을 맞추고 있다. 야다(矢田)[6]는 1960년대 초부터 1990년대 초까지를 대상으로 하여 구조조정정책으로서의 산탄 지역 진흥정책에 대한 평가를 시도했다. 그는 단기적으로는 정책의 효과를 확인할 수 있지만, 장기적으로는 거의 모든 지역이 인구 감소 내지 재정 곤란 상태에서 벗어나지 못한 점에서는 실패라고도 할 수 있다는 애매한 평가를 내리고 있다. 이와모토(岩本)[7]는 1965~1985년의 기간을 대상으로 하여, 석탄광업에서 제조업으로의 산업전환 촉진이라는 산탄 지역 진흥정책의 취지를 반영할 수 있는 3개의 지표[8]를 설정하고 그 지표에 의한 정책효과의 정량적 분석을 시도했다. 그의 분석에 따르면, 가장 좋은 정책 효과를 올린 지역은 죠반(常磐)탄전지대에 있는 이와키(いわき) 지역이었다. 이 지역은 수도권에 인접해 있다는 지리적 이점이 있고 지역 소재 탄광 기업이 적극적인 고용정책을 실시했다. 산탄 지역 진흥정책의 효과를 객관적 지표에 의해 정량적으로 제시했다는 것은 중요한 성과라고 평가되지만, 좋은 정책효과가 과연 정책 때문인지, 아니면 정책과 관계없는 입지조건이나 개별 기업 혹은 지역 커뮤니티의 자구 노력 결과인지는 여전히 판단할 수 없다.[9]

위와 같은 산탄지역정책을 직접 대상으로 하는 연구 외에 사회학적 관점에서 수행된 산탄 지역에 대한 사례연구들이 있다. 히라나 등(平兮·高橋·内海)의 연구[10]는 과거 일본 최대의 석탄 생산지였던 규슈(九州) 지쿠호(筑豊) 지역의 이이즈카시(飯塚市)를 대상으로 역사·문화로부터 경제, 생활, 교육, 가족, 복지, 건강, 범죄 등 다방면에 걸친 학제적 연구로서, 다우라(田浦)가 집필한 제2장에서 산탄 지역 진흥정책에 대한 평가를 하고 있다. 여기서 다우라는 산탄 지역

진흥정책의 결과를 보여 주는 3개의 자료, 즉 석탄 대책 관계 예산, 정부가 발표하는 산탄 지역 진흥정책의 성과지표(고용창출효과, 공업출하액 증가, 실업률, 재정력지수, 생활보호율 등), 기업 유치 실적에 대한 분석을 통해 산탄 지역 진흥정책의 성과에 대해 대체로 부정적 평가를 내리고 있다.

다카하시(高橋) 등[11]도 역시 지쿠호 지역, 특히 미야타정(宮田町)을 중심으로 한 사회학적 연구를 했는데, 와카바야시(若林)가 집필한 제1부 제4장에서 이 지역의 인구동태 및 산업구조의 변화(1990년까지)를 다루고 있다. 와카바야시는 지쿠호 지역에서는 석탄산업의 붕괴 후 커다란 지역 사회의 변화를 겪는 가운데 산업전환이 원만하게 된 곳과 그렇지 못한 시정촌(市町村)이 존재함을 밝히고, "시정촌의 활성화에 중요한 역할을 하는 것으로, 제2차 산업의 동향, 특히 제조업의 성쇠가 있다"고 하면서, "이것은 산탄 지역 진흥 사업의 주요 시책인 공업단지의 건설과 공장 유치가 강력히 추진된 결과의 표상으로 볼 수 있다"고 하고 있다. 그러나 이러한 판단은 산탄 지역 진흥정책 효과에 대한 엄밀한 분석에 기초한 것은 아니며, 지역의 활성화가 정책에 의한 것인지, 유리한 입지조건 등 다른 요인에 의한 것인지는 이 연구로서도 역시 알 수 없다.

위에서 본 바와 같이 산탄 지역 진흥정책에 관한 연구는 주로 그 성과에 대한 평가를 중심으로 하여 이루어져 왔지만, 연구자에 따라 긍정, 부정의 평가가 갈리고 있어 아직 합의점에 이르고 있지 않다. 이와 같은 혼란스러운 상황에 이르게 된 중요한 요인의 하나는 정책 평가에 대한 엄밀한 방법론 없이 정책 평가를 시도하는 데서 찾아볼 수 있다.

기존 연구의 또 하나 문제점은 산탄 지역 진흥정책의 내용이 불변임을 암묵적 전제로 하여 정책성과의 평가를 시도해 왔다는 것이다. 그러나 정책이 수행되어 가는 중에 정책의 내용이나 중점 분야에 적지 않은 변화가 있었기 때문에 이러한 변화를 무시한 채 40년간 실행된 정책을 동일한 잣대로 평가하는 것은 자칫 무의미한 작업이 될 수 있다. 산탄지역정책이 단순히 공업의 유치가 아니라 지역 특성에 맞는 산업의 육성을 목표로 한다거나, 공업 유치보다도 주민의 복지를 우선하는 방향에서 시행된다면, 산탄 지역의 산업구조 전환 상황만을 가지고 정책의 성과를 판단할 수는 없는 것이다.

이 장에서는 산업조정정책으로 시작되었던 산탄 지역 진흥정책이 1971년 11월에 책정된 제3차 산탄지역진흥계획의 책정을 계기로 지역개발정책으로서의 성격을 띠게 되었음을 밝히고, 그러한 성격의 변화를 가져온 요인을 파악하고자 한다. 산업조정정책으로서의 산탄 지역 진흥정책의 목표는 쇠퇴산업인 석탄산업에서 경쟁력 있는 공업으로 생산요소가 원활히 이동하도록 하는 것이다. 한편, 지역개발정책[12]으로서의 산탄 지역 진흥정책은 산탄 지역 경제의 활성화와 함께 지역 주민의 생활과 안전, 건강, 교육과 같은 사회·문화에 걸친 종합적 개발을 목표로 한다. 이처럼 산탄 지역 진흥정책의 성격이 변화했다면, 이 정책에 대한 평가도 산업구조의 전환이나 인구, 재정력지수 같은 지표만이 아니라, 주민의 복지를 측정할 수 있는 다양한 지표의 활용이 요구된다고 할 수 있다.

산탄 지역 진흥정책이 지역개발정책으로서의 성격을 가지고 있음에 대해서는 이시오카(石岡)가 법학적 관점에서 지적한 바 있다.[13] 이시오카는 「산탄지역진흥임시조치법」의 성립을 전후해서 제정된 지역개발법들과[14] 「산탄지역진흥임시조치법」을 비교하면서 지역개발법의 선구로서의 의의를 동법에서 확인하고, 바로 이런 점 때문에 동법이 1965년의 제1차 개정 시기부터 독자성을 상실하고 다른 지역개발법들과 동질화하여 가는 과정을 밝혔다. 이시오카가 「산탄지역진흥임시조치법」의 지역개발법으로서의 특징을 다른 지역개발법과 비교하여 명확히 한 점은 높이 평가할 수 있지만, 분석을 법학적 접근에만 한정하여 산탄 지역 진흥정책의 실질적 운영까지는 시야에 넣지 못했다. 이 장에서는 종래 활용되지 못했던 산탄지역진흥심의위원회의 내부 자료[15] 검토를 통해, 산탄 지역 진흥정책의 구체적 내용과 실시 상황을 분석하여 이 정책이 지역개발정책으로서의 성격을 명확히 해 가는 과정을 구명하고자 한다.

2. 산탄 지역 진흥정책의 제도적 틀의 정비

정부의 산탄 지역 진흥정책에 대한 최초의 명확한 언급은 1959년 12월에 제출된 석탄광업심의회 기본문제부회 중간 답신에서 볼 수 있다. 이 답신은 탄가 1,200엔 인하를 목표로 하는 강력한 '스크랩 앤드 빌드'(scrap and build) 정책의 제언으로 유명하지만, "탄광 이직자 다발 지대 문제의 심각성을 감안하여 지역사회의 종합적 대책을 수립하는 것이 당면한 초미의 급무"라고 하여 산탄 지역 진흥 대책의 조속한 수립도 촉구했다.

이에 따라 통산성은 1961년도 예산 편성에서 산탄지역진흥사업단과 중소탄광센터 구상을 가지고 대장성과 협의했지만 이 구상들은 거부되었다. 그러나 대신 산탄지역진흥조사비 3,000만 엔을 인정받음으로써 통산성은 산탄 지역 진흥정책의 첫걸음을 내디딜 조건을 마련할 수 있었다.[16]

한편, 일본 최대의 산별 노조인 일본탄광노동조합(이하 탄로)은 1959년에서 1960년에 걸쳐 일어났던 미이케(三池)쟁의 후 방향전환을 하여 1960년 가을부터 산탄 지역 진흥정책을 중요 요구조건의 하나로 하는 석탄정책 전환 투쟁을 전개했다. 이러한 탄로의 강력한 정책전환 투쟁에 의해 제29회 임시국회에서 1961년 10월 31일 '석탄산업 위기 타개에 관한 결의'를 채택했는데, 그중에는 조속히 산탄 지역 진흥정책을 확정하여 이를 강력히 추진할 것을 촉구하는 내용도 포함되었다.

또한 전국광업관계시정촌연맹은 1961년 2월 2일에 통산성의 산탄지역진흥사업단 구상이 일시 후퇴하는 가운데 그 조속한 실현을 요구하는 '산탄지 시정촌 진흥의 적극적 대책 요망 결의'를 하여 관계 관청과 국회에 압력을 가했다.

이와 같이 산탄 지역 대책 수립을 요구하는 소리가 높아지는 가운데, 1961년에서 1962년 사이에 산탄지역진흥심의회 설치, 「산탄지역진흥임시조치법」 제정, 산탄지역진흥사업단 설립 등 산탄 지역 진흥정책을 수행하기 위한 법적, 제도적 정비가 이루어졌다.

1) 「산탄지역진흥임시조치법」의 제정

1961년 11월에 제정된 「산탄지역진흥임시조치법」(이하 산탄법)은 "산탄 지역에서의 광공업 등의 급속하고 계획적인 발전과 석탄 수요의 안정적 확대를 도모하는 것을 목적"(제1조)으로 하고 있다(제정 당시 11조와 부칙으로 구성). 이 목적을 달성하기 위해 산탄법은 산탄 지역의 범위, 산탄지역진흥계획의 수립, 산탄 지역의 산업 기반 정비 촉진, 진출 기업에 대한 세제 우대 조치를 비롯한 지원, 지방공공단체에 대한 재정 원조 등을 규정했다.

2) 산탄지역진흥사업단의 설립[17]

산탄지역진흥사업단(이하 사업단)은 전술한 바와 같이 통산성이 1961년도에 설립하고자 했지만 대장성의 반대로 무산된 바 있었다. 통산성은 1961년에 산탄지역진흥심의회에 대해 '석탄광업의 현상에 비추어 산탄 지역에서 석탄 수요의 확대와 석탄광업 불황에 의해 피폐한 산탄 지역 진흥에 대해 취해야 할 대책'을 자문했는데, 동 심의회는 1961년 12월의 중간 답신에서 '조급히 실시해야 할 대책'의 하나로 산탄 지역 진흥 대책 추진 모체로서 산탄지역진흥사업단의 설립이 필요함을 지적했다. 통산성은 중간 답신에 기초하여 작성한 사업단 법안을 국회에 제출하여, 동 법안은 1962년 4월 30일에 제정·공포되고 사업단은 7월 20일에 전액 정부 출자에 의한 특수법인으로서 설립되었다.

사업단법에 따르면 사업단은 "석탄광업의 불황에 의해 특히 피폐가 현저한 산탄 지역에서의 광공업 등의 계획적 발전을 도모하기 위해 당해 지역에서의 광공업 등 진흥에 필요한 업무를 수행하는 것"(「산탄진역진흥사업단법」 제1조)을 목적으로 하며 그 업무는 다음과 같이 대별된다.

① 토지조성사업: 산탄 지역 진흥에 필요한 광공업 등을 위한 용지조성 및 조성한 용지의 양도.

② 융자사업: 산탄 지역 내에서 생산설비의 신·증설을 하는 기업에 대한 설비자금 융자.

③ 수탁사업: 이상의 사업에 부대하는 업무나 광공업 등의 진흥에 필요한 조사의 수탁사업.

이후 사업단법은 1963년 3월, 1966년 6월에 개정되어, 폐탄산[18] 처리, 공업용수도에 의한 공업 용수 공급, 장기 운전자금 대부, 기업에 대한 출자가 사업단 업무에 추가되었다. 이 밖에 1967년부터는 공장 건물 양도 및 대부 업무도 시행하게 되었다.

사업단은 사업단법의 개정으로 1972년 10월 2일 공업재배치공단과 합체하여 공업재배치·산탄지역진흥공단으로 개조되고 다시 1974년 8월 지역진흥정비공단으로 개칭되었다.

3) 산탄지역진흥심의회

산탄지역진흥심의회(이하 산탄심)는 통산대신의 자문에 응하여 산탄 지역의 진흥에 관한 중요 사항을 조사·심의하는 기구로 산탄법은 산탄지역진흥계획 책정 시에 동 심의회의 의견을 듣도록 규정하고 있다. 산탄심은 위원 50명 이내로 조직하며, 위원은 관련 행정기관과 지방공공단체 직원 및 전문가 중에서 통산대신이 임명하도록 되어 있으며 발족 당시의 위원은 48명이었다. 또 산탄심은 전문 사항을 조사하기 위해 전문위원을 둘 수 있었다.

산탄심 내에는 종합부회[19]와 각 지역부회가 있는데, 종합부회는 산탄 지역 진흥 대책에 관한 기본적 사항의 심의 및 종합조사, 그리고 지역부회의 심의를 거쳐 올라오는 각 지역 요구사항을 종합, 조정하는 기능을 했다.[20]

발족 당시 종합부회는 부회장(部会長) 외에 관계 각 성청 사무차관 7명(대장성, 운수성, 노동성, 건설성, 자치성, 경제기획청, 홋카이도개발청), 재계 5명(재계단체 2명, 석탄업계 2명, 전력업계 1명), 노동조합 2명, 광업관계시정촌연합회 1명, 학계 2명, 정부계 금융기관(일본개발은행) 1명으로 구성되었다(〈표 3-1〉). 석탄업계 2명은 대기업 단체인 일본석탄협회 회장과 중소기업 단체인 일본석탄광업연합회 회장이며, 노동조합 2명은 탄로와 전탄광의 위원장이다.[21]

지역부회의 구성을 보면, 지역별로는 홋카이도 7명, 동부 지역 6명, 서부 지역 6명, 규슈 지역 10명이었으며, 위원의 관련 분야별로는 지방 자치 단체 관련 위원 12명, 지역 재계 및 기업 관련 위원 7명, 석탄 기업 관련 5명, 학계 위원 5명이었다. 지방 자치 단체 및 지역의 재계 관련 위원이 압도적 비중을 차지하고

표 3-1 산탄지역진흥심의회의 위원 구성

		1961년 발족 당시	1971년 11월 제23회 종합부회
종합부회			
회장		岸 道三(日本道路公団総裁)	有沢広巳(東京大名誉教授)
위원	재계	足立 正(日本商工会議所会頭) 植村甲午郎(日本経済団体連合会副会長) 萩原吉太郎(日本石炭協会会長) 武内礼蔵(日本石炭鉱業連合会会長) 菅 礼之助(電気事業連合会会長)	景山衛司(日本商工会議所専務理事) 徳永久次(新日本製鉄専務取締役) 倉田興人(日本石炭協会会長) 岩本常次(北海道電力社長) 赤羽善治(九州商工会議所会頭)
	노동조합	原 茂(日本炭鉱労働組合委員長) 重枝琢巳(全国石炭鉱業労働組合委員長)	森田久雄(日本炭鉱労働組合副委員長) 道下一治(全国石炭鉱業労働組合委員長)
	지방 자치 단체	坂田九十百(全国鉱業関係市町村連合会長)	坂田九十百(全国鉱業関係市町村連合会長)
	학계	大和田悌二(エネルギー経済研究所理事長) 鈴木雅次(日大理工学部教授)	高橋正雄(九州大名誉教授) 能 登志雄(東北大学教授)
	금융기관	平田敬一郎(開銀副総裁)	福地豊(開銀副総裁)
	언론기관		松岡義彦(朝日論説委員) 山本正雄(毎日論説委員)
	사업단		新海英一(事業団長) 堀坂正太郎(共同印刷常務)
	관련 성청 사무차관	7명	8명
	관련 지방 자치 단체장(지사)	x	8명
소계		19명	32명
지역부회			
北海道		회장 岡松成太郎(北海道電力株式会社社長) 포함 7명	회장 岩本常次 포함 7명(5명)
東部		회장 清宮一郎(東部石炭協会会長) 포함 6명	회장 能 登志雄 포함 4명(1명)
西部		회장 橋本正之(山口県知事) 포함 6명	회장 橋本正之 포함 6명(5명)
九州		회장 佐藤篤二郎(九州商工会議所連合会会長) 포함 10명	회장 赤羽善治 포함 10명(5명)
소계		29명	27명(16명)
심의회 위원 합계		48명	59명(48명)

주: 1) 관련 성청은 대장성, 운수성, 노동성, 건설성, 자치성, 경제기획청, 홋카이도개발청, 농림성. 농림성은 1966년 4월 제12회 종합부회부터 참여.
2) 관련 지방 자치 단체는 北海道, 福島県, 茨城県, 山口県, 福岡県, 佐賀県, 長崎県, 熊本県. 관련 지방 자치 단체장이 종합부회 멤버로 참여하는 것은 1964년 제7회 종합부회부터임.
3) ( )의 수치는 종합부회 위원과 중복된 사람을 제외한 인원수.

자료: 産炭地域振興事業団(1972), 「産炭地域振興審議会委員専門委員名簿」(部23-S-5), 1971년 11월 24일.

있는 반면 노동조합 관련 위원이 참가하고 있지 않은 것이 주목된다.

한편, 1971년 11월 시점의 종합부회는 성청 대표 8명, 광역 지방 자치 단체장 8명, 재계 5명(재계단체 2명, 석탄업계 1명, 전력업계 1명, 철강업계 1명), 노동조합 2명(탄로, 전탄광), 광업관계시청촌연합회 1명, 학계 2명, 정부계 금융기관(일본개발은행) 1명, 언론계 2명, 사업단 2명으로 구성되었다. 8개 산탄 지역 도(道)·현(県)의 지사, 농림성 사무차관, 언론계 2명, 사업단 측 2명[22]이 새로 위원으로 참가한 점이 주목된다. 재계 위원에서는 경제단체연합회(経団連) 대표, 일본석탄광업연합회 대표가 빠지고 철강업계 대표와 규슈상공회의소 회두가 참가했다. 중소탄광업자 단체인 일본석탄광업연합회 대표가 빠진 것은 1971년 시점에서 중소탄광은 거의 다 폐광하여 존재 의의가 없어졌기 때문이라고 생각된다.

1971년 시점에서의 지역부회 구성을 보면, 지역별로는 홋카이도 7명, 동부 지역 4명, 서부 지역 6명, 규슈 지역 10명이며, 각 지역부회 회장과 지역부회 위원인 자치 단체장은 종합부회 위원을 겸하고 있다. 관련 분야별로 보면, 지방자치 단체 관련이 12명으로 가장 많고 재계 및 기업 관련이 11명, 학계 4명의 순이었다.

이러한 산탄심 구성의 특징으로서 우선 자치 단체장의 비중이 큰 것이 주목된다. 특히 관련 도·현의 지사가 종합부회 위원으로 참여함으로써 지역의 발언권은 더욱 강해졌을 것으로 생각된다. 이러한 조치가 취해진 것은 산탄 지역의 요구가 관철된 측면도 있지만, 정책 당국으로서도 산탄지역정책의 실시에 보다 적극적으로 지역의 목소리를 반영할 필요성을 느꼈기 때문이었다. 종합부회는 지역부회에서 올라오는 안건을 종합, 조정하는 역할을 부여받았지만, 종합부회 위원으로 참석한 자치 단체장은 자신이 행정 수반인 지역의 요구 사항을 수용하도록 강력히 요구하곤 했다.

반면, 주민단체는 참여하지 않아, 지방 자치 단체 또는 기업과는 다른 관점에서 산탄 지역 주민의 이익을 옹호하고자 하는 그룹의 주장이 심의회에 반영될 기회는 없었다. 또 노동조합 대표는 종합부회에만 2명이 참여하고 있었으며 심의회에서도 초기를 제외하면 거의 발언하지 않았던 것을 보면, 노동조합은 산탄 지역 문제에 별다른 역할을 하지 않은 것으로 판단된다. 그 이유는 분명하지 않으나 석탄산업의 쇠퇴에 따라 노동조합의 존재감 자체가 엷어졌기 때문일지도 모른다.

4) 산탄 지역 진흥정책의 결정 및 실행 프로세스

산탄지역정책의 결정 및 실행 프로세스는 다음과 같다. 우선 통산성이 산탄심에 산탄 지역 진흥정책에 대한 자문을 구한다. 산탄심은 자문에 대해 내부 심의를 거친 뒤 답신을 발표하는데, 답신을 준비할 때는 필요한 경우 소위원회나 전문위원회를 구성해 핵심 쟁점을 집중적으로 검토하기도 한다. 예를 들면, 1980년 답신을 마련하기 위해 소위원회가 구성되어 6개월간 10차례의 소위원회가 열렸다.

통산성은 산탄심의 답신에 기초하여 산탄지역정책의 기본 방침인 산탄지역 진흥기본계획(이하 기본계획)을 작성하고 이것은 산탄심의 심의를 거쳐 확정된다.

통산성은 기본계획을 기초로 산탄 지역별 실시계획을 수립한다. 실시계획은 기본계획에서 정해진 기본 방침에 따라 구체적인 지역별 진흥 방법을 정한 것으로 탄전을 기준으로 하여 나눈 9개 지역별로 책정된다. 9개의 지역으로 구분하여 실시계획을 책정한 것은 광역적 발전을 도모하기 위함이다. 즉, 산탄법의 목적인 "광공업 등의 급속하고 계획적인 발전을 도모"하기 위해서는 개개의

그림 3-1 9개 산탄 지역(1963년)

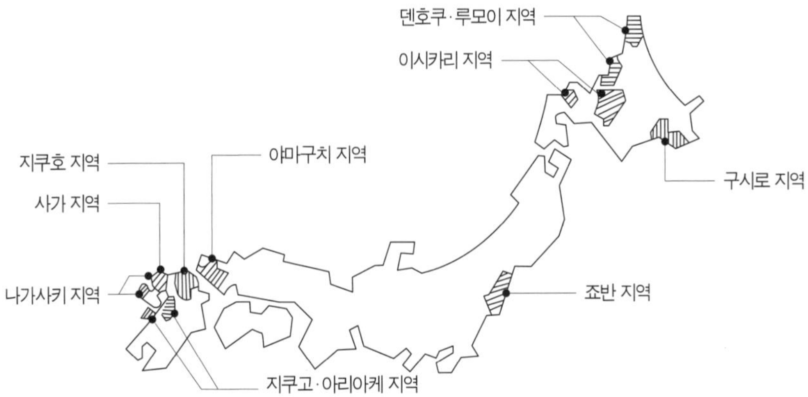

자료: 「産炭地域の指定の考え方について」(小561030-S-1), 1981년 10월 13일.

시정촌마다 계획을 정해서는 계획의 통일성을 담보할 수 없다는 등의 판단에 따라 단일 경제지대로서 지역 경제를 형성하고 있던 탄전별로 지역 구분을 한 것이다. 1963년 실시계획 책정 시의 9개 산탄 지역은 〈그림 3-1〉과 같다.

3. 산탄 지역 진흥정책의 전개

1) 산탄 지역의 정의와 지정 기준

산탄 지역 진흥정책의 대상이 되기 위해서는 '산탄 지역'으로 지정되어야 한다. 따라서 '산탄 지역'의 정의는 산탄지역정책의 핵심적인 부분이라고 할 수 있는데, 산탄 지역은 적용되는 법률 조항에 따라 2조 지역, 6조 지역, 10조 지역으로 구분된다.

산탄법은 제2조에서 산탄지역정책의 대상이 되는 지역을 "석탄광업의 불황에 의한 피폐가 현저한 석탄 산출 지역 및 그 인접 지역 중 당해 석탄 산출 지역에 있는 광공업 등의 진흥과 밀접한 관련을 가지는 지역"으로 정의하고 있는데, 이를 2조 지역이라고 한다.

산탄법 제6조는 지방 자치 단체가 지방세(부동산취득세, 고정자산세)를 감면한 분에 대해 지방교부세로 재원을 보전하는 규정으로서, 특히 피폐 정도가 심각하여 이 규정을 적용받는 시정촌을 '6조 지역'이라고 한다. 2조 지역과 6조 지역의 관계와 그 지정 기준은 다음과 같다.[23]

산탄법의 제정 취지에 비추어 볼 때, 석탄 산출 지역 중에서 석탄광업의 불황에 의한 현저한 피해가 발생한 경우에 한해 산탄지역정책의 대상이 된다. 그러나 현저히 피폐한 석탄 산출 지역의 진흥을 꾀하기 위해서는 인접 지역을 일체적으로 개발하는 편이 효과적인 경우도 적지 않다. 이러한 이유로 산탄법 제2조에서 협의의 산탄 지역, 즉 '석탄광업의 불황에 의한 피폐가 현저한 석탄 산출 지역'(6조 지역)과, 그 지역의 진흥과 밀접한 관계가 있는 인접 지역을 함께 산탄 지역으로 정의하고 있는 것이다.

1965년 5월의 산탄법 제1차 개정에서는 제10~13조까지 새로 추가되어 여기서 '10조 지역'이라는 개념이 생겼다. 즉, 개정된 산탄법 제10조에 도·현에 대한 기채(起債)의 이자 보급(補給), 제11조에 시정촌에 대한 국고보조율 인상 등 공공사업 촉진을 위한 제도가 신설되었는데, 이런 제도의 적용을 받는 지역을 10조 지역이라고 했다. 이시오카에 따르면,[24] 제10조와 제11조의 설치는 이로 인해 산탄 지역에서의 공공사업 촉진을 위한 국가의 재정원조 조치가 정비되었다는 의미에서, 산탄법이 지역개발 관련 법률들과 동질화되어 가는 분기점으로서의

그림 3-2 산탄법에서 규정하는 산탄 지역의 개념도

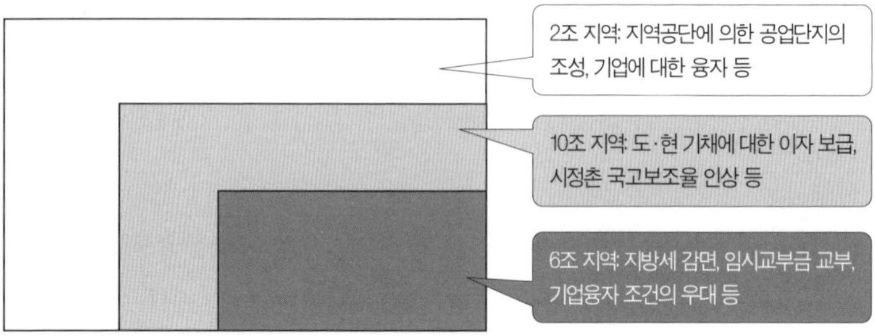

자료: 필자 작성.

의미를 가지고 있는 것이었다.

10조 지역이 새로 설정된 것은, 열악한 재정 상황에 있는 산탄 지역의 지자체에, 광공업의 도입에 필요한 산업 및 생활 기반 정비를 위한 공공사업 촉진 조치가 시급하다는 인식에 이르렀기 때문이다. 즉, 10조 지역은 광공업 도입을 위해 조급히 기반 정비를 해야 할 지역으로서, 여기에는 6조 지역과, 6조 지역을 제외한 2조 지역 중에서 이미 광공업이 상당히 도입되어 있거나 혹은 재정력이 상대적으로 양호하여 특단의 시책을 강구하지 않아도 광공업의 진흥을 꾀할 수 있다고 인정되는 시정촌을 제외한 지역이 포함된다. 2조 지역, 6조 지역, 10조 지역의 범위와 대응하는 정책 수단을 도식화하면 〈그림 3-2〉와 같다.

산탄 지역 지정은 정령(政令)[25]에 의해 시정촌 단위로 이루어지는데, 구체적인 지정 기준은 관계 각 성청과 협의하여 산탄지역진흥심의회의 의견을 청취한 후 통산성의 내규로 정해진다. 2조 지역과 6조 지역의 지정 기준은 〈표 3-2〉와 같다.

2조 지역의 지정 기준 A에서 '석탄을 산출하는 지역'이란 "이른바 탄전을 말하며, 1960년도 당해 지역의 연간 석탄 생산량 30만 톤 이하를 제외한다"고

표 3-2 산탄 지역의 지역 지정 기준

2조 지역		
산탄심 지역부회로부터 추천을 받아 동 산탄심 종합부회의 심의를 거친 것임을 요건으로 하여 다음의 두 가지 개념의 어느 쪽인가에 해당되는 지역		
A		석탄을 산출하는 지역으로 「탄광이직자임시조치법」 제3조에서 규정하는 지역
B		A 지역에 연결되는 지역 또는 그 근방 지역으로, 당해 지역에서의 광공업 등의 개발이 산탄 지역의 진흥에 기여하는 것으로 인정되는 지역
6조 지역		
6조 지역은 다음의 A, B의 요건 중 어느 쪽인가에 해당하는 지역		
A		1960년도의 재정력지수가 1.0 이하이며 다음의 ㄱ, ㄴ 조건의 어느 쪽도 충족시키는 지역
	ㄱ	1960년도의 재정력지수가 0.72 이하이고 또한 동년의 광산세율이 0.03 이상인 것. 또는 1960년도의 재정력지수가 0.72를 넘고 또한 동년의 광업세율이 0.1 이상인 것.
	ㄴ	1960년 국세조사에 의한 연령 15세 이상의 건설업 및 제조업 취업 비율이 0.221 이하일 것.
B		A에 준하는 지역으로 산탄 지역의 진흥에 기여하는 것으로 통산대신이 인정하는 지역
10조 지역		
1965년의 산탄법 개정에 의해 새로 지정된 지역		
A		1955년도 또는 1960년도에 석탄을 산출한 지역의 시정촌 및 그에 인접하는 시정촌일 것.
B		단, 다음에 해당하는 시정촌은 제외함.
	ㄱ	인구가 50만 명 이상이고 'ㄷ'의 요건을 충족하는 지역 중, 1960년도의 석탄 산출량이 30만 톤 이하이고 또한 동년의 광산세율이 0.01을 초과하지 않는 지역
	ㄴ	인구가 10만 명 이상이고, 'ㄷ'의 요건을 충족하는 지역 중, 1960년도에 석탄을 산출한 실적이 없으며 또한 공업출하액이 400억 엔 이상인 지역
	ㄷ	i) 인구밀도가 1,000명/km^2 이상 ii) 재정력지수가 1955년도, 1960년도, 1963년도 모두 0.72 이상 iii) 2차, 3차 산업 취업인구 비율(1963년)이 80.0% 이상(광업 제외)

자료: 「産炭地域の指定の考え方について」((小561030-S-1), 1981년 10월 30일.

규정되어 있다. 산탄 지역 지정 자체는 시정촌 단위로 이루어지지만, 시정촌의 틀을 넘는 광역의 탄전(이시카리(石狩)탄전, 지쿠호(筑豊)탄전 등)이라고 하는 범위에서 산탄 지역의 요건을 정한 것이다.

역시 2조 지역의 지정 기준 A의 '이직자법 제3조에서 규정하는 지역'이란 "노동대신이 다수의 탄광 이직자가 거주하고 있는 지역의 고용 상황에 비추어 볼 때 탄광 이직자가 그 지역에서 직업을 얻는 것이 곤란하다고 인정하는" 지역이다. 구체적으로는 탄광이직자임시조치법 제3조에 근거한 직업소개계획(이른바 광역직업소개계획)에서 정해진 공공직업안정소의 관할구역 내 시정촌을 가리킨다.

6조 지역 지정에서 핵심적인 의미를 가지는 지표는 재정력지수와 광산세율인데, 재정력지수란 기준재정수입액을 기준재정수요액으로 나눈 값으로, 세수입(지방양여세를 포함)을 기준으로 했을 때의 재정수요에 대한 지방공공단체의 자주적 적응 능력을 계측하는 것이다.[26] 위 기준의 재정력지수 0.72는 1962년도 시점에서 전국 재정력지수의 가중평균치이다. 한편, 광산세율은 석탄광업에 대한 의존도를 보여 주는 지표이다.[27] 즉, 재정자립도와 지역 경제의 석탄광업 의존도를 지표로 하여 6조 지역을 선정한 것이다. 이 중 재정자립도를 나타내는 재정력지수는 1980년의 지역 지정 해제 기준의 설정에서도 중요한 역할을 한다.

10조 지역은 2조 지역 중에서 인구 규모, 광산세율, 공업출하액, 제2차와 제3차 산업의 취업인구 비율, 재정력지수 등의 지표를 기준으로, 당해 지역의 경제 상황이 일정 수준 이상이라고 판단되는 지역을 제외한 나머지 지역이 모두 해당된다. 여기서 사용된 인구 규모, 공업출하액 등의 지표는 재정력지수와 함께 1991년의 지역 지정 해제 기준에도 활용되는 지표들이다.

2) 산탄 지역 진흥정책의 주요 내용

산탄 지역 진흥정책은 산업 기반 정비, 기업 유치, 지방 자치 단체에 대한 재정 지원을 핵심적 내용으로 하며 이외에 탄광 이직자 대책, 중소상공업 대책에 관한 내용도 포함하고 있다(〈표 3-3〉). 주요 정책 수단은 정부의 보조금 및

표 3-3 산탄 지역 진흥정책의 주요 내용

<table>
<tr><th>항목</th><th colspan="2">내용</th></tr>
<tr><td rowspan="6">산업 기반 정비</td><td colspan="2">각 성청의 공공사업 우선 채택</td></tr>
<tr><td colspan="2">*도·현 공공사업에 대한 기채 충당률 인상 및 이자 보급(1965~, 산탄법 제10조)</td></tr>
<tr><td colspan="2">**시정촌 공공사업에 대한 국고보조율 인상(1965~, 산탄법 제11조)</td></tr>
<tr><td colspan="2">공업용수 개발 보조(1965~)</td></tr>
<tr><td colspan="2">공업용지 조성</td></tr>
<tr><td colspan="2">탄광주택 개량 촉진</td></tr>
<tr><td rowspan="10">기업유치정책</td><td colspan="2">***지방세 감면에 수반하는 감수(減收) 보전(산탄법 제6조)</td></tr>
<tr><td colspan="2">특정 사업용 자산 교체 구입한 경우 양도소득과세 특별 조치(1970~)</td></tr>
<tr><td colspan="2">감가상각 특례</td></tr>
<tr><td rowspan="5">사업단 업무</td><td>설비자금 융자</td></tr>
<tr><td>장기운전자금 융자(1966~)</td></tr>
<tr><td>조성한 토지의 할부양도</td></tr>
<tr><td>출자</td></tr>
<tr><td>공장 건물의 할부양도 또는 대부</td></tr>
<tr><td colspan="2">정부 관계 금융기관의 협조 융자</td></tr>
<tr><td colspan="2">기업유치 활동</td></tr>
<tr><td rowspan="5">지방재정 원조</td><td colspan="2">지방교부세의 특례</td></tr>
<tr><td colspan="2">*도·현 공공사업에 대한 기채 충당률 인상 및 이자 보급(1965~, 산탄법 제10조)</td></tr>
<tr><td colspan="2">**시정촌 공공사업에 대한 국고보조율 인상(1965~, 산탄법 제11조)</td></tr>
<tr><td colspan="2">산탄지역진흥임시교부금(1969~)</td></tr>
<tr><td colspan="2">***지방세 감면에 수반하는 감수 보전(산탄법 제6조)</td></tr>
<tr><td rowspan="4">탄광 이직자 대책</td><td rowspan="2">사업단 업무</td><td>폐석산(ボタ山) 처리사업</td></tr>
<tr><td>융자기업에서의 탄광 이직자 관계 고용 의무화</td></tr>
<tr><td colspan="2">탄광이직자긴급취로대책사업(1959~)</td></tr>
<tr><td colspan="2">산탄지역개발취로사업(1969~)</td></tr>
<tr><td rowspan="2">중소상공업 대책</td><td colspan="2">정부 관계 금융기관의 특별 융자</td></tr>
<tr><td colspan="2">신용 보완상의 특별 조치</td></tr>
</table>

주: *, **, ***는 같은 사업을 중복하여 기재한 것임.
자료: 産炭地域振興事業団(1972), 「産炭地域振興対策の概要」(部29-S-4), 1980년 5월 19일.

교부세 지원, 정부계 금융기관을 통한 진출 기업에 대한 융자이다. 정책 주체는 통산성을 비롯한 건설성, 운수성, 문부성, 자치성 등 관계 각 관청과 지방자치 단체이다. 이하에서 산탄지역정책의 주요 내용을 간단히 설명한다.

(1) 산업 기반 정비사업

산업 기반 정비사업으로 사업단에 의한 공업단지의 조성, 지방공공단체가 실시하는 소규모 공업용 수도정비에 대한 보조 등이 시행되었다.

이외에 공공사업 촉진을 위한 지방 자치 단체에 대한 재정원조가 실시되었는데, 그 내용은 산탄 지역 도·현이 발행한 지방채에 대한 이자 보급(산탄법 제10조)과 산탄 지역 시정촌이 실시하는 사업에 대한 국고보조율 인상(산탄법 제11조)이다.

(2) 기업 유치

산탄 지역 기업에 대해서는 각종 세제 혜택이 주어졌다. 우선 산탄법 제6조 지역의 기업에 대해서는 지방세(부동산취득세, 고정자산세 등)가 감면되었고, 감면분에 대해 국가가 지방 자치 단체에게 지방교부세로 재원 보전을 했다. 또한 산탄 지역 진출 기업에 대해서는 양도소득과세 특별 조치 및 감가상각의 특례가 적용되었다.

산탄 지역 진출 기업에 대해서는 사업단 및 정부계 금융기관에 의한 금융지원이 이루어졌다. 사업단의 금융 지원 관계 업무로는 설비자금의 저리 융자, 장기운전자금 융자, 사업단이 조성한 토지의 할부 양도, 공장 건물의 할부 양도 또는 대부가 있다. 한편, 일본개발은행, 중소기업금융공고, 홋카이도토호쿠(北海道東北)개발금융공고 등 정부 관계 금융기관에 의한 협조융자가 이루어졌다.

(3) 지방재정 지원

지방재정 지원은 산탄지역정책의 중심을 이루는 것으로 산탄법에 기초한 조치, 예산 조치, 지방교부세 특례의 세 가지로 대별된다.

산탄법에 근거한 조치로는 전술한 산탄법 제10조와 제11조에 따른 지방자치단체의 공공사업 지원정책이 있다.

예산 조치는 산탄법에 정해진 지원제도는 아니지만 국가가 예산 계상에 의해 지방재정을 지원하는 것으로, 그중 '산탄지역진흥임시교부금'은 폐산에 따른 지방 자치체의 각종 재정수요와 특정 사업을 실시한 지방 자치체에 대해 교부되는 것이다. 이 제도는 폐광이 지방 자치체의 재정에 미치는 영향을 완화하기 위해 1969년에 창설되었는데, 이후 지방 자치체가 실시하는 각종 사업을 지원하기 위해 교부 대상 사업이 확대되었다.

지방교부세의 특례 중 보통교부세에 관련되는 것은, 이른바 '산탄지 보정(補正)'이라고 불리는 것으로, 산탄 지역 시정촌의 경우 실업 대책 사업 등의 의무적 성격을 가지는 지출이 세출에서 큰 비중을 차지하고 있기 때문에 기준재정수요액을 보정함으로써 지방교부세를 증액하는 것이다. 이 제도는 1976년도부터 설정되었다. 지방교부세의 특례에는 이 밖에 각 지방 자치체의 재정 상황에 대응하여 취해지는 특별교부세 조치도 있다.

(4) 탄광 이직자 대책

사업단은 폐석산 처리사업을 탄광 이직자로 구성되는 기업체에서 사업을 시행하도록 했으며, 기업에 대한 융자는 탄광 이직자 및 그 자제의 고용을 조건으로 했다.

노동성에서 실시하는 '산탄지역개발취로사업'은 재개발과 실업자에게 임시적으로 취업 기회를 부여하는 것을 목적으로 하여 1969년도부터 시작되었다. 대상 사업은 도로, 공원 등의 공공시설 정비사업이며, 정부는 이들 사업을 행하는 지방 자치 단체에 보조금을 지급했다.

'탄광 이직자 긴급취로대책사업'은 당초 「탄광이직자임시조치법」(1959년 입법)에 근거하여 탄광 이직자에 대해 잠정적으로 취로 기회를 부여하기 위한 것으로서, 1964년 이후는 별도의 예산 조치로 수행되었다.

(5) 중소상공업 대책

산탄 지역에 소재하는 중소기업자에 대해서는 중소기업금융공고, 국민금융공고 등 정부 관계 금융기관의 특별 융자가 실시되었다. 또한 산탄 지역 소재 중소기업자에 대한 신용보증 조치가 실시되었는데, 특히 1963년 8월부터는 산탄 지역에 있는 중소기업자에 대해 중소기업신용보험에 관한 특별 조치에 관한 법률이 제정되어 중소기업 신용보완제도가 더욱 충실해졌다.

3) 산탄 지역 진흥정책 예산

산탄지역정책은 통산성뿐만이 아니라 정부의 다른 여러 관청에서도 실시하고 있었기 때문에 예산의 전모를 파악하기는 곤란하다.

우선 시계열적 변화를 확인할 수 있는 통산성의 산탄 지역 진흥정책 관련 예산의 추이를 보면, 산탄 지역 진흥 관계 예산은 1962~1972년도 사이에 6억 8,000만 엔에서 약 80억 엔으로 10년 동안 10배가 넘게 증가했음을 알 수 있다(〈표 3-4〉). 그 내용을 보면 산탄지역진흥사업단에 대한 출자금이 가장 큰 비중

표 3-4 산탄 지역 진흥 관계 예산 (단위: 백만 엔)

연도	산탄 지역 진흥대책비								산탄지역 진흥사업단 융자 (재투자금)
	산탄지역 진흥사업단 출자금	산탄지역 진흥조사 위탁비	산탄 지역 소수계(小水系) 용수개발 사업비 보조금	기업유치 촉진사업 비보조금	산탄지역 진흥임시 교부금	산탄지역 진흥 사업채(債) 조정분 이자보급금	사무 처리비	합계	
1961	–	27	–	–	–	–	4	30	–
1962	650	27	–	–	–	–	3	680	50
1963	1,300	27	–	–	–	–	3	1,330	1,900
1964	2,000	37	–	8	–	–	4	2,049	3,000
1965	2,500	39	4	8	–	10	4	2,564	3,800
1966	2,675	34	76	8	–	39	5	2,837	3,800
1967	2,760	34	164	8	–	83	6	3,055	4,000
1968	3,400	32	122	7	–	134	6	3,700	5,200
1969	4,100	32	356	7	1,000	196	6	5,697	7,100
1970	4,500	32	469	7	1,200	275	8	6,491	7,600
1971	5,760	32	493	7	1,400	298	8	7,998	8,600
1972	5,760	32	564	7	1,300	345	8	8,016	11,400
1973	5,400	32	564	–	1,794	442	9	8,242	12,700
1974	1,500	29	610	–	1,787	671	11	4,609	15,100

주: 통산성 관계분만.
자료: 福岡通商産業局(1974).

을 차지하고 있으며, 다음으로는 1969년부터 시행된 산탄지역진흥임시교부금이 컸다. 1972년도의 경우 산탄 지역 진흥대책비 중 출자금 비율은 72%, 산탄지역진흥임시교부금의 비율은 16%였다.[28]

통산성 관할하의 예산에서 산탄 지역 대책에 자금이 투입된 외에, 사업단으로부터 산탄 지역의 기업에 거액의 융자가 이루어졌다. 사업단의 기업융자는 주로 재투자금(財投資金)[29]을 재원으로 했는데, 재투자금의 사업단 융자 금액은

표 3-5	산탄지역진흥사업단 사업예산과 자금 내역	(단위: 백만 엔)

		1962~1963	1964	1965	1966	1967	1968	1969	1970	1971	1972
자금	출자금	1,950	2,000	1,750	2,675	2,760	3,400	4,100	4,500	5,460	5,760
	차입금	2,400	3,000	4,550	3,800	4,000	5,200	7,100	9,800	9,000	11,400
	국고보조금	0	0	0	55	79	5	32	75	19	81
	시정촌에서의 수입	–	–	–	–	–	–	17	25	4	49
	자기자금	12	200	500	700	36	6	578	1,500	1,800	2,200
	기타	0	0	0	0	0	0	0	0	0	0
	계	4,362	5,200	6,800	7,230	6,875	8,610	11,826	15,899	16,283	19,490
사업	토지조성사업	2,573	2,500	2,800	3,200	2,700	2,700	3,200	4,000	4,570	5,070
	융자사업	1,750	2,700	4,000	3,800	3,800	5,900	8,200	11,600	11,400	14,000
	공업용수도사업	0	0	0	180	175	10	70	179	48	185
	출자사업	0	0	0	50	50	0	150	0	50	50
	공장건물대여사업	0	0	0	0	150	0	50	0	150	150
	기타	40	0	0	0	0	0	156	80	65	35
	계	4,363	5,200	6,800	7,230	6,875	8,610	11,826	15,859	16,283	19,490

주: 1966년도까지는 일반회계, 1967년도 이후는 석탄대책특별회계.
자료: 産炭地域振興事業団(1972), 70~71쪽.

1962~1972년도까지 564.5억 엔에 달했다.[30]

산탄 지역 진흥정책 사업 추진 모체인 사업단의 사업예산은 1962~1963년도는 약 43억 엔이었으나, 1972년도에는 약 195억 엔으로 증가했다(〈표 3-5〉). 사업단의 자금은 주로 정부의 출자금과 차입금이었다(1972년도에 각각 30%, 59%). 차입금은 주로 재투자금을 사업단에 융자한 것이다. 사업단의 사업별 예산을 보면, 융자사업이 가장 큰 비중을 차지했으며, 이어서 토지조성사업의 예산이 컸다.

이와 같이 산탄 지역 진흥정책 관련 예산이 크게 증가했음에도 불구하고 석탄대책특별회계(이하 석특회계)에서 산탄 지역 진흥정책이 차지하는 비중은 크

표 3-6	산탄 지역에 대한 정부 지원(통산성 이외)	(단위: 억 엔)

연도		1965	1966	1967	1968	1969	1970	1971	1972
산탄지역개발취로사업(예산)						25.2	31.5	35.1	39.3
긴급취로대책사업(예산)				28.4	30.5	30.5	31.3	31.4	30.0
산탄 지역 도·현에 대한 지방채 이자보급액	예산	0.1	0.4	0.8	1.3	2.0	2.7	3.0	3.4
	실적	0.0	0.3	0.6	1.0	1.6	2.1	2.7	3.4
산탄 지역 시정촌에 대한 국고보조 실적		5.5	5.7	6.1	7.9	11.6	17.5	26.0	40.0

자료: 「産炭地域振興対策の概要」(部20-S-2), 1970년 7월; 『産炭地域振興対策の概要』(部29-S-4), 1980년 5월.

지 않았다. 〈표 1-5〉(46쪽)에 따르면, 1972년도에도 산탄 지역 진흥대책비는 석특회계 예산의 8%를 차지했을 뿐이다.[31]

그러나 이와 같이 석특회계 중의 산탄 지역 진흥대책비만을 가지고 정부가 산탄 지역 진흥 대책을 소홀히 취급했다고 결론을 내리는 데에는 신중할 필요가 있다. 통산성 이외의 다른 여러 관청에서도 석특회계에 포함되지 않는 예산으로 다양한 산탄 지역 대책이 실시되었기 때문이다.

〈표 3-6〉은 통산성 관할이 아닌 산탄 지역 대책 관련 예산 중 확인할 수 있는 것만을 정리한 것이다. 이 중 노동성 소관인 산탄지역개발취로사업비는 석특회계에 포함되지만 산탄 지역 진흥대책비가 아닌 탄광원호대책비로 분류되었다(〈표 1-5〉(46쪽)). 이 사업에는 1969~1972년도에 131.1억 엔이 투입되었다.[32]

석특회계에 포함되지 않는 다른 산탄 지역 대책 관련 예산액을 보면, 우선 탄광 이직자 긴급취로대책사업에 1967~1972년도에 182.1억 엔이 투입되었다.[33] 산탄법 제10조에 근거한 산탄 지역 도·현에 대한 지방채 이자보급액(예산 기준)은 1966년도에 3,920만 엔에 불과했으나 1972년도에는 약 3.4억 엔으로 증가했다. 산탄법 제11조에 근거한 산탄 지역 시정촌에 대한 국고보조금은 1965년도에 약 5억 5,000만 엔, 1972년도에는 약 40억 엔이었다. 시정촌에 대한 국고보조금이 다른 항목의 지출보다 매우 큼을 알 수 있는데, 1965년도에서 1999년도까지의 누계는 1,847억 엔으로, 1정촌당 약 7,400만 엔에 달했다.[34]

〈표 3-6〉에 표시하지 않은 진흥 대책 관련 사업으로 6조 지역에 대한 지방세 감면 보전이 있는데, 1962~1979년도의 합계는 약 114억 엔에 달했다.[35] 또한 지방교부세에 대한 특례는 1976년도부터 시행되었기 때문에 〈표 3-6〉에는 표시하지 않았다.

이상에서 본 바와 같이 산탄 지역에 대해 통산성 이외의 부서에서 지원하고 있는 금액을 합해서 보면, 정부의 산탄 지역 대책비가 반드시 적다고는 할 수 없다. 1972년도를 예로 들면, 이자보급액, 국고보조금, 산탄지역개발취로사업비, 긴급취로대책사업의 합계만으로도 약 113억 엔에 이르러 같은 연도의 석특회계 예산 중의 산탄 지역 진흥대책비 80억 엔을 33억 엔이나 초과하고 있다. 특히 지방 자치 단체에 대한 재정지원금액, 그중에서도 산탄법 제11조에 의한 시정촌에 대한 국고보조금 지원이 큰 비중을 차지하고 있다. 산탄 지역 대책은 사업단 중심의 통산성 관계 대책보다도 시정촌에 대한 재정 지원이 더 핵심적인 내용으로 되어 갔으며, 그 때문에 산탄 지역 시정촌은 산탄법의 존속 및 연장을 계속 강력히 요망해 왔던 것이다.[36]

4. 산탄 지역 진흥정책의 성격 변화

앞에서 살펴본 바와 같이 산탄법 제정 이후 1972년까지 산탄 지역 진흥정책 관련 예산 규모는 크게 증가했는데, 그러한 양적 성장 외에도 이 10년간 진흥정책의 성격에 중요한 변화가 일어나고 있음에 주목할 필요가 있다. 1971년 12월에 책정된 제3차 산탄지역진흥계획은 산탄 지역 진흥정책의 기본 성격이 크게 변화하고 있음을 잘 보여 주고 있다. 이하에서 1963년 10월에 책정된 제1차 산탄지역진흥계획(이하 제1차 진흥계획)과 1971년 12월에 책정된 제3차 산탄지역진흥계획(이하 제3차 진흥계획)의 기본계획을 비교하면서 양 계획의 차이점을 명확히 하고 그러한 차이가 발생한 요인에 대해 분석한다.[37]

1) 제1차 진흥계획과 제3차 진흥계획의 내용 비교

우선 제1차 진흥계획과 제3차 진흥계획의 기조 설명 부분에 해당되는 기술을 비교해 보도록 한다. 제1차 진흥계획 기본계획은 기조 설명에서 산탄 지역의 피폐 상황을 타개하기 위해 "산탄 지역 광공업 등의 급속하고 계획적인 진흥을 추진하고 탄광 이직자에 대한 고용 기회를 창출하며 석탄 수요의 안정적 확대 및 산탄 지역의 경제적 지위의 향상을 도모하여 국민경제의 균형 있는 발전에 기여할 필요"가 있음을 주장하고 있다.

한편, 제3차 진흥계획 기본계획의 기조 설명에서는 산탄 지역의 피폐 상황을 타개하기 위해 "산탄 지역 지방 자치 단체에 대한 소여의 재정 조치를 강구하여 산탄 지역에서 산업 기반을 정비하고 석탄광업에 대신하는 중핵산업을 도입"하는 것에 더해 새로이 "국토의 종합적 개발과 조화되도록 배려"하고 "생활환경 정비 등의 조치를 강구"할 필요성을 주장하고 있다. 반면 석탄 수요의 안정적 확대에 대해 언급하지 않고 있다.

그렇다면 이러한 계획의 기조에서 보이는 차이가 계획의 목표 및 구체적 조치로서는 어떻게 나타나고 있는지 〈표 3-7〉을 통해 보도록 한다.

표 3-7 산탄지역진흥계획 기본계획의 목표와 조치

(1) 산탄 지역 진흥의 목표	
제1차 산탄지역진흥계획(1963년 10월)	제3차 산탄지역진흥계획(1971년 12월)
1. 고용 기회의 창출 2. 석탄 수요의 안정적 확대 3. 지역 경제의 진흥	1. 중핵 기업의 도입 및 적지적성 산업의 육성 2. 지역 내 고용의 확대와 지역인구 감소 방지 3. 주택, 복지시설의 충실과 생활환경 정비에 의한 주민생활 향상 4. 석탄 수요의 확대
(2) 산탄 지역 진흥을 위한 조치	
제1차 산탄지역진흥계획	제3차 산탄지역진흥계획
1. 산업 기반 확립 2. 기업의 유치 3. 석탄 수요의 확대 산탄지 화력발전소 건설 석탄수송 방법의 개선 4. 고용 확대 및 직업전환 5. 산탄 지역 진흥상 필요한 기타 조치 광해 복구 정부 관계 공장 및 국가시설 도입	1. 산업 기반의 정비 2. 기업의 유치 3. 석탄 수요의 확대 4. 생활환경의 정비 문교시설의 정비 광해 복구 등 5. 고용 기회의 창출 및 직업 전환

자료: 産炭地域振興事業団(1972).

제1차 진흥계획 기본계획의 목표는 탄광 이직자의 산탄 지역에서의 고용 기회 창출, 석탄 수요의 안정적 확대 도모, 지역 경제의 진흥 추진이었다. 이러한 목표를 달성하기 위한 구체적 조치로서는 산업 기반 확립, 기업 유치, 산탄지 화력발전소 건설을 주요 내용으로 하는 석탄 수요 확대, 고용 창출 및 직업 전환, 기타 산탄 지역 진흥상 필요 조치가 제시되었다.

제3차 진흥계획을 제1차 진흥계획과 비교해 보면, 기본 목표에서는 '주택, 복지시설의 충실과 생활환경 정비에 의한 주민 생활 향상'이 추가되고 제1차 진흥계획에서는 '지역 경제의 진흥'이라는 막연한 표현이 '중핵 기업의 도입 및 적지적성(適地適性) 산업의 육성'으로 구체적으로 제시되고 있다는 차이가 있다.

구체적 조치에서도 역시 생활환경 정비에 관한 사항이 추가된 반면, 석탄 수요의 확대가 대단히 소략하게 기술되고 산탄지 화력발전소에 대한 언급이 없어졌다는 점이 주목된다.

이상 제1차 진흥계획과 제3차 진흥계획을 비교했을 때, 국토의 종합적 개발과의 조화, 생활환경의 정비를 통한 주민복지의 향상, 적지적성 산업의 육성, 석탄 수요 확대의 비중 저하라는 차이가 있음을 알 수 있다. 이하에서는 이러한 차이가 나타나게 된 배경에 대해 차례로 살펴보도록 한다.

2) 국토종합개발과의 조화

제1차 진흥계획은 산탄 지역의 피폐라는 당면 문제를 타개하기 위한 산탄 지역에서의 산업구조 전환을 목표로 하고 있는 반면, 제3차 진흥계획에서는 종합국토개발과 관련된 지역개발정책으로서의 성격이 부여되었다.

산탄 지역 진흥정책의 주관 부서인 통산성은 당초 산탄지역정책을 종합적인 지역개발과는 별도의 '산탄 지역에서의 산업전환'(공업의 유치)의 문제로서 취급한다는 방침이었다.[38] 산탄지역진흥심의회 제1차 총회에서는 이러한 통산성의 방침에 대해 심의회 위원으로부터 광범한 분야에 걸친 문제가 제기되었으나, 석탄국장은 "산탄 지역 진흥이라는 표제는 광범위하지만, (중략) 정면에서 종합개발을 다루는 것은 아님"을 다시 확인했으며, 통산성 정무차관도 "석탄을 다 파낸 뒤 노무자가 어떻게 생활할 것인가라는 당면 문제를 어떻게 타개할 것인가가 산탄 지역 진흥 대책, 즉 본 심의회의 의제이다. (중략) 문제의 범위가 좁은 점은 아쉽지만 이 방침에 따라 심의"[39]해 주기를 부탁하고 있었다.

이상의 정책 당국 발언에 비추어 볼 때 당초의 산탄 지역 진흥정책은 종합

지역개발정책과는 별도로 산탄 지역 피폐라는 당면 문제를 해결하기 위한 산업전환정책으로서 입안, 실행된 것이며, 제1차 진흥계획은 이런 방침을 기본으로 하여 책정된 것이었다. 따라서 제1차 계획의 핵심은 기업 유치에 의한 산업전환, 다시 말하면 산탄 지역 생산요소(노동력, 토지 등)를 보다 경쟁력 있는 공업 부문으로 이동 촉진하는 데 있었다. 이러한 산탄 지역 진흥정책은 제1장에서 살펴본 산업조정정책의 성격을 가지는 것이었다.

반면 제3차 진흥계획에서는 산탄 지역 진흥정책에 지역개발정책으로서의 성격을 부여하고 있다. 이러한 변화는 1968년경에 이미 나타나고 있었는데, 1968년 6월 심의회 제17회 종합부회에 보고된 석탄국의 '금후의 산탄 지역 진흥정책에 대해'에서는 "신전국종합개발계획과의 관련에 유의하면서 산탄 지역의 특성에 대응한 지역진흥정책이란 시각에서 새로운 대책을 검토하는 것이 긴요"[40]함이 강조되었다. 당시 경제기획청이 신전국종합개발계획(新全国総合開発計画, 이하 新全総 또는 二全総)을 작성 중이었는데, 그 주요 내용은 과밀, 과소 및 지역 격차 문제의 해결이었다.[41]

1970년 8월의 심의회 제20회 종합부회의 결정에 따라 산탄법 연장에 관한 심의를 위해 소위원회가 설치되었다. 동 소위원회의 제1회 회의 심의 내용은 산탄 지역 진흥정책을 지역개발정책으로서 자리매김하게 되는 배경을 좀 더 명확히 보여 주고 있다. 여기서는 산탄법 제정 당시와 1970년 시점 사이의 경제 사정의 변화 -고도성장, 노동력 부족 등-에 따라, 새로운 시야에서의 산탄 지역 진흥정책이 필요하다는 의견이 강력히 제기되었다. 그것은 단순한 폐광 이후 산탄 지역의 사후 처리 차원이 아닌, 태평양 벨트로의 과도한 산업인구의 집중을 시정하고 균형 잡힌 발전을 위한 공업 분산과 같은 전국적 시야에 선 지역개발정책으로서 다시 검토되어야 한다는 명확히 신전총(新全総)을 의식한 것이었다.[42]

이와 같이 산탄 지역 진흥정책을 지역개발정책으로 자리매김하려고 한 것은 1971년 11월에 만료가 되는 산탄법을 연장하고자 하는 시점에서, 일부 산탄 지역에서 지역 경제의 활성화가 나타남에 따라 산탄 지역 진흥정책의 계속 시행을 합리화하는 새로운 논리가 필요했기 때문이라고 생각된다.

산탄 지역 간 격차는 1980년대에 들어와 명확히 나타나지만,[43] 1970년대 초부터 이미 나타나기 시작하고 있었다. 〈그림 3-3〉은 회복되고 있는 지역 A시, B시, C시와 회복의 조짐이 보이지 않는 D정(町), E시, F시를 1965년도와 1971년도의 두 시점에서 인구, 재정력지수, 생활보호율, 과세소득이란 네 항목에 관해 비교한 것이다. 이에 따르면 1971년도 시점에서 회복 정도에 상당한 차이가 나타남을 알 수 있다. 1971년도 시점의 A, B, C 세 지역은 인구, 재정력지수에서는 아직 1965년도 수준에 미치지 못하고 있으나, 생활보호율은 크게 낮아졌으며 과세소득은 증대하고 있어 이러한 경향이 지속된다면 지역 경제가 다시 활성화될 전망을 밝게 하고 있다, 반면에 D정, E시, F시는 인구, 재정력지수가 1965년도의 절반 수준에 불과하고, 과세소득 역시 F시를 제외한 D정, E시에서는 1965년도 수준에 미치지 못하고 있으며, 생활보호율은 세 지역 모두 1965년도보다 높은 수준이었다. 단, 회복 조짐이 보이고 있는 A, B, C 세 지역도 재정력지수나 생활보호율에서는 전국 평균에 크게 미치고 있지 못하고 있어,[44] 1971년도 시점에서는 상대적으로 여전히 피폐되어 있는 상태에서 벗어나지 못하고 있음을 알 수 있다.

이처럼 진흥정책의 진전과 함께 지역 경제가 활성화되는 지역이 나타나기 시작함에 따라 진흥정책을 언제까지 실시해야 하는가, 또는 진흥정책이 앞으로도 필요한가 하는 문제가 현실감을 갖고 제기되었다. 예를 들면, 소위원회에서 마쓰오카(松岡) 위원은 "산탄 지역 진흥은 어디까지 진흥한다고 하는 것

그림 3-3 산탄지 간 격차

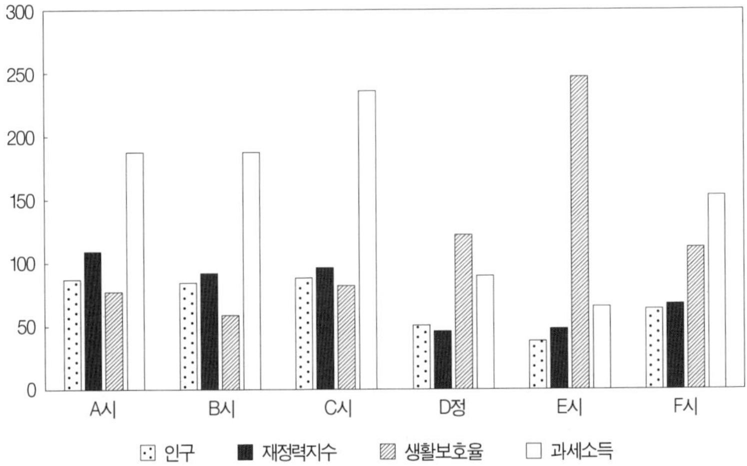

주: 1965년도를 100으로 했을 때의 1971년도 지수.
자료: 「産炭地域市町村の現状と施策の効果」(小470804-S2), 1972년 8월 4일.

인가? 예를 들면, 재정력을 전국 평균으로 끌어올릴 때까지 진흥책을 실시하지 않으면 안되는가? 후진 지역 정도로 좋은 것인가? (진흥책 종료-인용자) 시기의 기준이라는 것이 있는지"에 대해 질문하고 있다.[45] 마쓰오카 위원의 질문은 진흥정책이 긴급한 사후 처리책으로서의 의미가 퇴색한 경우 산탄 지역에 대한 지원을 어떤 논리에 입각해서 계속할 수 있을 것인가 하는 문제 제기라고도 할 수 있다. 다카하시(高橋) 위원은 당초 산탄 지역 진흥정책의 목표는 산탄 지역의 상황을 "일본 평균까지 끌어올리는 것이었지만 현재에서는 (중략) 신전총의 관계 등에서 일본 국토 전체의 여러 지표에 비추어" 산탄 지역 진흥정책을 재검토할 것을 주장했는데, 이는 마쓰오카 위원의 질문에 대한 하나의 해답이라고 할 수 있다.[46] 즉, 폐광에 따른 긴급한 사후적 처리가 어느 정도 달성된 후에 계속적인 산탄 지역 진흥정책을 실행하기 위해서는 동 정책을 전국종합개발계획의 일환으로 자리매김하여 공업의 분산, 지역 격차 축소 등의 논리로 그 정당성을 주장할 필요가 있었던 것이다.

이처럼 산탄 지역 진흥정책의 목표 및 종료점에 대한 문제 제기가 국토종합개발과의 조화라는 관점과 얽히면서 제기되었지만, 1970년 시점에서는 문제 제기로 그쳤으며, 이에 대한 구체적인 해답은 10년 후인 1980년의 답신까지 기다려야 했다.

3) 생활환경의 정비

제3차 진흥계획에서는 새로이 생활환경의 정비가 진흥계획 목표의 하나로서 강조되었다. 생활환경의 정비가 강조된 배경에도 신전국종합개발정책이 제시한 '과밀, 과소 및 지역 격차 문제의 해결'이란 문제의식이 있었다. 예를 들면, 규슈경제조사협회에서 1988년에 간행한 「구탄광주택 실태와 산탄지역 생활환경 정비에 관한 조사연구」[47]는 석탄 지역 진흥정책에서 "생활환경의 정비, 즉 오늘날의 탄주(炭住) 문제의 재검토와 재개발이 필수조건"으로 된 배경으로, "고도경제성장기를 경과한 쇼와 40년대 후반(1970년대 전반-인용자) 이후 일본 경제 소비 수준의 고도화, 공업발전과 도시팽창 중에 과소, 과밀 문제가 심각해지면서 함께 생활환경의 보전, 정비라는 과제가 일본의 기본적 정책 중에 중요한 위치를 점하게 된"것을 들고 있다.

제3차 진흥계획 책정 당시의 자료를 보면, 생활환경의 정비는 주민복지 향상이라는 측면보다는 기업 유치를 위한 조건 정비로서 강조된 측면이 강했다. 이러한 인식은 특히 산탄 지역의 노동력 확보가 곤란해지면서 강화되었다. 심의회의 1969년 9월의 제19회 종합부회에서 보고된 통산성의 '산탄 지역 당면과제와 그 대책'은, 노후 탄주의 슬럼화로 상징되는 산탄지의 생활환경, 사회복지의 개선을 도모하는 것이 기업 진출의 전제조건으로서 중요함을 지적하고 대도시 공업권을 중심으로 하는 역외로의 노동력 유출이 급속히 진행되는 상황에서 기업 유치 요인으로서 적정한 노동력 확보를 강조했다.[48]

앞서 언급한 산탄법 연장에 대한 심의를 했던 소위원회에서도 생활환경의 정비 강화에 대한 요구가 각 지방 자치 단체로부터 제기되었다. 예를 들면, 1970년 10월 3일의 제4회 소위원회에서 유바리시(夕張市) 시장은 "노동력의 안정 확보에 대해서는 우선 생활환경의 개선을 도모할 필요가 있으며 이를 위해 불량주택 개량을 대폭 도모"[49]할 것을 주장했다. 이러한 지역에서의 요구에 대해서 종합부회 위원인 호리사카(堀坂)는 "탄주에 대해서도 인구유출 방지 대책으로서 주택을 건설하고 지역에서의 재취직자 우대 조치를 강구할 필요성"을 지적했다.[51] 즉, 단순히 기업 유치만 하면 산탄 지역이 활성화된다는 것이 아니라, 기업 유치를 하기 위해서라도 산탄 지역의 생활환경 정비가 필요하다는 점을 인식하게 되었고 이런 맥락에서 생활환경의 정비가 산탄 지역 진흥정책의 중요한 과제로 부각된 것이다.

4) 적지적성 산업의 육성

제3차 진흥계획에서 '적지적성 산업의 육성'을 기본 목표로 제시한 것은, 지역활성화 정책의 방향을 종래의 광공업 육성에서 각 지역 특성에 맞는 산업의 육성으로 전환한 것을 의미한다.

제1차 진흥계획에서도 진흥 대상 업종으로 공업 이외에 농업, 임업, 광공업 등을 열거하고 있지만 중점은 어디까지나 공업에 있었다. 아직 산탄법이 제정되기 전인 1961년 7월에 열린 심의회 제1회 총회에서 석탄국장은 산탄 지역 피폐의 근본적 해결을 위해서는 "종래부터 석탄에 전적으로 의존해 왔던 산업구조를 개편하여, 이 지역에 성장률이 높은 산업을 도입, 육성하여 다각적인 광공업지대로 다시 만들어야 한다"[51]고 하여, 산탄 지역을 광공업지대로 재편하는 것이 진흥정책의 목표임을 분명히 했다.

이러한 방침에 대해 지역대표 위원으로부터 농업 등 공업 외의 산업 부문에 대한 배려가 요구[52]되기도 하고, 산탄법 제1조에서 산탄법의 목적으로 제시된 '광공업 등의 발전'의 '등'(等)에 대한 구체적 설명이 요구되기도 했다.[53] 이에 대해 석탄국장은 '등'의 "법률적 해석으로는 농업까지 들어가지만, 실제 문제로서는 농업의 진흥까지 포함하는 것은 문제가 있다"[54]고 하여 산탄진흥정책이 생각하는 산업의 진흥은 공업의 진흥이라는 견해를 명확히 밝혔다.

이처럼 제1차 진흥계획 작성 시의 정책목표였던 공업 육성이 제3차 진흥계획에서 각 지역 특성에 맞는 '적지적성 산업의 육성'으로 바뀐 것은 산탄지 간의 지역 격차가 확대되고 낙후 지역의 공업진흥이 현실적으로 곤란하다는 인식에 따른 것이다. 앞에서 인용한 제19회 종합부회(1969년 9월)에서 보고된 통산성의 '산탄 지역의 당면과제와 그 대책'에서도 "홋카이도 일부 시정촌과 같이 기업 유치가 당장은 곤란한 지역에 대해서는 긴급을 요하는 민생 문제에 배려하면서 농업, 임업 진흥 등 기존 산업개발을 촉진할 것"을 제언했다. 1970년의 제2회 소위원회에서도 홋카이도는 '광공업 등의 도입'이란 문장을 보다 명확히 하여, 1차 산업 혹은 3차 산업도 산탄 지역 진흥 내용에 들어간다는 형태의 문장으로 바꿀 것을 요구했고,[55] 후쿠오카현에서도 공업만이 아니라 축산, 과수, 원예에 대해서도 특단의 배려를 요구하고 있었다.[56]

즉, 입지조건 등의 요인으로 기업 유치가 현실적으로 곤란한 지역은 무리하게 공업 유치를 위한 정책을 취하지 않고 그 지역 특성에 맞는 다른 산업, 농업이나 임업 또는 관광업 등을 육성하도록 한 것이다. 이러한 방침전환에 따라 종래 제조업에만 인정되었던 특별상각제도가 1970년 5월 1일부터는 시설원예농업, 축산농업, 임업, 수산양식업, 비금속광업(석탄, 아탄광업 제외) 및 가스업에도 적용되었다.[57]

5) 석탄 수요 확대의 비중 저하

제1차 진흥계획에서는 석탄 수요 확대, 특히 산탄지 화력발전소 건설이 중요한 과제로 제기되었다. 석탄 수요 확보를 위한 산탄지 화력발전소 건설 구상은 통산성에서 산탄법을 준비하던 당시부터 있었다. 1961년 4월 13일 차관회의에서 결정된 '산탄지역진흥임시조치법안'에는 산탄지 발전을 석탄 수요 안정책으로서 장려하는 방침이 명확히 나와 있으며, 7월 22일 통산성이 종합에너지대책 간담회에서 밝힌 '산탄지역진흥사업단 구상'에는 742억 엔으로 북규슈에 출력 66만 킬로와트의 산탄지 발전을 건설하여 한신(阪神) 지방에 초고압 송전하는 내용이 포함되어 있었다.[58]

한편, 1961년 8월 17일에 설치된 에너지간담회(좌장 有沢広巳)가 8월 31일 발표한 석탄 대책에 대한 중간 답신은, 지쿠호 지역에서 발생할 가능성이 높은 과잉탄 300만 톤 대책으로서 규슈 지방에 대규모 산탄지 발전소를 건설하여 발생한 전력을 초고압 송전선으로 한신 지역에 송전하거나(A안), 혹은 전력업계의 석탄장기구매계획에 300만 톤을 추가하고 그 소화를 위해 소비지 석탄화력발전소를 건설하는 것(B안)을 제시했다.[59] 이 답신을 계기로 산탄지 발전인가 소비지 발전인가에 대해 격렬한 논쟁이 벌어졌는데, 그 결과 전력업계의 반대로 A안은 실현되지 못하고 통산성은 B안을 선택하여 사업단에서 소비지 발전소를 건설하고자 했다. 그러나 사업단에 의한 소비지 화력발전소 건설도 새로운 시장 진입자에 의한 혼란을 염려한 전력업계의 반대에 부딪혀 실현되지 못하고 최종적으로는 전력업계 스스로가 중유 전소(専焼)화력을 석탄·중유 혼소(混焼)화력으로 전환하거나 소비지 석탄화력을 신·증설하는 것으로 통산성, 석탄업계, 전력업계 사이에 합의가 이루어졌다.[60]

이와 같이 산탄지 화력발전을 둘러싸고 통산성과 업계 사이에 절충이 이루어지고 있는 가운데 산탄심에서도 이 문제를 둘러싼 논쟁이 벌어졌다. 산탄심의 제1회 총회에서 이미 산탄지 화력발전에 대한 문제가 제기되고 있었으며, 제1회 종합부회(1961년 8월 23일)에서는 전력업계 대표로부터 산탄지 화력발전에 대한 반대 의견이 개진되었다.[61] 통산성은 당초 산탄지 화력발전에 긍정적이었지만,[62] 전력업계의 반대에 부딪혀 산탄지 화력발전이 좌절된 후[63]인 제2회 종합부회(1961년 12월 4일)에서는, 산탄지 화력발전은 기술적, 경제적인 난점이 있어 일단 보류(pending)하고 석탄 수요 확보 차원에서 석탄 소비지에서의 화력발전소 건설을 더 현실적인 것으로 생각하고 있었다(석탄국장의 발언).[64] 결국 산탄지 화력발전은 산탄 지역의 강력한 요청에 의해 석탄 수요의 확대를 위한 조치로서 제1차 진흥계획의 기본계획에 포함되었지만 그 실현 가능성은 거의 없는 상태였다.

제3차 진흥계획은 진흥목표로 여전히 석탄 수요 확대를 들고 있지만, 진흥조치에서는 산탄 지역 화력발전소 건설을 제외했으며, 석탄 수요 확대 조치도 "가능한 한 각 분야에서 석탄 수요의 확대에 노력한다"는 추상적인 표현에 그쳤다.

석탄 수요 확대의 중요성이 낮아진 것은 석탄 수요 확대에 대한 전망을 잃었기 때문이었다. 제3차 진흥계획이 세워지던 1971년에는 제4차 석탄 대책이 시행 중이었는데, 제4차 석탄 대책은 석탄의 출탄 규모를 명시하지 않은 채 탄광기업에게 사업의 유지, 재건이 곤란한 경우에는 용단을 내려 진퇴를 결정할 것을 촉구하면서 폐광 및 축소는 가능한 한 완만하게 이루어지도록 배려할 것을 요구했다. 1972년에 발표된 제5차 석탄 대책은 1975년도의 석탄 생산 규모를 2,000만 톤 정도로 상정하는 것이었다. 이와 같이 석탄산업의 축소지향이 명확해지는 상황에서 산탄 지역 진흥을 위한 석탄 수요 확보의 중요성은 크게 떨어지지 않을 수 없었다.

5. 맺음말

일본 정부의 산탄 지역 진흥정책은 1961년에서 1962년에 걸쳐 그 법적, 제도적 정비가 이루어지고 산탄지역진흥계획이 수립되면서 본격적으로 시행되었다. 산탄 지역의 산업구조조정, 즉 석탄산업에서 공업으로의 산업전환을 목표로 하는 산업 기반 조성, 기업 유치, 지방 자치체에 대한 재정 지원이 그 중요 내용이었다. 그러나 1971년 12월에 책정된 제3차 진흥계획에 이르러 산탄 지역 진흥정책은 산업조정정책에서 경제·사회·문화 부문에 걸친 종합적 정책인 지역개발정책으로 그 성격을 변화해 갔다. 이러한 변화를 단적으로 보여 주는 것이, 산탄 지역 진흥정책과 전국종합개발계획의 연계, 산탄 지역 생활환경 정비의 중시, 공업만이 아닌 지역적 특성에 맞는 적지적성 산업의 육성과 같은 제3차 진흥계획에 새로이 나타난 항목들이었다.

산탄 지역 진흥정책의 성격 변화가 나타난 배경으로서는 우선 일본 사회가 1960년대의 고도성장 과정에서 과밀, 과소의 문제가 제기되면서 전국적 시점에 선 지역의 균형 있는 발전에 대해서 관심이 높아진 것을 생각할 수 있다. 특히 신전국종합개발계획이 제정되면서 과소 지역 혹은 저개발 지역으로서의 산탄 지역에 대한 진흥정책을 종합개발계획과 정합적인 관계에서 실행하고자 하는 모색이 이루어졌다.

더욱이 산탄 지역 진흥정책이 10년 가까이 실행되는 가운데 나타나기 시작한 산탄지 간 격차의 발생은 산탄 지역 진흥정책에 지역개발정책의 성격을 부여할 필요성을 더욱 증대시켰다. 지역 경제가 활성화되는 지역이 나타나기 시작함에 따라 진흥정책의 목표(또는 종료의 기준) 설정이 현실적 문제로 등장했다. 산탄 지역 진흥정책이 단순히 산탄 지역의 피폐를 타개하기 위한 산업구조의 전환을 목표로 할 경우 활성화되고 있는 산탄 지역에 대한 진흥정책의 계속 실시를 정당화할 근거가 약해질 우려가 제기되는 가운데, 과소 지역 대책 또는 국토의 균형 있는 발전의 필요성은 산탄 지역 진흥정책을 계속 실행하는 논리적 근거가 될 수 있었다.

산탄지 간 격차의 발생은 종래의 공업 유치 중심으로 시행된 산탄 지역 대책의 변경도 불가피하게 했다. 활성화되고 있는 지역에서는 공업 유치만이 아니라 교육, 문화, 복지 등의 사회개발적 측면에 대한 요구가 증대되었다. 또 입지조건이 열악하고 여전히 침체되어 있는 지역에는 공업 이외의 지역 특성에 맞는 산업을 육성할 필요에 직면하게 되었다. 이러한 요구에 따라 생활환경의 중시와 적지적성 산업의 육성이 중요한 목표가 되었다.

또 하나 지적해야 할 사항은 산탄 지역의 노동력 확보가 곤란해지게 되었다는 점이다. 종래에는 산탄 지역의 저렴하고 풍부한 노동력의 존재가 기업 유치를 위한 조건이었다. 그러나 고도성장에 따른 대도시 등에서의 노동력 수요 증대와 탄광 이직자 대책 등의 노동력 유동화 정책의 효과로 산탄 지역에서의 노동력 확보가 곤란한 상황에 이르게 되었다. 즉, 기업 유치를 위해서도 노동력 확보, 노동력 유출 방지가 필요했고, 이를 위해서는 주거시설을 비롯한 생활환경의 정비가 시급히 요구되었다.

반면에 당초 큰 비중을 차지했던 석탄 수요의 확대, 특히 산탄지 화력발전소의 건설은 그 의미가 크게 퇴색되어 버리고 말았다. 과거 5,500만 톤의 생산 규모가 2,000만 톤 규모로 급속히 축소되어 가는 중에 석탄 수요의 확보는 현실적으로도 용이하지 않았고 산탄 지역 대책으로서의 중요성도 감소했기 때문이다.

이처럼 산탄 지역 진흥정책은 제3차 진흥계획 책정을 계기로 지역개발정책으로서의 성격을 강화해 갔지만, 그것은 여전히 과거의 기업 유치 중심, 또는 산업개발 중심적 시각에서 벗어나지 못했고, 지역 주민을 주체로 한 지역 주민의 전면적 발달을 목표로 하는 지역개발정책으로 발전하는 데는 한계가 있었다. 이 점에 대해서는 별도의 연구가 필요하지만, 여기서는 시론적으로 몇 가지 문제점을 지적해 두고자 한다.

첫째, 종합개발정책 자체가 중앙집권적, 대기업 우선의 사업입지계획에 치중함으로써 공해나 자연파괴 등의 지역 문제를 일으키는 결과를 가져왔다. 전국종합개발정책과의 연계 속에서 산탄 지역 진흥을 꾀한 정책도 당시의 이와 같은 종합개발정책의 한계를 그대로 가지고 있을 수밖에 없었다.

둘째, 첫째 문제와 관련되는 것으로 제3차 진흥계획에서 중요시된 생활환경의 정비가 주민의 입장에서 본 생활환경 정비가 아닌 기업 유치를 위한 환경 정비였다는 점에서도 지역개발정책으로서의 한계를 보여 주는 것이다.[65]

셋째, 산탄 지역 자치 단체의 주된 관심은 정부의 지원에 의한 공공사업 추진에 있었고, 주민의 자발적 노력에 의한 진흥정책 추진이 보이지 않는다는 점이다. 심의회에도 주민의 자발적 조직의 참여는 보이지 않았다.

이러한 것들이 산탄 지역 진흥정책이 지역개발정책으로서의 성격을 강화해 감에도 불구하고, 주민 입장에서 선 자발적 진흥 노력이 보이지 않은 채, 여전히 중앙정부 의존 일변도, 기업 유치 일변도라는 비판을 받게 된 요인으로 작용했다고 생각된다.

제4장

노동조합의 대응:
정책전환 투쟁을 중심으로

1. 머리말
2. 탄로의 합리화 반대 투쟁과 좌절
3. 정책전환 투쟁의 전개
4. 탄로의 방향전환
5. 정책전환 투쟁의 성과
6. 정책전환 투쟁은 성공했는가?
7. 맺음말: 정책전환 투쟁의 귀결

정책전환 투쟁 광부들의 대행진(日本炭鉱労働組合『炭労 - 激闘あの日あの時』 366쪽)

1. 머리말

석탄산업의 사양화와 광부 수의 급속한 감소는 노동운동에 심각한 영향을 미쳤다. 일본 석탄산업의 산별 노조로는 총평(総評)계의 탄로(炭労)와 전로(全労)계의 전탄광(全炭鉱)이 있었다.[1] 이 중 탄로는 총평 산하의 핵심 노동조합으로서 경영 측과 대립적인 관계에서 파업을 비롯한 강력한 노동운동을 전개해 왔다. 반면, 전탄광은 노사협조주의를 표방하고 생산성 향상 운동에 협조하면서 거의 노사분규를 일으키지 않았다. 탄로는 조합원 수에서 전탄광을 압도하고 있었기 때문에 석탄산업에서의 노동운동은 탄로가 주도했다. 탄로는 에너지혁명기에 진행된 석탄산업의 합리화와 그에 따른 인원조정에 강력히 반발했는데, 이 장에서는 탄로에 의해 주도된 정책전환 투쟁(1960~1963년)을 사례로 하여 급속히 사양화되어 가는 산업에서 노동운동의 가능성 및 역할에 대해 검토한다.

에너지혁명기에 탄로가 주도한 노동운동 중에서도 미이케쟁의(三池争議, 1959~1960년)와 정책전환 투쟁은 규모와 영향력이란 점에서 가장 두드러진 것이었다. 이 중 미이케쟁의에 대해서는 두터운 연구 축적이 있으나 정책전환 투쟁에 대한 본격적인 연구는 대단히 빈약하다.[2] 미이케쟁의에 연구자의 관심이 집중된 것은 미이케쟁의를 전후 일본 노동운동의 분수령으로 보고 있기 때문이다.[3] 미이케 투쟁에서 노조가 패배함으로써 밑으로부터 조합을 강화하고 직장(workshop)[4]에서의 저항력을 배양하고자 한 노동운동은 회복하기 힘든 타격을 받았으며, 이를 계기로 제2차 세계대전 직후의 노동조합주도형·노사대립주의 시대에서 고도경제성장기의 경영자주도형·노사협조주의의 시대로 전환했다고 보고 있다.[5]

미이케쟁의가 이처럼 일본의 전후 노사관계사 및 노동쟁의사에서 중요한 위치를 차지하고 있는 것은 탄로의 최강 노동조합이었던 미이케 노조가 전개한 직장 투쟁(職場鬪争)의 성격 때문이다. 1950년대 중반부터 호쿠테쓰(北鉄, 北陸鉄道) 노조나 미이케 노조에서 선구적으로 전개되었던 직장 투쟁은, 직장(노동현장)에서의 조직 구축을 기반으로 직장에서의 교섭 기능을 확립하는 것을 지렛대로 하여 직장의 민주화를 도모하는 투쟁으로, 자본 측이 경영권 확립을 목표로 추진하는 관리기구 강화에 대한 저항과 도전이라고 할 수 있다.[6] 총평은 직장 투쟁을 '노동조합 활동의 기조'로 삼고자 했다. 1958년 7월 총평 제10회 대회에서 발표된「조직강령초안」(이하「초안」)은 직장 투쟁을 '노동조합 활동의 기조'로 하여 기업별 조합의 '계급화'를 도모하고 나아가서 이를 통해 노동자가 '직장의 주인공'이 되는 길을 열고자 하는 야심적인 전망을 제시했다. 그러나 미이케쟁의 패배와 더불어「초안」은 결국 햇빛을 보지 못한 채로 폐기되고 말았으며, 총평 산하 노동조합에서 광범위한 공감을 불러일으켰던 직장 투쟁은 결국 노동조합 활동의 기조로서 정착되지 못한 채 끝나 버렸다.[7]

그러나 이러한 연구성과들은 미이케쟁의를 노사관계론적인 문맥에서만 보고 있기 때문에 노동조합이 사양화라는 산업적 조건에 어떠한 대처를 하고자 했는가라는 시점에서의 언급은 찾아보기 어렵다. 탄로나 총평이 석탄산업의 사양화 자체를 인정하지 않으면서[8] 투쟁의 타깃을 오로지 '해고 반대'에만 두고 있었기 때문에 그러한 문제의식 자체가 생성되지 않았던 것이라고 생각된다.

사양화에 대한 노조의 대응이라는 시점에 설 때, 미이케쟁의 패배 후 1960년 가을부터 1963년 3월까지 전개된 탄로의 정책전환 투쟁을 주목할 필요가 있다. 정책전환 투쟁은 석탄산업의 사양화를 인정하고 그 전제하에서 노동자의 고용과 생활을 보장하기 위한 투쟁, 즉 사양화라는 산업적 조건을 정면으로 문제시한 투쟁이었기 때문이다.

정책전환 투쟁의 이런 성격은 이미 효도(兵藤釗)에 의해 지적된 바 있다.[9] 효도는 직장에서 교섭 주체로서의 노동조합을 확립하고자 한 직장 투쟁이 사양산업화라는 혹독한 산업적 조건하에 자본의 두터운 벽을 넘어설 수 없게 된 상황에서, 직장 투쟁의 대안으로 나온 것이 정책전환 투쟁이라고 보고 있다. 그에 따르면, 인간다운 노동 방식을 추구하는 노동운동을 뒷받침하기 위해서 노동자의 생활을 둘러싼 산업적·사회적 조건을 문제시하는 투쟁이 정책전환 투쟁이었지만, 노동조합은 "기업·산업의 존재 방식을 문제로 하는 정책전환 투쟁과 직장에 교섭 주체로서의 노동조합을 확립하려고 하는 직장 투쟁"을 통합하는 데 성공하지 못하고 양자는 분립하여 타협하는 데 그쳤다.[10] 즉, 총평은 1961년 이후 직장에서의 저항 투쟁을 기초로 한 정책전환 투쟁을 제창했지만, 실제로는 활동의 중심이 본부 차원에서의 플랜 작성이나 경영 협의 대책에 중심이 옮겨져 직장 활동의 에너지를 충분히 흡수하지 못하는 상황이 나타난 것이다.[11]

이와 같이 효도는 정책전환 투쟁의 본질적 특징, 즉 산업적 조건을 문제시한 투쟁이라는 점을 적확하게 지적했지만, 그의 관심이 노사관계 내지는 노동운동적 측면에 놓여 있었기 때문에 정책전환 투쟁이 석탄산업의 산업적 조건에 어떤 변화를 가져왔는지에 대해서는 구체적인 분석을 하고 있지 않다. 그러나 석탄산업의 사양화에 대한 노동조합의 대응이라는 관점에서 정책전환 투쟁을 보게 되면, 정책전환 투쟁의 노동운동사적 의미만이 아니라 이 투쟁이 석탄산업의 산업적 조건에 미친 영향에 대한 분석이 중요해진다.

여기서는 정책전환 투쟁의 전개 과정과 그 성과를 구체적으로 분석함으로써, 산업의 사양화에 수반하는 고용 축소에 대해 노동조합은 어떤 대응을 했는가, 이러한 노동조합의 대응은 노동운동 노선의 변화를 의미하는가, 석탄산업의 산업적 조건에는 어떤 변화를 가져왔는가와 같은 질문에 대한 대답을 구하고자 한다. 이러한 대답을 통해 사양화라는 산업적 조건하에서 노조의 역할과 노동운동의 가능성에 대한 전망도 가능하게 될 것이다.

2. 탄로의 합리화 반대 투쟁과 좌절

1) 합리화 반대 투쟁의 전개

제1장에서 본 바와 같이 석탄 통제 폐지 후 고탄가 문제가 제기되면서 석탄산업의 합리화가 현안으로 등장하는 가운데, 탄로는 설립 초기부터 해고와 실업에 반대하는 합리화 반대 투쟁 방침을 명확히 했다. 이후 탄로는 합리화 반대 투쟁을 전개하여[12] 특히 1955년의 합리화법 제정 시에 있었던 장기계획을 둘러싼 투쟁에서 큰 성과를 올렸다.

장기계획 투쟁은 미쓰이(三井)광산이 합리화법의 취지에 따라 장기생산계획을 책정하여 1955년 6월 전국미쓰이탄광노동조합연합회(삼광련, 三鉱連)[13]에 '장기계획에 수반하는 인원 문제에 관한 건'을 제안한 것에 대해, 삼광련이 회사안을 거부하고 완전고용과 충원을 요구하면서 투쟁에 돌입한 것으로 시작되었다. 삼광련의 장기계획 투쟁이 진행되는 가운데 탄로는 동년 8월 장기계획 투쟁을 탄로 전체의 투쟁으로 전개할 것을 전 지부, 기업련(企業連)[14]에 지령했다. 장기계획 투쟁은 회사 측이 출탄계획, 자금계획, 노무계획, 광산의 입지조건, 판매계획 등을 명시하도록 하고, 이를 전제로 안정 직장 확보, 안정 직장의 보안 확립, 노동력 자연감모 무보충 방침의 철회, 자연감모의 충전이란 요구를 장기계획 협정에 반영해 간다고 하는 것이다.[15] 이 투쟁에서 탄로는 미쓰이광산 노조를 비롯한 주요 조합에서 완전고용을 획득하는 성과를 올렸으며, 스스로 "해고 합리화에 대한 하나의 제어장치가 확립되었다는 점에서 커다란 전진이었다고 평가"했다.[16] 특히 미쓰이광산의 장기계획 협정은 당시 경영 측으로부터 '완전한 인사권의 포기', '경영권의 일방적 포기'라는 혹평을 샀다.[17]

1958년 12월 장기계획 협정 만료를 앞두고 탄로는 제21회 임시대회(1958년 9월 25~30일)에서 추투(秋鬪) 중에 개정 투쟁을 전개할 것을 결정하고, 회사는 "조합원의 완전고용과 안정 직장의 확립을 도모"하고, 장기조업계획의 실시에 있어서 "보안 우선, 노동조건 향상을 기본으로 하여 조합과 협의 결정할 것"을 요구했다. 이와 같은 탄로의 지도하에 12개 대기업(大手)[18]의 기업련은 회사와의 교섭을 진행했지만, 당시의 석탄 불황하에 탄로는 큰 후퇴가 불가피했다. 호쿠탄(北炭, 北海道炭礦汽船)을 선두로 1958년 11월 26~28일에 걸쳐 갱신된 신협정에서는 ① '완전고용'이란 자구가 없어지고 "조합의 협력을 얻어 안정 직장의 확립을 도모하며, 기업정비적 해고는 하지 않는다"는 표현으로 바뀌었으며, ② 종전에는 미쓰비시(三菱)광업과 스미토모(住友)석탄광업의 협정에만 있었던 면책조항이 대기업 12사 전부에 신설되었다.[19] 면책조항이란 심각한 경제변동, 천재지변, 가채탄량(可採炭量) 고갈 등의 경우에는 안정 직장에 관한 항목은 적용하지 않는다는 것이다.

장기계획 협정 개정으로 완전고용이란 자구를 삭제함으로써 인원 정리의 융통성을 얻은 기업들은 1958년에 시작된 불황 국면이 1959년에 접어들면서도 계속되자 합리화 대책을 본격적으로 추진하기 시작했다. 1월에 미쓰이광산이 제1차 합리화안을 제시한 것을 효시로 이후 각 탄광 기업은 잇달아 노동조합에 합리화안을 제안했다. 각 기업이 제시한 합리화 대책의 주요 내용은 인원 정리(희망퇴직자 모집 및 재취직 알선), 노동조건의 하향 조정(표준작업량의 증량, 수당의 폐지 등), 일부 탄광의 경영 분리, 후생시설 등 비생산 부문 및 갱외(坑外) 직장의 경영 분리 등 다양하나, 특히 이 시기에는 대폭적인 인원 정리를 포함한 합리화안을 제시한 기업들이 많았다.

기업의 합리화안에 대해 탄로는 제22회 대회(1959년 6월)에서 합리화안에 대해서는 철회 투쟁을 원칙으로 하여 이 목표를 관철하기 위해 산업별 통일 투쟁 체제와 직장 투쟁을 강화하는 투쟁방침을 결정했다. 이와 같은 탄로의 방침 하에 각 탄광에서는 스트라이크를 수반하는 격렬한 합리화 반대 투쟁이 전개되었으나 미쓰이광산을 제외한 탄광 기업에서는 1959년도에 제1차 인원 정리는 대체로 달성되었다.[20] 그러나 미쓰이광산의 미이케탄광에서는 회사의 합리화안에 대한 노조의 강력한 반발로 전후 최대의 쟁의로 일컬어지는 미이케쟁의가 1년에 걸쳐 일어나게 되었다.

2) 미이케쟁의

미이케쟁의는 일본 전후 최대의 쟁의로서 '총자본 대 총노동'의 대결이라고 불릴 정도로 경영 측과 노동조합 측이 합리화(해고)를 둘러싸고 격렬하게 대립했다. 미이케쟁의의 과정을 간단히 정리하면 다음과 같다.

(1) 경과

미쓰이광산은 1959년 1월에 제1차 합리화안(기업재건안)을 발표하여 희망퇴직자 모집에 의한 인원 삭감(6,000명), 장기계획 협정에 의한 퇴직자 자녀 대체 채용 원칙의 정지, 배역(配役)·배전(配轉)에 관련된 작업관리의 확립 등을 제기했다. 이 재건안을 둘러싼 교섭은 희망퇴직자 모집, 대체 채용 정원의 축소 등을 조합 측(탄로, 삼광련, 삼사련(三社連)[21])이 인정하여 일단 타결되었으나, 희망퇴직자가 예정된 숫자에 미치지 못하자 미쓰이광산은 8월에 제2차 합리화안을 제시했다. 그 주된 내용은 탄광별로 인원을 정하여 합계 4,580명의 희망퇴직자를 모집하고, 원활한 배역의 확보, 노동시간의 규율화, 직장 운영의 정상화에 협력을 요구하는 것으로 이는 직장 투쟁의 억제를 도모하는 것이었다.

회사 측 제안에 대해 조합 측은 곧바로 단체교섭에 들어가 합리화 방안의 전면적 철회를 요구했지만, 쌍방의 주장은 평행선인 채로 좁혀지지 않았다. 노사의 격돌을 우려한 중앙노동위원회(이하 중로위)가 직권알선에 나서 11월 12일 '나카야마(中山) 알선안'을 제시했으나 미쓰이광산은 이를 거부하고 12월 1일 지명퇴직권고를 실행하여 권고에 응하지 않은 1,278명에 대해 해고를 통보했다(300명의 직장활동가 포함).

결국 미이케탄광은 분쟁 상태에 빠지게 되어, 1960년 1월 회사 측에 의한 미이케광업소의 직장 폐쇄, 이에 대항하는 미이케 노조의 무기한 파업 돌입으로 실력에 의한 대결이 시작되었다. 이러한 극한 대립 중에 미이케에서의 제2조합 발생(3월 17일)과 제2조합에 의한 생산 재개의 시도, 직원으로 구성되는 삼사련의 탄로 탈퇴(3월 18일), 삼광련의 탄로 통일 스트라이크 지령 거부(3월 27일)가 잇달아 발생하여 미이케 노조는 궁지에 몰렸다.

탄로는 3월 27일에 중로위에 사태 수습을 위한 중재를 신청하여, 중로위는 4월 6일 중재안(제1차 후지바야시(藤林) 알선안)을 제시했다. '제1차 후지바야시 알선안'은 지명해고를 취급상에서의 자발적 퇴직으로 바꾸는 것을 골자로 하는 것이었으나, 탄로는 제25회 임시대회에서 격렬한 논쟁 끝에 미이케를 제외한 삼광련 대의원이 퇴장한 가운데 중재안을 거부하고 투쟁 계속을 결정했다(삼광련은 4월 23일 회사와 타협, 미이케 노조는 18일 삼광련에서 탈퇴).

탄로와 총평의 지원을 받은 미이케 투쟁은 당시 안보 투쟁이 고양되는 가운데 '안보와 미이케는 하나'라는 슬로건하에 지속되는 것처럼 보였다. 그러나 6월 19일 국회에서 미일안전보장조약 개정안의 자연 승인 이후 안보 투쟁이 퇴조하는 가운데[22] 호퍼(hopper, 貯炭槽) 사수로 생산 재개를 저지하던 미이케 현지의 투쟁은 고립되어 갔다. 결국, 4개월 전의 중재안과 거의 동일한 내용의 '제2차 후지바야시 알선안'(8월 10일 제시)에 노사가 합의함으로써(8월 19일) 쟁의는 수습되었다. 그 결과 회사의 지명해고자 1,164명은 자발적으로 퇴직하는 것으로 되었으며,[23] 10월 19일 탄로와 미쓰이광산 사이에 협정이 맺어져 11월 2일 무기한 스트라이크가 해제되고, 12월 1일 312일 만에 취로가 재개되었다.

(2) 미이케쟁의의 귀결

미이케쟁의는 노조의 전면적 패배로 끝났다고 할 수 있는데, 특히 노조의 '직장 투쟁'이 부정되었다는 점이 중요하다. 미이케 노조는 1953년의 기업정비 투쟁에서 직장의 전원을 투쟁위원으로 하는 직장투쟁위원회를 조직하여 이것을 축으로 한 직장 투쟁을 전개함으로써, 해고를 거부한 1,815명 전원의 해고 철회를 획득했다. 이후 미이케에서는 직장에서의 집단교섭을 통해 노동 현장에서 제기되는 요구의 해결을 도모하는 직장 투쟁이 일상화되었다.[24] 그러나 미이케의 직장 투쟁은 '직장의 민주화'라는 초기의 목적에서 나아가 "사실상 현장 관리직의 작업지휘권을 형해화하는 지점까지 진전"되어 있었으며, 이것은 '경영 기능의 본질'에 관련되는 문제로서 '직장규율의 확립'을 추진하고자 하는 회사 측과 심각한 대립구조를 만들고 있었다.[25]

'원활한 배역'을 확보하고 '노동시간의 규율화, 직장 운영의 정상화'를 도모하는 것에 협력을 요구하는 점에서 단적으로 나타나고 있는 바와 같이 미이케쟁의에서의 회사 측 목표는 직장 투쟁의 봉쇄 내지는 근절이었다. 회사 측이 직장활동가(회사 측에서는 업무방해자) 300명을 포함하는 지명해고를 집요하게 요구한 것도 해고를 '양'의 문제가 아니라 '질'의 문제[26]로, 즉 단순한 인원 정리가 아니라 직장 투쟁 봉쇄를 위한 것으로 자리매김하고 있었기 때문이다. 후지바야시 중재안은 "직장 투쟁의 방식 자체에 문제"가 있으며 미이케 직장 투쟁의 실태는 "정상적인 조합운동의 틀을 벗어난 사례였음을 인정하지 않을 수 없다"고 직장 투쟁에 부정적인 평가를 내리고 있다. 이와 같이 직장 투쟁이 부정됨에 따라 직장 투쟁을 기본으로 하는 총평의 「조직강령초안」도 사장되고 총평 및 탄로의 노선전환이 불가피해졌다.

3. 정책전환 투쟁의 전개

미이케쟁의의 패배로 직장 투쟁을 기본으로 하는 합리화 반대 투쟁이 벽에 부딪히게 되자 탄로는 개별 기업이 아닌 정부의 석탄정책을 대상으로 하여 산업별 투쟁을 투쟁 초기부터 조직해 나간다는 정책전환 투쟁을 새로운 전략으로 채택했다. 즉, 미이케쟁의의 경험을 통해 "합리화 반대 투쟁은 기업 내 투쟁으로 시종하는 한 노동자의 이익을 지킬 수 없음"[27]을 통감한 탄로는 "합리화의 근원을 이루는 석탄정책과 전면적 대결"[28]을 통해 탄광 노동자의 생활 보장을 획득하고자 했다.

하라 시게루(原茂) 탄로위원장의 회고에 따르면, 미이케쟁의 직후 일어난 호쿠탄(北炭)의 3산 분리 문제를 계기로 정책전환 투쟁이 제기되었다고 한다.[29] 호쿠탄 3산 분리 문제란 호쿠탄이 1960년 9월에 동사 산하의 만지(万字), 미루토(美流渡), 아카마(赤間)의 3탄광을 분리하여 신회사를 발족시킨 것에 대해 탄로가 분리에 반대하는 방침을 세웠음에도 불구하고 호쿠탄노련이 이에 따르지 않고 분리를 전제로 하여 조건부 투쟁을 결정한 사건으로, 이것은 탄로 조직의 취약성, 즉 기업련의 행동을 본부가 통제하지 못한 것을 여실히 반영하는 것이었다. 탄로는 이 사태에 직면하여 종래의 '독주(獨走)에서 통일 투쟁으로'[30] 대신에 처음부터 "통일 요구에 기초한 통일 행동으로라고 하는 시점에서 문제를 재검토하고 이런 입장에서 합리화 투쟁의 새로운 싹을 발견했다"고 하라는 술회하고 있다. 즉, 정책전환 투쟁은 미이케의 고립이 기업련 단위로 투쟁하는 것의 취약함에 기인하는 것이라는 반성하에, 개개의 합리화 투쟁을 제각기 그때마다 투쟁한다는 방식에 한계가 왔음을 인식하고 석탄정책을 변화시킬 수 있는 산업별 투쟁을 추진할 필요성을 제기한 것이다.[31]

탄로가 정책전환을 새로운 투쟁방침으로 결정한 것은 미이케쟁의에서 노조가 패배한 직후에 열린 제28회 임시대회(1960년 10월)에서였다(이하 정책전환 투쟁의 경과에 대해서는 〈표 4-1〉을 참조). 이 대회에서는 '기업정비를 중심으로 하는 당면의 투쟁방침' 중의 '정책요구에 대해서' 항목에 다음과 같은 요구사항을 내걸었다. 여기서 제시된 방침은 이후 투쟁의 전개 과정에서 구체화되면서 세부적인 내용의 변화는 있어도 그 기본적 내용은 달라지지 않았다.

① 완전고용정책의 실시를 기본적 방침으로 하여 정책 변경 투쟁을 추진

② 탄광 합리화 추진 시 사전협의제 확립

③ 구체적인 석탄 시책에 관한 요구

④ 탄광 이직자의 완전 취직을 위한 구체적 조치

⑤ 석탄산업의 최저임금제 확립

표 4-1 정책전환 투쟁의 경과

연차	날짜	주요 사건	
1960	10. 13	사회당	구조개혁 제창
	10. 12~19	탄로 제28회 임시대회	정책 변경 요구
1961	2. 5~11	탄로 제29회 임시대회	
	8. 17~19	탄로 제30회 임시대회	
	9. 9~12	탄로 제31회 임시대회	정책전환 투쟁 개시, 조합원 대동원 전략 채택
	9. 14	탄로, 총평	통산대신, 노동대신에게 요망서 제출
	9. 20	탄로, 전광탄, 탄직협	공투연락회 설치
	9. 25	사회당, 총평, 탄로	석탄정책전환최고지도회의 발족. 석탄정책전환투쟁본부 설치
	9. 25~10. 12	탄로	석탄정책전환 투쟁 대행진
	10. 10	탄로	이케다 수상, 오히라 관방장관 면담, 요망서 제출
	10. 23~11. 2	탄로	제1차 4,000명 동원
	10. 31	중의원 본회의	'석탄산업 위기 타개에 관한 결의 채택'
	11. 27~12. 2	탄로	제2차 300명 동원
	12. 16~22	탄로	제3차 700명 동원
1962	1. 29~2. 1	탄로 제32회 임시대회	정책전환 투쟁에 대한 중간적 총괄
	2. 12~24, 18~23	탄로	제4차 500명 동원
	3. 9~10	탄로 중앙투쟁위원회	무기한 스트라이크와 대량 동원의 병합 실시를 지령
	3. 23~24	탄로 제33회 임시대회	'根こそぎ' 동원을 1주 앞당겨 실시
	3. 27~4. 8	탄로	'根こそぎ' 동원
	4. 6	4월 6일 각료회의 결정	석탄광업조사단 파견 결정, 노사 휴전
	5. 23~26	탄로 제34회 정기대회	'정책전환 투쟁의 총괄과 금후의 투쟁방침'
	8. 13	탄로	'조사단 답신에 대한 탄로의 태도와 요청'
	8. 21~22	탄로 제35회 정기대회	재차 조합원 동원에 의한 정책전환 투쟁을 결의
	8. 27~9. 3	탄로	제1차 500명 동원
	9. 10, 9. 16~10. 5	탄로	제2차 400명 동원
	9. 28	석탄광업조사단	답신 내용을 탄로에 내시
	9. 29	탄로	조사단에 '申入書' 제출
	10. 10~13	탄로 제36회 정기대회	'정책전환 투쟁에 관한 방침' 결정
	10. 13	석탄광업조사단	답신대강(제1차 답신) 발표

1962	10. 16~31	탄로	제3차 3,000명 동원
	10. 18	탄로	정부에 '석탄산업에 관한 요구서' 제출
	10. 25	이케다수상	정부의 기본 방침에 대한 회답
		구로가네 관방장관 회견	정부·탄로 간 문서 확인 사항
	11. 21	탄로	제4차 1,000명 동원
	11. 24	총평 제21회 임시대회	정책 투쟁 지원, 12. 14 제네스트 방침 등 결정
	11. 29	정부	석탄대책대강 결정(제1차 석탄정책)
	11. 27~12. 16	탄로	'根こそぎ' 동원(6,000명)
	12. 8	탄로	산하 대기업 전탄광, 무기한 스트라이크 돌입
	12. 17	자민·사회 양당 4항목 합의 성립	
	12. 18	석탄관계 4법안 심의 미료로 폐안	
	12. 20	탄로	스트라이크 중지, 데모단 귀산
1963	1. 11~12	탄로 중앙투쟁위원회	국회 정상화의 조건으로 확인 4항목을 돌파구로 하여 중점 요구 항목의 획득을 도모
	1. 25	확인 4항목 중 취직촉진수당을 제외한 3항목에 대해 자사 양당 간 양해 성립	
	1. 30~2. 3	탄로 제37회 정기대회	집행부에 대한 비판 분출
	2. 6	탄로 중앙투쟁위원회	사회당을 중심으로 강력한 원내 활동, 정부 절충을 추진
	2. 6	사회당	정부에 '申入書' 제출
	2. 22~27	탄로	제1진 50명 동원
	2. 27~3. 5	탄로	제2진 58명 동원
	3. 8	석탄관계 4법안 중의원 통과	
	3. 7~8	탄로 중앙투쟁위원회	정책 투쟁의 총괄, 금후 이번 성과를 토대로 하여 직장·지역의 투쟁을 결합하여 강력한 반합리화 투쟁을 추진

자료: 日本炭鉱労働組合篇(1991), 『石炭労働年鑑』, 1962, 1963年版; 『資料労働運動史』, 第16巻 1961년, 第17巻 1962년.

제28회 임시대회에서 정책 변경을 투쟁방침으로 정한 탄로는 1961년 9월 제31회 임시대회에서 명칭을 정책전환 투쟁으로 변경하고 총평 및 사회당과의 밀접한 공투 체제[32]하에 광부의 대규모 동원을 포함하는 본격적인 투쟁을 전개했다.

제31회 임시대회에서는 요구사항을 보다 구체적으로 제시하고 이와 더불어 투쟁 방법으로서 조합원의 대동원이란 전략을 채택한 점이 주목된다. 이 전략에 따라 1961년 10월에 제1차로 4,000명을 동원한 것을 시작으로 1962년 2월까지 총 4차에 걸쳐 동원이 실시되었다. 동원된 조합원은 각지의 탄광지대에서 도쿄로 행진하면서 정책전환 요구를 전국에 어필한 후 도쿄에 집결한 뒤에는 시위 등을 통해 정부 기관, 관련 단체, 국회, 정당 등에 자신의 요구사항을 진정했다.

그러나 1962년 1월 말에 개최된 제32회 임시대회에서 보고된 정책전환 투쟁의 중간적 총괄에서, 탄로는 정책전환이 아닌 "정전(政轉) 무드가 생긴 정도"[33] 라는 냉정한 평가를 내리지 않을 수 없었다. 이러한 평가에 따라, 탄로는 정책전환 투쟁을 더욱 발전시킨다는 방침하에 1962년 3월에 개최된 제33회 임시대회에서는 석탄정책 전환 요구 및 임금 요구 획득을 투쟁목표로 하여 무기한 스트라이크와 10만 명 '싹쓸이 동원'(ねこそぎ動員)을 결정하고, 이에 따라 3월 28일에서 4월 6일 사이에 총 4,999명의 조합원이 도쿄에 집결하여 격렬한 시위를 수반한 진정 활동을 벌였다.

그 결과 정부는 4월 6일의 각료회의에서, 특별조사단 파견(석탄광업의 근대화, 합리화 및 고용의 실정 조사), 조사단 답신에 기초한 신석탄정책 결정, 정책 결정까지의 노사휴전(인원 정리와 노동쟁의 중지) 등의 결정을 했다. '4·6 각의 결정'에 따라 석탄광업조사단이 구성되어 조사단은 6월부터 산탄지를 답사하면서 조사를 개시하여 10월 13일 「석탄광업조사단답신대강」(제1차 답신)을 발표했고, 이를 기조로 하여 정부는 11월 29일 석탄대책대강(제1차 석탄 대책)을 결정했다.

탄로는 노사 휴전 협정에 따라 정책전환 투쟁을 중지했으나 4월 이후 석탄의 수급 관계가 악화하고 중소탄광의 폐광이 격증하는 중에 『아사히신문』

(朝日新聞)과 『아사히저널』(朝日ジャーナル) 등 언론에 석탄광업조사단의 답신 구상이 보도되어 "9만 명 감원" 등의 내용이 전해졌다. 이에 탄로는 8월 13일 석탄광업조사단에 '조사단 답신에 대한 탄로의 태도와 요청'이란 제목의 문서를 제출하고, 8월 21~22일에 열린 제35회 임시대회에서 다시 조합원 동원을 결정했다. 이 결정에 따라 8월 하순에서 10월 초에 걸쳐 제1차 500명, 제2차 500명의 조합원이 도쿄에 집결해 진정 활동을 펼쳤다.

1962년 9월 28일에 탄로에 내시(內示)된 조사단 답신의 내용은 탄로의 "요구와 기본적으로 입장을 달리하는 것으로 도저히 우리(탄로 - 인용자)가 용인할 수 없는"[34] 것이었다. 탄로는 답신 내용에 반발하여 10월 14일 제36회 임시대회에서 향후의 정책전환 투쟁방침을 결정하여, 10월 15일 제3차 동원으로 3,000명의 조합원이 도쿄에 올라와 활동을 펼치는 한편, 10월 18일 정부에 대해 기본요구 4항목과 당면요구 4항목으로 구성된 '석탄정책에 관한 요구서'를 제출했다.[35] 탄로는 위 요구서에 대한 수상의 답변 및 관방장관의 답변을 듣고, 이것으로 "기본 요구에서 볼 때 본질적 해결은 될 수 없지만 당면 4항목 요구에 대해 완전하지는 않지만 거의 그 목표를 달성했으며 석탄 대책을 결정하는 데의 기본 방향을 명확히 할 수 있었다"[36]는 판단하에 제3차 동원단을 10월 30일에 귀산시켰다. 그러나 탄로는 답신에 기초한 석탄 대책이 발표되기 전 마지막으로 자신들의 요구를 관철시키기 위해 11월 하순 다시 제4차 1,000명의 동원을 실시했다.

탄로의 반발에도 불구하고 정부가 답신 내용을 거의 그대로 반영한 제1차 석탄 대책을 11월 29일에 발표하자, 탄로는 정부 시책이 심의되는 임시국회 단계에 최후의 희망을 걸고, 11월 23일 중앙투쟁위원회(이하 중투위)를 개최하여 무기한 스트라이크와 '싹쓸이 동원'을 결정했다. 이에 따라 11월 27일부터 12월 6

일 사이에 약 6,000명의 조합원이 동원되어 국회 청원 시위, 수상 관저 앞 연좌 농성, 석탄 대기업에 대한 항의, 도심에서의 시위 행진 등 연일 항의 행동을 전개하여 종종 경찰대와 대치하는 등의 과격한 상황에까지 이르기도 했다.

이러한 탄로의 적극적인 항의 활동의 결과 제42회 임시국회에서 12월 17일 자민당과 사회당 사이에 석탄 수요의 확대, 취직촉진수당의 인상 및 급부기간 연장 등의 4항목에 대한 타협안이 도출되었지만, 최종 확인 단계에서 사회당이 위의 4항목 외에 공무원 근면(勤勉)수당 증액을 요구하면서 양당의 타협안은 백지화되었다. 결국 자민당이 단독 심의를 강행하여 12월 18일 중의원에서 석탄 대책대강(제1차 석탄 대책)에 기초하여 정부가 제출한 석탄 관계 보정예산 및 석탄 관계 4법안을 원안대로 가결함에 따라,[37] 탄로의 투쟁은 막다른 골목에 이른 상황이 되어 탄로는 조합원 동원을 중지하고 12월 20일부터 동원단을 귀산시켰다.

탄로는 1963년에 들어와서도 사회당과 연계하여 원내 투쟁을 강화하고 중앙 동원을 하는 등 정책전환 투쟁을 이어 갔지만, 1월 30일 제37회 임시대회에서 정책전환 투쟁을 둘러싸고 "도쿄 상경 동원 한 가지로 밀고 나간 것은 실패였다", "사회당의 협력에는 한계가 있다"는 등 집행부 불신의 소리가 비등하여 이미 동력을 잃은 상태였다. 결국 제43회 통상국회의 중의원 예산위원회에서 현안이었던 취직촉진수당 및 이직가산금 문제에 대해 정부와 사회당 사이에 타협이 이루어짐에 따라(1963년 3월 2일), 같은 날 1963년도 예산안이, 8일에는 제42회 임시국회에서 심의 미료로 폐안이 되었던 석탄 관계 4법안이 중의원에서 통과되었다(최종적으로 예산안은 3월 30일, 법안은 3월 27일 가결, 성립).

탄로는 1963년 4월 8일 중투위에서 정책전환 투쟁을 총괄하여 "(정부 답변)의 내용은 기본 요구에 비해 만족할 수 있는 것은 아니지만 현 단계에서의 힘

관계의 귀결로써 승인하지 않을 수 없"다는 태도를 명확히 하고, "앞으로 이 성과를 바탕으로 하여 직장 지역 투쟁을 결합한 강력한 반합리화 투쟁을 추진할"[38] 것을 결정했다. 이로써 1961년 10월부터 1963년 3월까지 약 2년 반의 기간을 통해 전개된 탄로의 정책전환 투쟁은 일단락을 보게 되었다.

4. 탄로의 방향전환

정책전환 투쟁은 투쟁 초기에 탄로의 방향전환이란 점에서 여론의 환영을 받았다. 그것은 탄로가 석탄산업의 사양화를 인정하고 합리화에 탄력적인 대응을 할 것이라는 기대 때문이었다. 탄로는 제28회 임시대회에서 "금일 우리는 석탄산업이 놓여 있는 위치에 대해서 합리화의 필연성을 완전히 부정하고 11만 명 해고체제의 절대 반대를 지표로 하여 투쟁하는 것만으로 탄광 노동자의 생활과 권리를 지킬 수 없음을 인식하지 않을 수 없다"[39]고 합리화의 불가피성을 인정하고, 해고 절대 반대 방침의 탄력적 운용을 시사했다. 제29회 정기대회에서는 '석탄정책의 변경'이라는 목표에 모든 역량을 결집하여 투쟁할 것을 기본 방침으로 하여, 희망퇴직 모집에 대해 일정 조건이 충족되면 본인의 의사 존중을 전제로 인정하고, 폐광 대책으로서 고용 확보를 위해 희망자에 대한 타 산업에의 취직 알선 등을 사전에 협의하여 무리 없이 실시하도록 할 것을 요구했다.[40] 이와 같은 탄로의 태도 변화에 대해『石炭年鑑』(1962年版)은 탄로가 '석탄산업 합리화 계획'의 필연성을 어느 정도 인정하는 방향으로 한 걸음 나아간 것으로, 지금까지의 '완전고용'이란 기본 원칙을 수정하고 다면적 내지 탄력적으로 방향전환을 보여 준 것으로서 주목받고 있다고 하면서, 탄로의 '180도의 전환', '투쟁지상주

의에서 대화주의로의 전환'이라는 신문의 평판을 소개하고 있다.[41]

그러나 이러한 탄로의 변화가 노사협조적 방향으로의 전환을 의미하는 것은 아니었다. 제31회 임시대회 직후에 발표된 석탄정책투쟁본부의 성명에서, "정책전환 투쟁은 미이케의 오랜 저항 투쟁에서 배태되어 발전한 것으로, 정책전환이라고 하는 탄광 노동자의 통일 요구에 의해 직장, 기업에서의 저항을 전면화시켜 탄로 전체의 산업별 통일 투쟁을 목표로 하는 것"[42]이라고 하여 정책전환 투쟁은 저항 투쟁의 연장선상에 있는 것으로 파악하고 있었다. 탄로를 지원하며 함께 정책전환 투쟁을 전개하던 총평도 "정책전환 투쟁은 미이케 투쟁과 같은 철저한 저항 투쟁 위에 산업별로 정밀한 정책전환 요구가 세워져 노동자에게 밀착하는 것이 중요"[43]하다는 태도를 보였다.

실제 투쟁 과정에서도 탄로는 노동운동이 노사협조의 방향으로 흐르는 것에 대해 강한 경계심을 보였다. 예를 들면, 1962년 12월 17일 자민·사회 양당 간에 합의된 사항이 백지환원됨으로써 투쟁이 목표를 상실하고 노조가 패배감에 빠져 있던 시점에 내려진 중투위 지령에서 "이러한 결과로 됨으로써 낙담과 패배감이 팽배하고 있다. 더욱 위험한 징후는 '살아남는 길'은 이제 노사협조 이외에는 없다고 하는 위험한 조짐이 보이기 시작하고 있는 것이다. (중략) 이러한 정세에서 가장 중요한 것은 지도부의 '투쟁하는 자세'를 확립하는 것이다"[44]라고 하여, 노사협조적 경향에 대한 강한 경계심과 함께 투쟁 태세의 확립을 강조하고 있었다.

즉, 정책전환 투쟁은 노사관계를 기본적으로 대립적, 투쟁적으로 보고 있는 점에서는 탄로의 기존 노선과 동일했다. 한편, 전탄광과 전로도 정책전환 투쟁에 참여하고 있었지만, 탄로와 총평과는 명확히 일선을 긋고 있었다. 예를 들면, 1961년 10월 13일의 전로 제30회 상임집행위원회에서 "석탄 문제는 에너지

혁명과 무역자유화 등 경제의 필연적인 흐름에서 일어난 것이며 조합으로서 이것을 힘으로써 저지해야 할 것은 아니며 노동자에 대한 부담 전가를 방지하기 위해 행동해야 한다"고 하여 총평, 탄로의 정책전환 투쟁에 비판적 태도를 보이고, 전로가 총평의 방침에 찬성한 듯한 오해를 주지 않도록 주의를 환기하고 있었다.[45]

그렇다면 정책전환 투쟁은 노사관계에 아무런 변화를 가져오지 못한 것일까? 투쟁 전략의 변화에 불과한 것일까? 탄로의 정책전환 투쟁이 당시의 사회당 및 총평의 노선 변화와 밀접한 관련을 맺고 전개되었다는 점은 이 질문에 대한 실마리를 주고 있다.

정책전환 투쟁이 전개되고 있을 때 사회당 내에서는 구조개혁론이 등장하고 있었다. 구조개혁론이 사회당의 방침으로서 인지된 것은 1960년 10월 13일 제19회 임시당대회에서 위원장대행 에다 사부로(江田三郎)가 제안한 「방침」, 즉 「총선거와 당의 승리와 전진을 위하여」(総選挙と党の勝利と前進のために)라는 문서 중에 '구조개혁'이 삽입되면서부터였다.[46] 그 취지는 사회당의 정권 획득 이전 단계에서 정책전환 요구를 내걸고 부분적 개혁을 쌓아 감으로써 사회주의의 실현을 도모한다는 것이었다.[47] 에다는 「구조개혁과 노동운동」이란 소론에서 노동조합운동에 대해서도 미쓰이쟁의 패배에서 나타난 바처럼 독점이 낳은 결과에 대해 국지적으로 저항하는 것만으로는 승리를 장담할 수 없다고 하여, 독점 정책 그 자체의 변경을 요구하는 선제적 공격, 더욱이 '국민 공통의 과제'를 파악하여 투쟁하는 것이 필요함을 강조했다.[48] 당시의 신문에는 "정책전환 요구는 총평의 후원하에 국민 대중의 광범한 지지를 얻어 추진하면 보수정권하에서도 충분히 실현할 수 있다고 하는 것이 탄로 집행부의 설명이다. 이것은 당연히 구조개혁론을 연상시킨다"[49]고 사회당의 구조개혁론과 정책전환 투쟁의 연

관성을 추측하는 기사가 게재되기도 했다.

탄로의 정책전환 투쟁이 실제로 구조개혁론의 영향을 받은 것인지는 분명하지 않다. 오히려 탄로는 구조개혁론과는 거리를 두고자 했다. 탄로는 앞에서 인용한 석탄정책투쟁본부의 성명에서 정책전환 투쟁을 사회당의 구조개혁노선에 연결되는 개량주의라고 하는 비난에 대해 "정책전환 투쟁은 이데올로기나 정당의 정치노선에서 발생한 것은 아니다. 지금까지의 투쟁 경험을 통해 노동운동의 필연적 발전 방향으로서 태어난 것이다"[50]라고 반박하고 있다. 그러나 탄로가 정책전환 투쟁이 구조개혁론과는 별개의 것이라고 주장을 해도, 개별적 투쟁만으로는 한계가 있으며 정책 자체를 변경시켜야 한다는 점에서는 구조개혁론과 궤를 같이하고 있는 것이다.

총평도 구조개혁론에 비판적이었다. 총평은 구조개혁을 사회당 전략의 기조로 하는 것은 개량주의로 타락할 위험이 있다고 반대했다. 또한 정책전환 투쟁에 대해서도 "저항 투쟁을 아무리 해도 별 수 없다는 분위기"를 띠고 있는 것에 대해 강한 우려를 표시했다.[51] 이처럼 구조개혁론에 비판적인 총평이 탄로의 정책전환 투쟁을 지원했을 뿐만 아니라 스스로도 정책전환 투쟁을 운동 방침의 핵심으로 삼은 것은 논리적으로 모순처럼 느껴진다. 기존 체제의 인정을 전제로 하고 있는 정책전환 투쟁을 채택하면서 그 이론적 기초라고 할 수 있는 구조개혁론을 부정하고 있기 때문이다. 이러한 모순을 총평의 지도부가 인식하고 있었는지는 분명하지 않다. 그러나 적어도 총평이 표면적으로는 구조개혁론을 비판하면서도 내부에는 구조개혁론에 동조하는 세력이 있었다는 점은 주목할 필요가 있다.[52] 즉, 정책전환 투쟁에는 기존 체제의 인정, 그 전제하의 점진적 개혁 가능성이란 사상이 명시적이지는 않지만 복류하고 있었다고 판단된다.

이상에서 본 바와 같이 탄로와 총평의 정책전환 투쟁은 노사대립·계급 투쟁을 표방하고 있는 점에서는 종전의 노선과 달라진 바가 없으나, 정책전환을 통해 기존 자본주의 질서 속에서의 노동자 지위 향상을 도모했다는 점에서 구조개혁론에 통하는 '전환'이 있었다고도 할 수 있다.

5. 정책전환 투쟁의 성과

정책전환 투쟁의 목표는 석탄정책의 전환에 있기 때문에, 정책전환 투쟁에 대한 평가는 이 투쟁의 성과, 즉 정책전환의 구체적 내용을 보지 않고는 불가능하다. 탄로가 정책전환 투쟁을 통해 요구한 사안은 다양하며 투쟁 시기에 따라서도 약간씩 달라진다. 그러나 탄로의 요구들은 고용 안정, 석탄 수요의 안정과 생산 확대, 최저임금제 확립, 산탄 지역 진흥이라는 네 가지 항목으로 수렴되어 간다.[53] 이하에서는 이 네 가지 요구사항을 중심으로 정책전환 투쟁의 성과를 검토한다.

1) 고용 안정

탄로가 주장하는 '고용 안정'은 확정된 내용이 있는 것은 아니며, 때에 따라 약간의 변동이 있지만, 기존 생활 수준의 유지보장이 없는 해고의 반대, 이직자 대책의 확충, 제2회사나 조부(組夫) 고용 등에 의한 현 고용 상황의 악화 방지를 주 내용으로 포함하고 있는 것이라고 할 수 있다. 이하에서는 위 세 항목에 대해 어떤 성과가 있었는지 보도록 한다.

(1) 해고 반대

탄로는 사전협의제의 확립을 통해 해고 방지를 도모했다. 탄로는 제28회 임시대회에서 '탄광 합리화에 수반하는 사전협의제의 확립'을 요구하며 정부, 전문가, 석탄 자본, 노동자 대표로 구성되는 대책기관을 설치하여 이 기관의 심의를 거치지 않고 자본이 일방적으로 기업정비를 추진하는 것을 금지하는 조치의 실현을 투쟁목표로 제시했다. 즉, 탄로는 사전협의제의 확립을 통해서 이직 후의 생활 보장이 없는 기업의 일방적 고용조정을 사전에 저지하고자 한 것이었다. 그러나 사전협의제 확립 주장은 1961년 2월 20일 탄로의 대정부 제2차 요구서를 마지막으로 더 이상 탄로의 요구 항목에 나타나지 않았다. 그 이유는 명확하지 않지만 사전협의제에 대한 경영 측의 부정적 태도 때문이라고 추측된다. 탄로는 제2차 요구서에서 사전협의기관 설치 전까지 노사의 수뇌회담을 사전협의의 장으로 할 것을 요청했지만 경영 측은 "사전협의에 의해 의견이 일치를 보지 못하는 경우 개개의 합리화 진행이 멈출 것"[54]을 우려하여 탄로의 요청을 거부했다.

이후 사전협의제는 탄로의 요구 항목에서 사라졌지만, 석탄대책대강(제1차 석탄 대책)은 그 취지를 반영하여 합리화계획의 책정 시 고용계획도 석탄광업심의회에서 심의하도록 했다. 이 조치는 「석탄광업합리화임시조치법」의 일부 개정(1963년 2월 14일 제출, 7월 6일 가결, 성립)에 의해 합리화계획의 실시로 발생하는 탄광 이직자의 재취직계획을 작성하여 석탄광업심의회에 부의하는 것을 의무화함으로써 법적으로 뒷받침되었다. 이외에 석탄광업심의회를 개조, 강화하여 합리화부회, 고용부회의 구성은 동수의 사용자 및 노동자 대표와 그 외 약간 명의 중립위원으로 구성하고, 의결 방법은 다수결제를 취하지만 의사는 민주적으로 운영하며 가능한 한 전원의 양해를 얻도록 노력하도록 했다.

결국 사전협의제를 통해 기존 생활 수준을 보장하지 못하는 해고를 방지하고자 했던 탄로의 의도는 달성되지 못했다. 그러나 석탄광업심의회의 3자 구성과 민주적 운영에 대한 규정 및 재취업계획 작성의 의무화는 경영 측 사정에 의한 일방적 해고를 제약하는 기능을 함으로써 사전협의제 도입의 의도가 일부 실현된 것이라고도 볼 수 있다.

(2) 이직자 대책의 확충

이직자 대책의 중요성은 정책 당국도 인식하고 있었으며, 정부는 이미 1959년 말에 「탄광이직자임시조치법」을 제정하고 그에 의거하여 탄광이직자원호회를 설립하는 등 이직자 대책을 강화하고 있었다. 정책전환 투쟁은 이와 같은 정부의 이직자 대책을 대폭 강화하는 데 기여했다.

정책전환 투쟁이 전개되는 가운데 1962년 3월 「탄광이직자임시조치법」의 개정으로 탄광 이직자를 고용한 사업주에 대해 고용장려금을 지급하게 되었다. 또한 1963년 동법의 재개정에서는 석탄대책대강(제1차 석탄 대책)의 내용을 반영하여 퇴직금이 30만 엔에 미달하는 이직자에 대해 최고 10만 엔 한도의 이직금 지급, 재취직하지 못한 이직자에 대한 탄광이직자구직수첩(黒手帳) 교부, 취직촉진수당 지급 등 이직자 대책이 강화되었다(제2장 제2절 참고).

(3) 조부·청부부 및 제2회사 규제

탄로가 조부(組夫)·청부부(請負夫)[55] 및 탄광 분리와 제2회사화[56]에 대해 반대하는 이유는 그것이 임금 인하 등 노동조건의 악화를 가져오기 때문이었다. 이러한 탄로의 요구에 대해 조사단 답신에서는 원칙으로서 제2회사는 인정하지 않는 것을 원칙으로 하면서도 고용 대책상 불가피한 경우 노사 쌍방이 필요하다고 인정할 때는 허용할 수 있다고 했다. 아울러 조부·청부부를 채굴, 굴진, 운반 등의 경상적 작업에 종사시키지 못하게 하는 법적 조치를 강구하는 것으로 되었다. 이 같은 내용은 석탄대책대강에서도 답습되어, 제2회사 및 조부 금지 규정은 "고용 대책상 불가피한 경우 노사 쌍방이 필요하다고 인정할 때는 허용"한다는 단서로 인해 그 효력이 크게 감쇄될 가능성이 남게 되었다. 그 결과 실제로 석탄대책대강이 결정된 이후 제2회사로 이행하는 일이 빈번히 일어났으며,[57] 조부·청부부도 여전히 20% 가까운 수준으로 추이하면서 이 규정은 사실상 무력해졌다.[58]

제2회사화 금지 규정이 효력을 보지 못한 이유에는 경영자 측의 반대만이 아니라, 노동자 측에서도 고용 확보의 입장에서 제2회사의 용인론이 있었음에 주의할 필요가 있다. 탄로는 제2회사 이행에 대해 "고용 확보, 산탄 지역 사회의 황폐 저지의 관점에서 '완전고용', '노동조건 획득' 등의 기본적 요구가 충족되는 한, 굳이 반대 입장을 취하지는 않았"으며, 그 결과 제2회사 이행을 반대하는 탄로의 방침은 "결국 실현되지 못한 채 공중에 뜬 형태가 되었다".[59]

2) 석탄 수요의 안정과 생산 확대

석탄 수요의 안정과 생산 확대 요구에는 다양한 항목이 있지만, 그 핵심은 석탄 수요 확보에 있다고 할 수 있다. 탄로는 정부로부터 수요 확보를 위한 중유 보일러 규제법의 연장, 전력·제철용 석탄의 수요 확대, 장기계약 확보 등의 성과를 올렸지만, 핵심인 석탄 수요 6,000만 톤 확대에 대한 보장은 얻어 내지 못했다. 탄로가 조사단 답신이나 석탄대책대강을 강하게 비판한 것도 정부가 기존의 생산 규모인 5,500만 톤을 넘는 확대 재생산 내지는 수요 확보를 약속하지 않았기 때문이었다.

3) 최저임금제 실시

최저임금제는 정책전환 투쟁의 출발점부터 노동자 생활의 안정 확보라는 차원에서 탄로가 강력히 요구한 항목이었다. 탄로는 1961년 9월 14일, 석탄 불황으로 예상되는 임금 인하를 미연에 방지하기 위해 총평과 연명(連名)으로 총리 및 통산대신, 노동대신에게 "석탄산업에 종사하는 노동자(갱외부)에 대해서 1개월 1만 2,000엔의 최저임금 확립"을 요청했다. 이러한 탄로의 요구에 대해 정부는 동년 10월 25일 노동대신의 자문기관인 중앙최저임금심의회(회장 中山伊知郎)에 석탄최저임금소위원회를 설치하여 석탄광업의 최저임금제에 관해 검토하기로 했다.[60]

석탄최저임금소위원회가 석탄산업의 앞으로의 안정적 발전에 기여하기 위해 최저임금제 설정이 바람직하다며 실효성 있는 제도의 검토를 위한 전문부회의 설립이 필요하다는 중간 답신을 함에 따라(1962년 3월 31일), 노동대신은 전문부회(공익 대표, 사용자 대표, 노동자 대표 각 3명으로 구성)를 설치하고 심의에 착수했다. 전문부회는 1962년 10월 11일 "대상 노동자는 갱내 작업 종사자로 한다, 최저임금액은 1만 6,000엔으로 한다, 실시기간은 1963년 4월 1일부터로 하고 대기업 이외의 탄광은 2년간 적용을 유예한다, 실시 방법은 (최저임금)법 제16조의 노동대신 직권에 기초한 결정 방식으로 한다"는 내용의 보고서를 "법 제16조에 의한 실시에 대해 반대"라는 사용자 측 소수 의견을 부기하여 중앙최저임금심의회에 제출했다.

중앙최저임금심의회는 1962년 10월 11일 노동대신에게 위 내용을 답신했으며, 정부는 석탄대책대강에서 중앙최저임금심의회 답신에 의해 조치할 것을 결정하여 석탄광업의 최저임금제는 1962년 12월 12일 공시, 1963년 4월 1일부터 대기업에서 실시하게 되었다.

석탄산업의 최저임금제 실시는 기간산업인 석탄산업을 대상으로 전국적 규모로 실시했다는 점, 그리고 「최저임금법」이 규정한 네 개의 최저임금 결정 방식 중 그때까지 발동한 적이 없었던 법률 제16조 방식(노동대신 직권 방식)에 의거했다는 점에서 최저임금제 사상 획기적인 것으로 평가받았다.[61]

경영 측은 노조와 공익위원의 주장에 밀려 불가피하게 최저임금제를 수용하게 되었지만, 심의 과정 중에 탄광 경영에 대한 영향을 최소화할 수 있는 내용을 넣는 데 성공했다. 즉, 당시 대기업의 갱내부 임금은 거의 최저임금액 1만 6,000엔을 초과하고 있었기 때문에 기업 경영에 대한 영향은 크지 않았다.[62] 또 당초 갱외부를 적용 대상으로 하고자 한 탄로의 요구를 물리치고 적용 대상을 갱내부로 한정함으로써 운반, 선탄, 공작 등 동일한 직종이 있는 타 산업 부문으로 영향이 파급될 가능성을 차단할 수 있었다. 그뿐만 아니라 중소탄광에서의 최저임금제 실시가 2년 후로 연기되었다는 점, 경영자가 직접 사용하지 않는 조부는 적용을 받지 않는다는 점 등도 경영자에게 유리한 조항이었다. 이러한 이유로 당시 석탄계는 최저임금제에 대해 "경영 측에게는 명분을 버리고 실을 취하게 한 반면, 노조에게는 일본 최초의 노동대신 직권발동 방식이라고 하는 '명분'을 주었다"라는 평가를 했다.[63]

4) 산탄 지역 진흥 대책

산탄 지역 진흥 대책은 정책전환 투쟁 초기에는 이직자 대책의 일부로서 제

기되었으나[64] 곧 독립된 주요 항목의 하나로서 요구되었다.[65] 산탄 지역 진흥 대책 요구에 대해 조사회 답신은 ① 산탄지역진흥계획 수립, ② 산업 기반 정비, ③ 기업의 도입, ④ 법인기업의 조성, ⑤ 폐석산(ボタ山) 처리사업에 대한 배려, ⑥ 시정촌 재정에 대한 배려의 필요성을 지적했으며, 이것은 거의 그대로 석탄대책 대강에 반영되었다. 그러나 탄로가 산탄 지역 진흥 대책의 하나로 요구했던 산탄지 발전은 채택되지 않았다.

이직자 대책과 마찬가지로 정부는 정책전환 투쟁 이전부터 산탄 지역 진흥 문제에 대해 관심을 가지고 대책을 마련하고 있었다. 석탄광업심의회는 1959년의 중간 답신에서 탄광 이직자 다발지대에서의 종합적 진흥 대책의 필요성을 지적했으며, 다음 해에도 산탄 지역 진흥 입법 및 예산 조치를 정부에 요망했다.

정책전환 투쟁은 이처럼 준비 중이던 정부의 산탄 지역 진흥 대책 수립을 가속화하는 역할을 했다. 제3장에서 본 바와 같이 정부의 산탄 지역 진흥정책은 1961년 산탄지역진흥심의회 설치, 「산탄지역진흥임시조치법」 제정, 1962년 산탄지역진흥사업단 설립 등 급속히 제도적 정비가 이루어지면서 본격적으로 추진되기 시작했다.

6. 정책전환 투쟁은 성공했는가?

정책전환 투쟁의 성공 여부를 일률적으로 판단하기는 어렵다. 탄광 노동자의 생활 안정과 고용 보장이라는 점을 중시한다면, 투쟁은 실패했다고 보는 것이 타당할 것이다. 투쟁의 성과라고 할 수 있는 석탄대책대강(제1차 석탄 대책)은 1959년의 중간 답신에서 제시한 '5,500만 톤 체제와 스크랩 앤드 빌드에 의한 합리화'라는 정책 기조를 견지하고 있으며, 따라서 탄로는 대량의 이직자 발생을 피할 수 없었다. 그러나 합리화에 따른 부작용, 즉 실업의 발생, 지역 사회의 피폐 등에 대한 대책 확보라는 면에서는 큰 성과를 보았다. 이 측면을 강조하면 석탄대책대강은 석탄정책을 사회정책적인 방향으로 크게 전환시킨 것으로 파악할 수 있으며 투쟁은 성공했다는 평가도 가능할 것이다. 이를 달리 표현한다면, 정책전환 투쟁은 석탄산업의 보호·방위 측면에서는 실패했지만, 산업구조조정 측면에서는 성과를 올렸다고도 할 수 있다.

당시에는 정책전환 투쟁을 산업방위 투쟁으로 이해하고 있었다. 당시의 신문은 "정책전환 투쟁은 일종의 산업방위 투쟁"[66]이라고 보도하고 있었으며, 노조 측에서도 '산업방위의 입장'에서 보호정책을 요구하고 있었다.[67] 정책전환 투쟁의 산업방위적 성격은 '석탄 수요의 안정과 생산 확대'라는 요구에 전형적으로 나타난다. 이 점에서 노조와 경영 측은 이해관계가 일치하고 있으며, 이 때문에 전환 투쟁은 '아베크 투쟁'이라고 야유받기도 했다. 실제로 수요 안정 및 생산 확대에 대한 노조 측의 요구는 경영 측이 정부에 요구한 석탄정책과 거의 동일했다. 이처럼 노조와 경영단체는 한목소리로 석탄산업의 보호를 외쳤지만 전술한 바와 같이 이들의 의도는 좌절되었다.

한편, 정책전환 투쟁에서 가장 큰 성과를 올린 이직자 대책과 산탄 지역 진흥 대책은 산업보호정책이라기보다는 산업조정정책이라고 할 수 있다. 즉, 이 정책은 해고된 탄광부의 이직을 지원하거나 산탄 지역의 일자리를 창출함으로써 석탄산업에서의 기업퇴출을 용이하게 하는 성격을 가지고 있다. 탄광부의 입장에서는 새로운 직장을 구할 때까지의 생활 보장, 직업훈련 등의 지원을 받을 수 있음으로써 이직비용을 크게 낮출 수 있었으며, 퇴출하고자 하는 경영자 측에서 보면 이직탄광부에 대한 이러한 지원은 퇴출비용의 일부를 국가가 부

담하는 것이다. 따라서 이 측면에서도 노동자와 경영 측은 동일한 이해관계에 있다고 할 수 있다.[68]

노조와 경영 측이 동일한 이해관계에 있었는데도 불구하고 산업보호적 요구가 부정된 반면 산업조정적 요구는 수용된 것은 정책전환 투쟁의 결착이 국회 의결에 의하지 않을 수 없음에 따른 필연적 결과라고 할 수 있다. 당시 의회에서는 탄로와 공투 관계에 있던 사회당은 소수파였으며, 다수파인 자민당은 석탄산업 보호에 대해 비판적인 경제계[69]의 이해를 무시할 수 없었던 반면, 이직자 대책이나 지역 대책에서는 사회당과 타협할 여지가 있었다.

탄로의 대규모 광부 동원은 바로 이러한 사회당의 역량 부족을 보완하기 위한 것이었으며, 여기에는 직전의 안보 투쟁에서 있었던 대중 투쟁의 기억이 있었다.[70] 탄로와 총평, 사회당은 대규모 광부 동원을 통해 정책전환 투쟁을 사회화, 정치화함으로써 안보 투쟁 때와 같은 대중적 에너지를 집결하여 정책전환을 이루고자 했다.[71] 그러나 대중 투쟁이 국권의 최고기관인 의회 세력에 대한 견제 기능을 할 수는 있어도 의회를 대신해 법률을 제정할 수는 없는 것이다.[72] 그런 의미에서 석탄산업 보호적 입법이란 면에서의 정책전환 투쟁의 실패는 예견된 것이었다고 할 수 있다.

한편, 노조원의 이해와 직접 관련되는 요구, 즉 탄광 노동자의 생활 안정, 해고 반대, 최저임금제 확립이란 측면에서는 노조와 경영 측은 대립했고 탄로는 제한된 성과만을 얻을 수 있었다. 해고 반대 요구는 석탄광업심의회의 민주적 운영 및 고용계획 수립 등을 통해 경영 측의 일방적 인원조정을 견제할 수 있는 정도에서 타협하지 않을 수 없었고, 제2회사화 규제는 규제를 피해 갈 수 있는 조항 때문에 실질적으로 유명무실해졌으며, 석탄최저임금제의 도입은 광부 생활의 보장에 실질적인 기여를 했다기보다는 노동대신 직권에 의해 최저임금제가 '어쨌든' 도입되었다는 상징적인 의미가 더욱 컸다. 당시에도 투쟁 결과로 나온 석탄 대책이 지나치게 이직 대책에 편중되어 탄광노무 대책이 소홀해졌음을 지적하고 있었다.[73]

7. 맺음말: 정책전환 투쟁의 귀결

정책전환 투쟁은 탄로의 노동운동에 어떤 영향을 주었을까? 미이케쟁의에서의 패배로 인한 노동운동의 퇴조에 브레이크를 걸고 노동운동의 활성화를 가져왔을까? 아니면, 미이케쟁의와는 다른 방식의 노동운동에 대한 전망을 가능하게 했을까? 결론을 먼저 말한다면, 정책전환 투쟁은 노동운동의 부활도, 새로운 방향의 제시도 하지 못한 채 끝나고 말았다. 이 점에 대해 투쟁 전략과 석탄 대책에 대한 성과의 두 측면으로 나누어 검토해 보고자 한다.

우선, 통일 투쟁이라는 전략에 대해서 살펴본다. 정책전환 투쟁은 종래의 '독주에서 통일 투쟁으로'(기업련의 투쟁으로부터 산업별 통일 투쟁으로) 노선이 곤란해짐에 따라 전선을 재편성하여 통일적 전개가 가능하도록 고안된 것으로, 전술 면에서는 '무기한 스트라이크와 대량 동원', 그중에서도 대량 중앙 동원에 의거한 것이라고 할 수 있다.

이러한 정책전환 투쟁은 효도가 지적한 바와 같이, 노조 활동이 본부 중심이 되어 직장 활동의 에너지를 흡수하기 어려운 난점이 있었다. 미이케 노조는 정책전환 투쟁에 대해 "탄광 합리화의 실태를 사회적으로 어필한 점에서 성과가 있었지만 (중략) 생산점에서의 대결은 어쨌든 회피하고 탄광 자본에 압력이 가해지지 않는 한도에서의 중앙 동원이 되기 쉬웠"고, "의회 내의 간부 투쟁으로 매몰되어 갔다"[74]고 한 비판했는데, 이것은 효도의 지적과 일맥상통 하는 것이다.

탄로는 '직장 투쟁을 기축으로 한 정책 투쟁' 노선을 계속 투쟁방침으로 내걸었지만, 직장 투쟁의 주체가 되어야 할 산하 기업련의 투쟁은 활발하지 못했다. 이미 1962년 4·6 각의 결정 후의 노사관계 휴전 시기에도 일부 노조는 탄로를 제치고 직접 기업과 타협하여 합리화를 용인하는 사례가 적지 않았다.[75] 정책전환 투쟁이 일단락된 후에도 기업 내 협조를 최우선하는 분위기가 확산되고 기업 간 경쟁이 격화하는 가운데, 탄로의 지도는 기업 의식을 뚜렷이 해 가는 산하 노조와 유리되기가 십상이었다.[76] 정책전환 투쟁은 직장 투쟁의 에너지를 끌어올리지 못했으며, 또한 기업련에 대한 탄로의 장악력도 확보하지 못했다.

둘째, 석탄정책에 대한 성과에 대하여 살펴본다. 정책전환 투쟁은 석탄산업의 사양화와 '스크랩 앤드 빌드'를 기조로 하는 합리화 정책을 저지하지 못함으로써 대량의 탄광 이직자 배출이 불가피해졌다. 정책전환 투쟁의 큰 성과인 이직자 대책 및 산탄 지역 진흥 대책의 확충은 이러한 대량 배출된 이직자의 생활 안정에 크게 기여하는 것이었지만, 동시에 이직을 촉진하는 역할을 함으로써 자발적 퇴직자(자기 사정에 의한 퇴직자)가 크게 증가했다(제2장 참조). 정책전환 투쟁의 결과 얻어 낸 석탄 대책이 "아이러니컬하게도 석탄의 '사양 무드'를 더욱 촉진하고 '퇴직 무드'를 조장하여 자발적 퇴직자의 증가"라고 하는 예상하지 못한 사태를 초래했다. 고도성장을 배경으로 하여 석탄산업 외부에서 장년의 육체노동자에 대한 대량의 수요가 발생하고 있는 상황에서 특히 청장년층의 자발적 퇴직자가 많이 발생했다.

이러한 자발적 퇴직자의 증대는 노동자 부족이란 사태를 초래하여 석탄산업의 쇠퇴를 더욱 촉진했을 뿐 아니라 탄로의 기반을 약화시켰다. 1962~1966년 사이에 탄광 노동자(상용 노동자)는 16만 5,000명에서 10만 4,000명으로, 탄로 조합원 수는 10만 4,000명에서 5만 3,000명으로 4년 사이에 절반으로 감소했으며, 그 결과 전체 탄광 노동자에 대한 탄로 조합원 수의 비율은 같은 기간 중 63%에서 51%로 감소했다.[77]

이상에서 정책전환 투쟁은 탄로의 노동운동이란 면에서는 부정적인 결과를 가져왔다고 결론지을 수 있을 것이다. 즉, 정책전환 투쟁은 직장에서의 에너지를 끌어올리는 데도 실패했으며, 통일운동을 전개할 수 있을 정도의 산하 노조에 대한 통제력도 확보하지 못했다. 또한 정책전환 투쟁의 큰 성과라고 할 수 있는 이직자 대책과 산탄 지역 대책은 탄광부의 이직을 용이하게 함으로써 오히려 탄로 기반의 약화를 가속화시켰다.

이러한 상황에서 탄로의 교섭력은 약화되었다. 1963년의 임금교섭은 탄로 교섭력의 약화를 상징적으로 보여 주는 것이었다. 이 교섭에서 시간외 수당의 할증률, 즉 기준외 임금이 대폭 인하되었을 뿐만 아니라, 10년 이상 유지되었던 표준작업량의 동결이라는 기득권도 상실했다. 1965년 임금교섭에서는 정부의 제2차 석탄정책이 임금상승률 7%를 상정함에 따라, 임금은 중로위의 중재 없이 정책적으로 그 수준에서 억제되었다.[78]

정책전환 투쟁의 이러한 결과를 타개할 새로운 활로를 탄로는 찾지 못했다. 정책전환 투쟁은 사회당의 일부에서 제기한 구조개혁론에 통하는 부분이 있었지만, 구조개혁론이 총평과 사회당에서 부정됨으로써 탄로도 구조개혁론 방향에서의 투쟁지침을 발전시키지 못했다. 노사관계를 대립적, 투쟁적으로 보는 기본 시각은 변하지 않았다. 탄로는 정책 투쟁의 연장선상에서 석탄 국유화 투쟁을 개시했지만 노동운동의 활성화를 가져오지는 못했다.[79] 사양산업이라는 산업적 조건 속에서 탄로의 활동은 고령자 대책이나 일부의 조건 투쟁 지원으로 위축되고 말았다.

그렇다면 사양산업에서의 전투적 노조 활동은 불가능한 것인가? 또 노조 활동의 범위는 축소될 수밖에 없는 것인가? 적어도 탄로의 사례는 그렇게 보인다. 그러나 모든 사양산업에서 노조 활동이 일방적인 후퇴와 조락을 면하지 못한 것은 아니었다. 예를 들면, 1980년대의 철강산업 불황하에 고용 문제와 지역사회의 쇠퇴가 문제가 되고 있던 무로란시(室蘭市)의 경우, 신닛테쓰 무로란 노조(新日鉄室蘭労組)가 지역 문제에 관심을 가지고 무로란시의 시직로(市職労)와 함께 지역 활성화 운동을 전개한 사례도 있다.[80]

석탄산업의 경우 이와 같이 노조가 지역 사회의 활성화 운동을 전개한 사례는 없었을까? 이에 대한 검토는 본서의 범위를 넘는 것이지만, 탄광 사회에서의 청장년층의 유출과 고령화는 그러한 가능성을 대단히 제약하는 조건이 되었을 것이라고 생각된다. "생활과 직장의 안정을 얻고자 (외부로 유출-인용자)하는 탄광 청장년층의 이산은 노조의 힘으로서는 어찌 할 수 없는"[81] 것이었으며, 탄광 사회는 점차 "고도 경제성장에 등을 돌리고 어디까지나 탄광에 머물러 있던 사람들에 의한 정체된 사회"[82]로 되어 갔다.

제5장

탄광 기업의 대응:
설비투자, 퇴출, 다각화

1. 머리말

2. 설비투자

3. 퇴출

4. 다각화

5. 기업집단의 역할

6. 맺음말

조반(常磐)탄광의 변모. 왼쪽은 1966년 1월 조반 하와이안 센터 영업 개시 포스터,
오른쪽은 조반 하와이안 센터 건설공사(http://www.joban-kosan.com/history/)

1. 머리말

1960년대에 들어와 석탄에 대한 석유의 우위가 결정적이 되고, 정부의 석탄정책도 유주탄종 방침으로 전환되면서 석탄산업의 미래는 극히 불투명해졌다. 이런 상황에서 탄광 기업으로서는 조기 퇴출이 최선의 선택이라고 할 수 있다. 실제로 1960년대를 통해 대다수의 탄광이 폐광했으며, 대부분의 탄광 기업이 철수했다. 그러나 일부 기업은 정부 정책을 전제로 합리화 투자를 실시하면서 존속을 도모하기도 했다. 여기서는 석탄산업의 사양화가 본격적으로 진행된 1960년대를 중심으로 이 시기의 탄광 기업의 경영 전략을 분석하는 것을 과제로 한다.

사양산업의 기업 전략을 분석할 때, 포터(Porter)의 분석 틀이 유용하다.[1] 포터는 기업이 취해야 할 적절한 전략은 그 기업이 소속하고 있는 산업의 구조적 특성과 기업의 경쟁력이라는 두 개의 기준에 의해 도출된다고 한다. 산업구조적 특성에서 가장 중요한 것은 수요조건과 퇴출장벽(exit barriers)의 높이다. 산업구조적인 특성이 당해 기업에 우호적이며 또한 그 기업이 경쟁력이 있다면, 그 기업은 리더십을 추구하거나 니치(niche) 전략을 선택하는 것이 합리적이다. 한편, 산업구조적 특성이 당해 기업에 적대적이며 그 기업이 경쟁력을 갖추고 있지 못하다면, 가능한 한 빨리 퇴출하는 것이 그 기업의 최선의 전략이다.

포터의 분석 틀을 1960년대 일본의 석탄산업에 적용해 보면, 석탄산업의 구조적 특성은 탄광 기업에 적대적이었다. 1960년대의 석탄 수요가 에너지 혁명의 진전 등으로 크게 감소한 것은 서장에서 이미 본 바와 같다. 또한 국내탄의 석유 및 해외탄에 대한 경쟁력 열위는 명확해지고 있었다.

한편, 석탄산업의 퇴출장벽은 매우 높았다. 포터에 따르면, 퇴출장벽에는 방대한 고정자산(durable and specialized assets), 퇴출의 고정비용(fixed costs of exit), 전략적 퇴출장벽(strategic exit barriers), 정보장벽(information barriers), 경영적 또는 정서적 장벽(managerial or emotional barriers) 및 정부 및 사회적 장벽(government and social barriers) 등이 있다.[2]

석탄산업의 경우, 그중에서 특히 고정자산, 퇴출 시의 고정비용, 정부 및 사회적 장벽이 높았다. 석탄산업은 지하에 매장되어 있는 자원을 채취하는 산업이기 때문에 다른 지상 산업에 비해 고정자산이 차지하는 비중이 큰 특징이 있다. 1960년의 경우, 석탄산업의 고정자산 비율은 64.12%로 이것은 제조업의 45.09%보다 약 20%포인트나 높은 수치였다.[3] 더욱이 석탄산업의 고정자산은 다른 부문으로의 전용이 극히 곤란했기 때문에 그 청산가치는 낮았으며, 이것은 퇴출장벽을 높이는 쪽으로 작용했다.

탄광 기업이 퇴출 시에 지불해야 하는 고정비용, 예를 들면 광부 퇴직금, 광해(鑛害) 배상금 등은 방대한 금액이었다. 1962, 1963년의 폐광비용은 톤당 약 7,000엔, 1968년에는 톤당 1만 엔에 달했다.[4] 즉, 1968년의 경우 연산 50만 톤 규모의 탄광을 폐광하기 위해서는 50억 엔이라는 엄청난 자금이 필요하다는 계산이 된다.

한편, 석탄은 수력과 함께 일본 국내에서 생산할 수 있는 거의 유일한 에너지였기 때문에, 정부는 에너지의 안전보장 측면에서 석탄광업에 큰 관심을 가지고 있었다. 또한 폐광에 따르는 실업자의 발생, 산탄 지역의 쇠퇴는 커다란 사회 문제로 되었으며, 정부는 그 해결에 중요한 역할을 했다. 더구나 석탄산업은 다른 어떤 산업 부문보다도 큰 정치적 영향력을 가지고 있었다. 석탄업자는 자민당과 굵은 파이프를 가지고 있었으며, 석탄산업 최대의 노조인 일본탄광노동조합(탄로)은 사회당의 지지 기반이었던 총평 산하의 가장 강력하고 전투적인 노동조합이었다. 즉, 석탄산업은 정부 및 사회적 장벽도 높은 산업이었다. 이와 같이 수요조건이 열악하고 퇴출장벽이 높은 상황에서는 기업들이 용이하게 퇴출하지 못하고 자기파멸적인 경쟁에 빠지기 쉽다. 따라서 이런 경우, 기업은 퇴출비용이 허용하는 한 빨리 빠져나가는 것이 바람직하다고 할 수 있다.

그러나 1960년대의 탄광 기업의 전략은 정부 정책에 의해서도 크게 규정되었다. 석탄정책이 '스크랩 앤드 빌드'를 중심으로 추진되었기 때문에 탄광 기업의 일부는 정부의 지원을 받아 경쟁력 없는 탄광을 폐광(스크랩)해 갔지만, 일부는 정부 지원하에 합리화 투자(빌드)를 진행했다. '스크랩 다운'에 대한 지원은 퇴출장벽을 낮추는 기능을 했기 때문에, 많은 탄광이 석탄정책의 지원하에 폐광을 단행하여 퇴출을 실현했다. 반면, '빌드 업' 탄광에 대해서는 정부의 합리화 투자의 지원과 수요 확보 정책하에 나름대로의 경쟁력을 유지하고자 설비투자가 집중되었다. 따라서 1960년대 탄광 기업의 전략으로서 퇴출만이 아니라 설비투자에 대해서도 살펴볼 필요가 있다.

1960년대의 탄광 기업의 전략에 관련된 연구로는 야다(矢田俊文)의 탄광 기업의 퇴출 과정에 대한 분석이 있다.[5] 그는 탄광 기업의 철퇴 과정을 생산 규모, 자본 규모 및 자본계열, 자원의 부존조건과의 관련하에 분석했다. 그에 따르면, 탄광 기업의 철퇴는 중소탄광에서 대탄광으로, 영세기업에서 대기업으로, 열등지구에서 우등지구로 진행했으며, 대기업의 경우는 지방의 전업(專業) 탄광 기업에서 구재벌계 탄광 기업[6]으로 진행했다. 이와 같은 탄광 기업의 철퇴 순서는 기본적으로 자원조건, 생산 방법, 자본 규모, 시장조건 등의 차이에 의한 것으로, 야다는 탄광 규모별 생산구조가 그대로 자본계층별 생산구조에 반영되어 있기 때문에 중소탄광에서 대탄광으로의 철퇴 과정은 중소기업에서 대기업으로의 철퇴 과정과 중복된다고 보았다. 또한 야다는 대기업의 재무제표 분석을 통해 지방 전업 탄광 기업과 구재벌계 대기업의 철퇴 과정을 상세히 검토하여, 구재벌계 기업이 전업 기업보다 더 늦게까지 차입을 통해 탄광 경영을 유지했으며 동시에 관계회사에 대한 투자를 늘려가면서 타 부문으로의 전환을 도모했음을 밝혔다.[7] 이러한 야다의 분석은 석탄산업의 쇠퇴 과정에서 중소기업의 조기 퇴출, 제3차 석탄 대책 이후의 지방 대기업의 퇴출, 구재벌계 대기업의 가장 늦은 퇴출과 타 부문으로의 전환이라는 기업별로 상이한 대응을 하고 있음을 밝혔다는 점에서 높이 평가할 만하다. 그러나 야다의 분석은 몇 가지 측면에서 보완할 필요가 있다.

첫째, 야다의 관심이 철퇴 과정에 있었기 때문인지, 석탄 기업의 설비투자 동향과 성과에 대해서는 부분적으로밖에 언급하지 않았다. 그러나 1960년대에도 상당한 규모의 설비투자가 이루어지고 있었다는 점에 주목한다면, 사양화 중에 설비투자가 계속되었던 요인과 그 성과에 대한 분석이 필요하다. 야다도 설비투자에 전혀 주목하지 않은 것은 아니며, 대탄광의 '빌드 업'에 대해 기계화·근대화의 지표를 통해 채탄 방식, 채탄 방법에서 상당한 진전이 있었음을 밝혔다. 또한 일본탄광의 다카마쓰(高松)탄광과 스미토모석탄광업의 아카비라(赤平)탄광의 빌드 업 사례를 검토했으나,[8] 석탄산업 전체의 설비투자 금액 동향이나 설비투자에 의한 생산성 및 생산비의 변화에 대한 분석은 하지 않았다.

둘째, 야다는 기업별 상이한 대응을 우량 탄광의 소유, 자본 규모, 시장 및 유통조건과 같은 기업별 경쟁력의 차이라는 시점에서만 파악하고, 기업별 퇴출장벽의 차이에 대해서는 주목하지 않았다. 퇴출장벽이라는 시점을 도입함으로써 기업별 상이한 퇴출 과정이 우량 탄광의 소유 여부나 자본 규모 외의 다른 다양한 퇴출장벽에 의해서도 영향을 받고 있음을 밝힐 수 있다.

셋째, 야다는 구재벌계 대기업과 지방 전업 대기업의 철퇴 과정에서의 차이를, 중소기업과 대기업 간의 차이와 동일하게 자원조건이나 생산 및 자본 규모에서의 격차 등의 요인을 중심으로 설명함으로써 기업집단[9]이 탄광 기업의 전략 선택에 미치는 영향을 충분히 설명하지 못했다.

여기서는 야다의 연구를 보완하여 제2절에서는 주로 탄광 기업의 합리화 투자로 볼 수 있는 설비투자의 동향과 그 성과에 대해 살펴본다. 제3절에서는 탄광 기업의 퇴출 과정에 대해 검토한다. 제4절에서 탄광 기업의 다각화 전략에 대해 검토한다. 제5절에서 기업집단이 멤버 기업인 탄광 기업의 전략 선택에 미친 영향에 대해 살펴본다.

2. 설비투자

1) 설비투자의 추이

사양산업의 기업은 일반적으로 설비투자에 소극적일 것이 예상된다. 그러나 우량 광구를 소유하고 있거나 설비투자의 효과를 기대할 수 있는 기업이라면, 산업의 사양화에도 불구하고 설비투자를 확대할 수 있다.

〈그림 5-1〉은 1950년대에서 1970년대 초까지의 석탄산업에서의 설비투자 동향을 보여 주고 있는데, 몇 가지 점이 주목된다.

첫째, 설비투자의 추이를 보면 1957~1958년도, 1965~1967년도에 설비투자의 봉우리가 보인다. 한국전쟁기에 연 200억 엔 정도였던 설비투자는 한국전쟁 종료와 함께 급격히 감소하여 1955년도에는 112억 엔에 불과했으나 1956년도부터 증가하여 1957, 1958년도에는 300억 엔을 초과했다. 설비투자는 1959년도

그림 5-1 석탄 기업의 설비투자 추이(1951~1973년도)

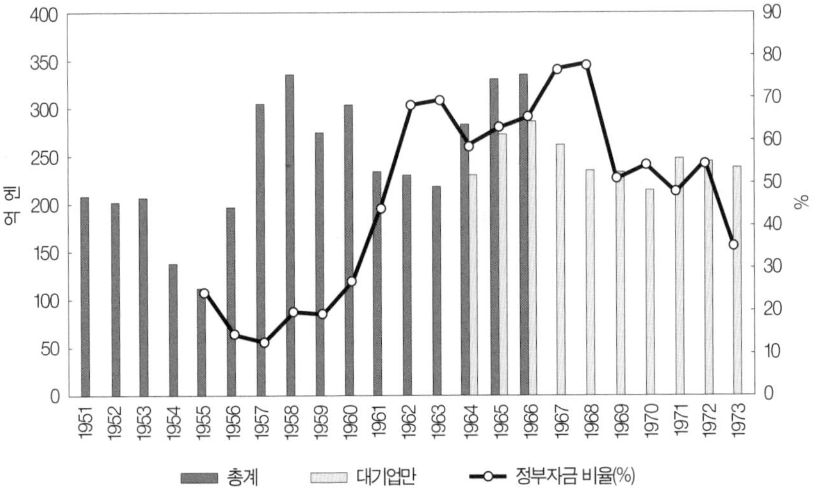

주: 1) 실적 기준.
2) 신광개발자금은 포함하지 않았음.
3) 정부 자금 비율은 설비투자 총계에 대한 개발은행 융자와 합리화사업단 근대화 자금의 비율.

자료: 日本政策投資銀行編(2002); 石炭鉱業合理化事業団編(1976).

부터 다시 감소하여 1960년도에 일시적으로 303억 엔으로 올라왔지만, 1961년도부터 다시 감소하여 1963년도에 218억 엔까지 떨어졌다. 그러나 1964년도부터 다시 증가해 1965~1966년도에는 다시 300억 엔대에 달했다. 1967년도 이후는 대기업의 설비투자만이 확인되는데, 대기업의 설비투자가 1965~1967년도를 정점으로 1968년도부터 감소하고 있어, 1965~1967년도가 정점이었음을 알 수 있다.

둘째, 1957~1958년도의 설비투자 증가와 1965~1967년의 증가는 설비투자의 자금 원천이라는 면에서 상이한 특징을 보이고 있다. 설비투자자금 중 정부 자금의 비율이 1957~1958년도에는 20% 이하였던 반면 1965~1967년도에는 70%에 달했다. 금액으로 보면 탄광 기업이 자체 조달한 설비투자 금액은 1957~1959년도에는 200억 엔대였으나 1965~1966년도에는 100억 엔대로 떨어졌고 1967년도는 61억 엔에 불과했다. 다른 자료에 따르면, 1965년도와 1966년도의 설비자금 조달액 309억 엔과 335억 엔 중 자기자금은 각각 154억 엔, 188억 엔으로 전체 조달액의 49.8%(이 중 감가상각은 42.4%), 56.1%(45.7%)였는데,[10] 이것은 자기자금이 70%를 넘었던 1950년대와 대비된다.[11]

1957~1958년도는 호황이라는 경기변동적 요인에 더하여 1975년도 국내탄 공급 규모를 7,200만 톤으로 상정한 신장기경제계획의 수립에 따른 석탄 증산에 대한 기대가 탄광 기업의 설비투자 증가를 가져왔다. 반면 1965~1966년도의 설비투자 증가는 탄광 기업의 경영적 판단에 의한 것이 아니라 정부의 석탄정책에 추수하는 형태로 이루어진 것이다.

탄광 기업의 설비투자가 정부 자금에 크게 의존하기 시작한 것은 스크랩 앤드 빌드 정책이 본격화된 1960년도부터이다. 종래의 개발은행 융자에 더해 1960년도부터 석탄광업합리화사업단에 의한 근대화 자금의 대부가 실시되어 정부의 설비 자금 대부는 크게 증가하기 시작했다. 그 결과 설비투자에서의 정부 자금(개발은행 융자와 합리화사업단 근대화 자금) 비율은 1960년도에 전년보다 17% 포인트가 높은 43.9%로 올랐고 1961년도에는 68.2%에 달했다(〈그림 5-1〉). 탄광 기업의 설비투자가 정부 자금에 크게 의존하게 된 것은 탄광 기업이 석탄산업에 대한 전망을 잃었기 때문이다.[12] 이미 1960년경부터 국내탄의 석유 및 해외탄에 대한 경쟁 열위가 명확해지고, 정부 정책도 유주탄종으로 선회한 상황에서 탄광 기업이 설비투자를 계속할 인센티브는 없었다. 정부의 석탄정책에 의해 확보된 수요에 대응하는 석탄을 생산하기 위해 필요한 정도의 설비투자를, 역시 석탄정책에 의해 지원되는 정부 자금을 주 조달원으로 하여 실시한 것이다.

설비투자의 내용을 보면 1950년대가 카페(Kappe)채탄[13]에 대한 투자가 중심이었던 것에 비해, 1960년대에는 채탄의 기계화가 진전되었다. 절삭식 채탄기계인 호벨(hobel)은 1959년도에 21대밖에 없었지만 1966년도에는 무려 123대가 가동했다. 또 호벨보다 약간 늦게 드럼 커터(drum cutter)가 도입되어 1966년도에는 109대가 조업을 했다. 굴진과 운반 부문에서의 기계화에서도 1960년대에 사이드 덤프 로더(side dump loader)나 케이블 벨트 컨베이어 등이 보급되었다.[14]

선탄 부문에 대한 투자도 1950년대에 이어서 적극적으로 이루어졌다. 국내탄 수요가 정책 수요에 집중되어 탄가가 수요량 결정의 주요인이 되지 못하게 된 상황에서 대탄광은 품질관리가 수요를 확보하는 데 가장 중요한 경영 과제로 되었다. 원료탄 탄광에서는 중액(重液) 선탄기나 바움 지그(Baum jig) 수선기(水選機), 부유(浮遊) 선탄기 등의 신·증설을 통해 선탄 공장의 대폭 개조를 통해 원료탄 수율의 상승을 도모했다. 일반탄 탄광에서도 전력회사인 수요자의 특성에 따라 각각 하급탄 또는 중·상급탄의 증산을 위한 선탄기 증설이 이루어졌다.[15]

2) 설비투자의 성과

이와 같은 설비투자는 생산능률(1인당 월생산량)의 향상을 가져왔다. 생산능률은 1960년대에 들어서면서 크게 향상되어 1965년도에는 38.1톤, 1973년도에는 68.2톤에 달했다(〈그림 2-2〉(62쪽)). 1950년대의 생산능률 향상이 주로 생산량 증가에 따른 것이었다면, 1960년대의 생산능률 향상은 합리화계획이 본격적으로 진행됨에 따라 '스크랩 다운'에 의해 생산능률이 낮은 탄광이 폐광되는 한

그림 5-2 규슈 지역 대탄광 기업과 중소탄광 기업의 생산능률 격차

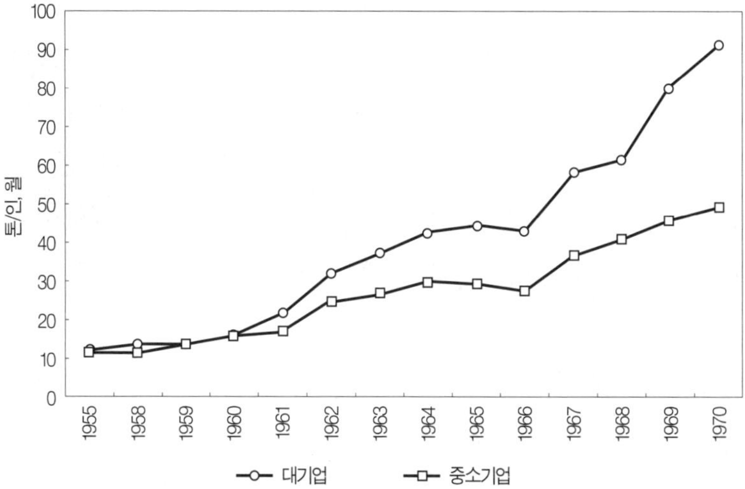

자료: 福岡通商産業局(1962, 1966, 1971).

편, '빌드 업'에 의해 우량 탄광에서 설비투자가 이루어진 결과였다.

여기서 주목해야 할 것은 설비투자에 의한 합리화가 대탄광을 중심으로 추진된 결과, 생산능률 향상이 대탄광과 중소탄광 사이의 생산능률 격차의 확대와 함께 진행되었다는 점이다. 〈그림 5-2〉에 따르면, 대기업과 중소기업 사이의 생산능률 격차가 1960년 이후 발생하고 있음을 알 수 있다. 이러한 생산능률의 기업 규모별, 탄광 규모별 격차의 발생은 대기업과 중소기업 경쟁력의 격차로 귀결되어 1960년대의 축소하는 국내탄 시장에서 중소기업의 생존은 더욱 곤란해졌다.

생산능률의 향상은 1960년대 중반까지는 생산비 하락에 기여했다. 1958년도에서 1963년도까지 생산능률(전국 평균)은 13.9톤에서 31.3톤으로 상승하고,

이에 대응하여 생산원가(톤당 송탄 가능 원가, 대기업만)는 같은 기간에 5,212엔에서 3,755엔으로 하락했다(〈그림 2-2〉). 그러나 1964년도부터는 생산능률의 상승에도 불구하고 생산비는 오히려 상승하기 시작했다. 이에 따라 이미 1950년대 말부터 적자 상태였던 탄광의 수익구조는 1960년대 중반 이후 현저히 악화되었다. 탄가 인상에 의한 탄광 기업의 수익 개선을 꾀했던 제2차 석탄 대책 직후인 1965년도에 톤당 손실은 122엔까지 축소되었지만, 그 후 다시 확대되기 시작하여 1973년도에는 2,358엔에 달했다. 이러한 적자 규모는 정부의 각종 지원책에도 불구하고 해소되지 못했다.[16]

이와 같은 생산비 추이는 적어도 1960년대 중반 이후에는 생산능률의 상승이 임금을 비롯한 제 경비의 상승을 따라가지 못했음을 의미한다. 특히 생산원가 중 가장 큰 비중을 차지하는 노무비(임금, 퇴직수당충당금, 법정복리비 등)의 삭감에 실패했다(〈그림 5-3〉). 노무비는 1959년 상반기에 톤당 2,720엔(이 중 임금은 1,263엔)으로 생산원가의 55.6%를 차지했다. 톤당 노무비는 1960년대에 들어와 하락하기 시작해 1964년 하반기에는 톤당 1,732엔(임금 752엔)으로 생산원가의 46.1%까지 떨어졌으나 1965년도 상반기부터 다시 상승하여 1972년도 하반기에는 톤당 3,094원, 생산원가의 58.5%를 차지하기에 이르렀다.

노무비 다음으로 큰 비중을 차지하는 비목은 물품비와 경비인데, 물품비는 1950년대 후반에서 1960년대 초에 걸쳐 상당한 감소를 보이지만 1963년경부터는 정체하고 있다. 경비는 1960년대 중반부터 증가하는데, 전력비나 광해 배상비 등의 증가를 반영하는 것으로 생각된다. 이 밖에 이자비용이 늘어나고 있는 것이 눈에 뜨인다. 이자비용의 증가는 합리화 투자나 폐광비용을 위한 차입금이 증가했기 때문이라고 생각된다.[17]

그림 5-3 석탄 생산비의 항목별 추이

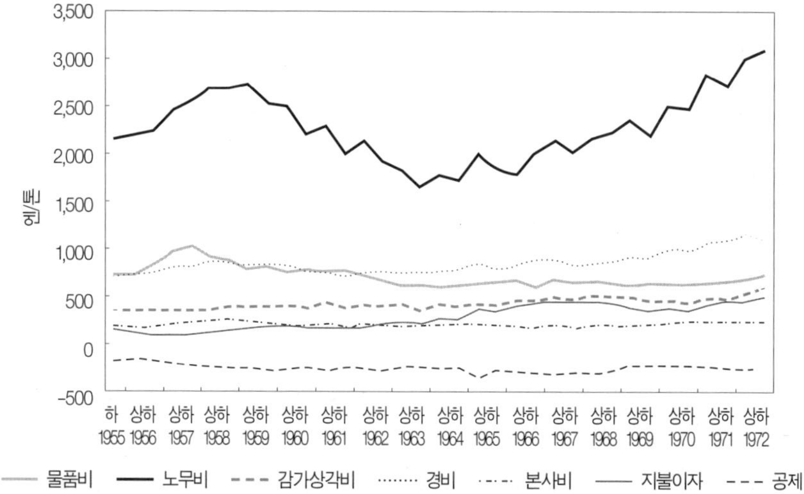

주: 톤당 생산비는 대기업(大手)의 반기별 평균 생산원가임.
자료: 日本石炭協会 九州支部 資料.

3. 퇴출

1960년대 일본의 석탄산업과 같은 사양산업에서 퇴출은 가장 유력한 전략이다. 실제로 〈그림 5-4〉에서 알 수 있는 바와 같이 탄광 수는 석탄산업이 점차 구조적 불황의 모습을 띠기 시작하던 1958년부터 감소하기 시작해 이후 일관하여 감소했다.

폐광 상황을 규모별로 보면 연산 15만 톤 이하 중소탄광의 철퇴는 1960년대 전반에 일단 완료된 것으로 보인다. 특히 제1차 석탄 대책이 시행된 1963,

그림 5-4 규모별 탄광 수의 추이(1959~1973년)

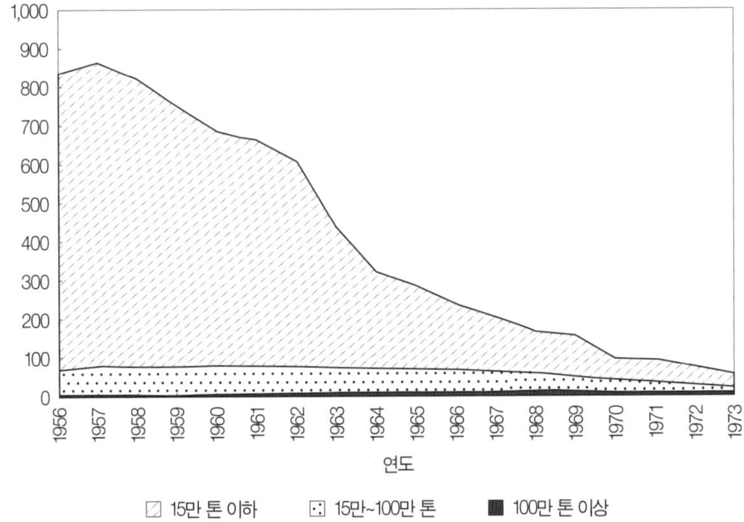

주: 연도 중 가동 탄광 수.
자료: 日本産業技術振興協會(1974).

1964년도에는 각각 172개, 114개라는 대폭적인 탄광 수의 감소가 있었는데, 그 대부분이 연산 15만 톤 이하의 탄광이었다. 한편, 연산 15만 톤 이상인 탄광의 폐광은 1960년대 후반에 이르러 본격화되었다. 1961~1965년 사이에는 폐광한 연산 15만 톤 이상의 탄광이 11개였으나 1966~1970년 사이에는 30개, 1971~1973년 사이에는 20개의 탄광이 폐광했다. 중소탄광 기업은 대개 한두 개의 탄광을 보유할 뿐이기 때문에 규모별 탄광 수의 추이는 규모별 기업 수의 추이와 대동소이할 것으로 생각된다.

전술한 바와 같이, 1950년대 말까지 큰 차이가 없었던 중소기업과 대기업의 생산능률 격차는 1960년대에 크게 벌어지기 시작했다. 중소탄광 기업의 생산비에 관한 자료가 없어 단정할 수는 없지만, 생산성의 현격한 격차는 생산비의 격차를 가져왔을 것으로 추측된다. 즉, 중소기업은 노동강도의 강화나 저임금만으로는 목표로 하는 생산비 절감을 달성할 수 없었다. 더구나 중소기업의 퇴출장벽은 상대적으로 낮았기 때문에 위와 같은 경영상의 곤란에 직면하여 퇴출이란 선택이 용이했을 것으로 생각된다.

석탄정책도 중소기업의 퇴출을 용이하게 했다. 탄광정비정책이 대폭 확충되어 1962년도에 종래의 매수 방식(구방식)에 대신하여 석탄광산정리촉진교부금제도(신방식, 일반폐산 방식)가 도입된 것이 1963, 1964년도의 중소탄광의 대량 폐광을 가져왔다.

매수 방식(구방식)으로는 조광권(租鑛權)이 법률상 매매 대상 물건이 되지 않기 때문에 조광권 탄광[18]을 폐광시킬 수 없었지만, 신방식에서는 광업을 폐지한 경우에 조광권 탄광도 교부금의 신청이 가능해 조광권 탄광의 폐광을 용이하게 했다.[19] 또 구방식이 채굴권을 매수한 사업단이 광해배상책임을 지는 것에 대해 신방식에서는 교부금을 신청한 탄광이 스스로 책임을 지는 것으로 개정되어 신방식에서의 조기 폐광 인센티브를 강화했다.[20] 이 밖에 탄광 폐광비용(퇴직금 및 광해배상자금)의 융자제도와 국철 운임 연납의 채무보증제도 도입도 퇴출장벽을 낮추는 제도로 기능했다.

1960년대 후반에 이르러 '빌드 업' 정책이 막다른 골목에 부딪혔음이 명료해짐에 따라 대기업이 소유하는 대탄광의 폐광도 본격적으로 진행되었다. 15만 톤 이상 규모 탄광은 대부분 대기업 소유 탄광이었는데, 특히 제4차 석탄 대책에서 설치된 특별폐산교부금제도(특별폐산 방식)가 대기업의 퇴출을 용이하게 했다.

특별폐산 방식은 회사 해산을 조건으로 폐광비용의 대부분을 충당할 수 있는 교부금을 교부하는 제도로 1969~1970년도의 기간 한정으로 실시되었다.

그것은 임금채무, 광해배상채무, 일반채무에 더해 금융채무의 대부분에 상당하는 교부금을 직접 교부하는 것으로 이른바 재정자금 투입에 의한 회사 청산이었다. 이 제도에 의해 대기업 4사(기네시마(杵島)탄광, 아소(麻生)산업, 메이지(明治)광업, 유베쓰(雄別)탄광)와 중소기업 4사가 해산하고, 이들 회사가 경영하던 15개 탄광이 폐광되었다. 시마니시(島西)는 특별폐산 방식이 막대한 폐광 합리화 채무 때문에 폐광하기도 곤란했던 기업의 폐광을 용이하게 하는 조치란 점을 평가하면서도, 이 제도에 의해 경영자에게 아무런 경영 책임을 묻지 않고 자주 재건을 방기하게 하여 방대한 금액의 재정자금을 회사 청산을 위해 쓰게 된 점에 대해 부정적 평가를 하고 있다.[21]

대기업의 퇴출 과정에서는 특히 다음과 같은 점이 주목된다.

첫째, 대기업은 소유 탄광을 폐광하기 전에 이들을 분리하여 제2회사화하는 경우가 많았다. 1960년에서 1969년 사이에 대기업은 22개의 탄광을 제2회사화하였는데, 그들 대부분은 제2회사화한 후 수년이 지나지 않아 폐광되었다(〈표 5-1〉). 야다에 따르면, 제2회사화는 다음과 같은 이점이 있었다.[22]

① 직속 탄광 폐광 시의 퇴직금 지불을 위한 퇴직금충당금이나 본사비 부담의 소멸과 같은 경리상의 유리성

② 중소탄광 수준의 임금 인하에 의한 노무비 절감

③ 폐광과 그 후의 신회사 발족에 의한 대폭적인 인원 정리 가능

④ 노동조합의 약체화[23]

요컨대 제2회사화는 생산설비의 일부를 본사로부터 분리하여 본체의 경영 부담을 가볍게 하고 제2회사에서는 낮은 임금으로 생산비를 낮추는 것을 의도한 것이다.

두 번째로 주목되는 점은 가장 늦게까지 석탄산업에 잔류한 기업들은 구재

표 5-1 기업별 제2회사화 상황(1960~1969년)

	1960	1961	1962	1963	1964	1965	1969
三井鉱山				10. 山野 (1973. 3)	07. 田川 (1969. 5)		
三菱鉱業		10. 飯塚 (1965. 1)	07. 方城 (1964. 7) 07. 上山田 (1967. 7)			06. 美唄 (1972. 12)	
住友石炭	10. 潜竜 (1968. 2)	10. 忠隈 (1965. 3)			02. 奈井江 (1971. 2)		09. 奔別 (1971. 2)
北海道炭礦汽船	09. 万字 (1976. 3) 09. 赤間 (1973. 4)			10. 空知 (1995)			
古河鉱業			04. 大峰 (1969. 4) 12. 雨竜 (1968. 9)		05. 好間 (1969. 12)		
日鉄鉱業				02. 二瀬			
明治鉱業						08. 赤池 (1970. 1)	05. 平山 (1972. 11) 05. 佐賀 (1972. 11) 05. 西杵 (1972. 11)
杵島炭鉱		12. 北方 (1964. 5)					

주: 숫자는 월, ( ) 안의 숫자는 폐광 일자.
자료: 矢田(1977), 표 4.5. 三菱鉱業 美唄탄광의 제2회사화 시점과 北海道炭礦汽船 空知탄광의 폐광 연도는 필자가 보완.

벌계 기업으로서 전후 새로이 형성된 기업집단의 멤버 기업이거나 또는 기업집단과 밀접한 관련이 있는 기업이란 점이다. 야다는 자본계열상의 차이에 주목하여 대기업을 5개 그룹으로 분류했는데,[24] 구재벌계인 제1그룹의 기업은 1973년의 경우 후루카와(古河)광업을 제외한 모든 기업이 조직 변경은 있었지만 석탄 생산

표 5–2	자본계열에 의한 대기업 분류

	회사명	퇴출 과정 (1964~1980년)	자본금 (100만 엔)	탄광 수	생산량 (천 톤)
제1그룹	三井鉱山	1973. 8 석탄 부문 분리	3,000	6	6,440
	三菱鉱業	1969. 10 석탄 부문 분리	2,700	14	4,929
	北海道炭礦汽船	1978. 10 3사로 분리	2,000	8	3,688
	住友石炭鉱業	1969. 5 겸업 부문 분리	2,400	6	2,230
	古河鉱業	1970. 1 석탄 부문에서 철퇴	2,100	5	1,442
제2그룹	太平洋炭礦		400	1	848
	松島炭鉱	1973. 4 松島興産의 자회사로 됨	300	1	655
	雄別炭礦鉄道	1970. 4 해산	720	3	1,046
제3그룹	宇部興産	1970. 1 석탄 부문에서 철퇴	6,000	3	1,943
	日鉄鉱業	1972. 3 석탄 부문에서 철퇴	300	5	1,650
제4그룹	常磐炭礦	1970. 7 常磐興産의 자회사로 됨	400	2	2,179
	大日本炭礦	1967. 10 해산	150	2	299
	日本炭礦	1971. 4 해산	330	5	1,573
제5그룹	明治鉱業	1969. 5 新明治 설립(1972 해산)	1,320	10	1,804
	貝島炭鉱	1977. 1 해산	550	1	1,260
	麻生産業	1969. 4 해산	700	4	956
	大正鉱業	1964. 12 해산	130	1	509
	杵島炭鉱	1969. 6 해산	200	3	494

주: 탄광 수, 생산량은 1957년도, 자본금은 1958년 3월 말.
자료: 矢田俊文(1977)의 내용에서 필자 작성.

을 계속하고 있었다(〈표 5-2〉). 반면, 기타 그룹의 기업들은 다이헤이요(太平洋)탄광, 마쓰시마(松島)탄광, 죠반(常磐)탄광, 가이지마(貝島)탄광을 제외하고는 모두 석탄 부문에서 철퇴했다. 특히 일정 지역에 생산 기반을 둔 석탄 전업 기업이 중심인 제5그룹 기업들은 가이지마탄광을 제외하고는 가장 먼저 철퇴했다.

야다는 자본계열별 분류까지를 해 놓고도 자본계열이 가지는 의미를 충분히 검토하지 않은 채 제1그룹이 가장 늦게까지 존속한 이유를 중소탄광에 대한 대탄광의 우월성을 설명하는 논리와 동일한 논리로 설명하고 있다. 즉, 그는 대탄광이 중소탄광보다 광구 면적도 넓고 자원량도 풍부하여 대규모 투자에 의한 근대화, 기계화의 성과가 크기 때문에 폐광까지 더 오래 견딜 수 있다고 하면서, 자본 규모별 퇴출 시기의 차이도 이러한 생산 규모별 차이를 반영하는 것으로 설명하고 있다. 이 밖에 정책자금이 구재벌계 기업에 집중되는 것과 같은 자금 조달에서의 유리한 위치와 유통 면에서의 구재벌계 기업의 독점적 지위 등을 제1그룹 기업들이 가장 늦게까지 석탄산업에 잔류한 요인으로 들고 있다.[25]

그러나 이런 설명은 구재벌계 기업의 경영 전략에 대한 기업집단의 역할에 관한 것은 아니다. 야다는 기업집단의 역할에 대해서 "금융기관을 중심으로 하는 재벌계 기업집단의 강력한 백업이 있었음"[26]을 지적하기는 했으나, '강력한 백업'의 구체적인 내용에 대해서는 설명하지 않고 있다. 기업집단이 멤버 기업인 탄광 기업의 경영 전략에 어떤 영향을 주었는지에 대해서는 제5절에 다시 논한다.

4. 다각화

탄광 기업은 소유 탄광의 폐광을 진행하는 한편 석탄산업 외의 타 부문으로의 진출, 즉 다각화를 위해 노력했다. 다각화는 석탄 기업에서 축적된 자금이나 설비를 타 부문으로 이전한다는 의미에서 일종의 퇴출 전략이라고 할 수 있다.

탄광 기업의 다각화에 대해서 야다는 이미 대기업의 겸업화라는 현상이 나타나고 있음을 지적했다. 탄광 기업이 관계회사라는 이름의 많은 자회사를 자

기 주변에 집중시켜 석탄자본 전체로서의 경영 개선에 노력하는 이른바 석탄자본의 '겸업화' 현상이다.[27]

이하에서는 야다의 선구적 업적을 토대로 탄광 기업의 다각화 상황을 좀 더 구체적으로 밝히고자 한다.

대기업의 다각화 시도에 관한 전반적 추세를 알아보기 위해서는 대기업들의 대차대조표상의 '사외(社外)투자' 항목의 변화를 보는 것이 유용하다. 1950년도 말의 대기업 18개사의 사외투자 총액은 6억 엔에 미치지 못했으며, 이것은 사용 총자본의 0.6%에 불과한 것이었다. 이후 사외투자는 점차 증가하여 1958년도에는 239억 엔, 사용 총자본의 9.2%에 달했다.[28] 1966년 대기업 17개사의 사외투자액은 975억 엔에 달하여,[29] 1958년부터 1966년까지 8년간 사외투자액은 4배가 넘게 증가했다. 탄광 대기업의 다각화는 1950년대 후반에 이미 그 움직임이 뚜렷이 나타나기 시작하여 1960년대에 들어와 한층 더 활발히 전개되었음을 알 수 있다.

필자도 1960년대의 5개 시점에서 6개 대기업 대차대조표의 투자 항목 중 다각화를 보여 주는 지표로 볼 수 있는 관계회사 주식과 관계회사 장기대부금의 추이를 살펴보았다. 〈표 5-3〉에 따르면, 6개 기업 '투자' 항목의 총자산에 대한 비율은 1960년대에 크게 증가하고 있으며, 이것은 가이지마탄광을 제외하면 관계회사 주식 및 장기대부금의 증가에 의한 것이다. 특히 관계회사에 대한 장기대부금이 가장 큰 비중을 차지하고 있음을 알 수 있다.[30]

그러나 관계회사의 주식투자나 대부금 증가가 반드시 다각화 전략의 결과라고는 할 수 없다. 예를 들어 제2회사에 대한 장기대부금은 다각화 투자라고 볼 수 없다. 미쓰이(三井)광산, 미쓰비시(三菱)광업, 스미토모(住友)석탄광업의 장기대부금 비율이 1966년도에 크게 상승했는데, 이것은 이 시기에 제2회사화한

표 5-3 총자산에 대한 투자, 관계회사 주식, 관계회사 장기대부금의 비율 (단위: %)

연월			1961. 3	1964. 3	1966. 3	1967. 3	1968. 3	1971. 3
三井鉱山	투자		10.4	10.8	25.8	23.8	27.6	30.4
		주식	2.8	2.8	4.7	5.4	4.3	7.1
		장기대부금	3.4	5.0	18.9	17.7	21.0	20.2
三菱鉱業	투자		17.6	17.0	21.2	21.2	20.3	
		주식	1.9	6.4	5.4	5.4	5.3	
		장기대부금	4.9	4.7	10.7	10.0	8.9	
住友石炭鉱業	투자		24.4	33.2	37.2	37.3	27.6	29.7
		주식	2.5	1.1	1.7	1.7	1.8	2.6
		장기대부금	4.7	10.9	25.6	25.6	25.8	26.1
明治鉱業	투자		15.8	22.5	28.9	28.0	38.3	
		주식	1.3	5.2	6.9	7.1	6.6	
		장기대부금	2.8	9.5	14.7	14.7	21.1	
貝島炭鉱	투자		3.6	11.6	24.4			
		주식	0.3	0.3	0.4			
		장기대부금	0.0	0.0	0.0			
日鉄鉱業	투자		9.9	10.7	23.0		27.0	
		주식	0.1	1.0	1.1		1.7	
		장기대부금	4.3	4.2	19.0		22.0	

자료: 각사의 有價証券報告書.

탄광에 대한 대부금의 증가 때문이다.[31] 1966년도의 경우, 이들 제2회사 및 산하 탄광 기업에 대한 대부금의 대부금 총액에 대한 비율은 미쓰이광산 12%, 미쓰비시광업 67%, 스미토모석탄광산 69%에 달했다.

이상에서 다각화는 기업마다 다양한 전개를 보이는 가운데 대체로 1960년대 들어 한층 더 큰 규모로 이루어졌음을 알 수 있으나, 재무제표상의 숫자만을 보고 판단하는 경우 다각화 투자를 과대평가할 위험이 있다. 따라서 다각화를 정확히 판단하기 위해서는 개별 기업별로 관계회사 항목을 자세히 볼 필요가 있다.

개별 기업의 다각화에 대해서는 홋카이도탄광기선(北海道炭礦汽船, 이하 호쿠탄)과 죠반탄광(常磐炭礦)에 대한 야다의 선구적 연구가 있다.[32] 이에 따르면, 호쿠탄은 1930년대부터 석탄 생산 및 수송 부문을 중심으로 관련 부분을 자회사로 독립시켰는데,[33] 1950년대 후반부터는 석탄산업과는 직접적인 관계가 없는 관광 부문으로의 진출을 도모하여, 1958년 호쿠탄(北炭)관광개발, 1964년에 일본 카페리를 설립했다. 특히 호쿠탄관광개발은 나중에 호쿠탄 그룹의 최대 자본 규모를 가진 회사로 성장했다(1976년 3월 말 자본금 215억 엔, 모회사인 호쿠탄의 자본금은 70억 엔).

죠반탄광의 경우, 합리화가 본격화되기 전에 독립한 관계회사는 죠반부동산(1953년 설립)뿐으로 대부분의 관계회사는 합리화가 진행되는 과정에서 설립되었다. 사업 부문은 대단히 광범위해서 석탄산업과 관련 있는 부문만이 아니라 전혀 관계없는 부문에까지 걸쳐 있었다.[34] 이러한 관계회사들 중 특히 중요한 회사는 죠반공동화력과 죠반유모토(常磐湯本)온천관광이고, 그 밖의 회사들은 대체로 자본금 1억 엔 이하, 종업원 250명 이하의 소기업이었다.

죠반탄광을 최대 주주로 하여 도호쿠(東北)전력과 후루카와(古河)광업, 대일본탄광 등과의 공동출자로 1955년에 설립된 죠반공동화력은 죠반탄광의 석탄 시장을 지탱하는 최대 기업으로서의 역할을 장기간 수행했으며, 죠반탄광의 영업외 이익의 최대 원천이 되었다. 1964년에 설립된 죠반유모토관광온천은 죠반탄광에서 용출하는 대량의 온천을 이용하여 온천 풀, 관광호텔, 레스트 하우스 등 일대 레저 센터인 '죠반 하와이안 센터'(常磐ハワイアンセンター)를 경영하는 업체로서 1966년 개설 이후 예상을 뛰어넘는 호성적을 거두어 죠반탄광 그룹의 최고의 수익 회사로 되었다.

이상 야다의 연구를 참고로 하여, 구재벌계 회사인 미쓰이광산, 미쓰비시광업, 스미토모석탄광업 3사의 다각화를 이들 회사의 사사[35]를 통해 살펴보기로 한다.

미쓰비시는 1952년에 이미 다각경영에 의한 경영 기반의 확대 및 강화를 목적으로 조사부를 설치하고, 조사부의 조사 결과에 기초하여 1954년에 시멘트 부문에 진출했다. 그 후 조사부는 폐지되었지만 1955년 합리화 법안의 시행에 대응하여 다시 설치되어 다각화를 적극적으로 추진했다. 스미토모도 1954년에 이미 본점에 조사실과 이에 조언을 하는 사업조사위원회를 발족시켜 석탄산업으로부터 파생되는 신규 사업을 모색하기 시작했다.

이처럼 탄광 대기업은 1950년대에 들어서면서 이미 다각화를 의식적으로 추진하고 있었으나 이것이 본격화한 것은 1950년대 말부터이다(〈표 5-4〉). 3사의 사사에서 확인되는 1951~1957년 사이의 다각화 사례는 미쓰이 5, 미쓰비시 8, 스미토모 3 사례에 불과했다. 그러나 1958~1964년 사이의 다각화 사례는 각각 31, 11, 11(순서 동일)로 크게 늘어났다. 특히 미쓰이의 경우는 1960년의 미이케쟁의 이후 많은 관계회사를 설립한 것이 눈에 뜨인다.

이 3사의 경우는 대체로 석탄산업과 관련이 있는 부문(기계, 수송, 연료, 판매 등)에서의 관계회사 설립이 많은 것으로 보이는데, 비교적 다액의 자금을 투자하여 다각화를 시도한 부문은 시멘트, 코크스, 운수, 건설 부문이었다. 반면, 호쿠탄이나 죠반탄광과 같은 관광업에의 진출은 보이지 않는다. 주목되는 점은 3사 모두 석탄산업과는 직접적 관련이 없는 시멘트 부문에 가장 많은 자금을 투입하여 적극적으로 진출한 점이다.[36]

시멘트업계에 가장 먼저 진출한 탄광 기업은 미쓰비시광업이었다. 동사는 1954년에 미쓰비시 그룹 20개 회사와의 공동출자로 1954년 미쓰비시시멘트를

표 5-4	三井鉱山, 三菱鉱業, 住友石炭鉱業의 다각화(1951~1970년)

연도	三井	三菱	住友
1951	07. 苅田海運経営権取得 10. 室町海運	10. 北菱産業	07. 香山商運 매수
1952		12. 筑豊石灰工業	
1953	10. 三井煉炭	12. 美唄煉炭	
1954	11. 三井塩業	02. 三菱시멘트(6억 엔)	01. 泉汽船(←香山商運)
1955		01. 日東燃料工業에 경영 참가 09. 崎戸製塩(1억 엔)	
1956			02. 井華塩業株式会社(8,000만 엔) 07. 第一林業(1965년 日本商事에 흡수)
1957	08. 三鉱産業	02. 東北砂鉄鉱業買収(3억 엔) 北海道砂鉄鉱業(1억 엔)	
1958	12. 三鉱木材	01. 筑豊機械製作所(3,000만 엔) 11. 菱光콘크리트工業	
1959	04. 제네라루瓦斯(5,000만 엔) 10. 三井三池製作所	01. 千代田鉱石運送 02. 칠레 아타카마 鉄鉱山開発	06. 住之江海陸運輸
1960	02. 士別石灰工業(1,000만 엔) 03. 三鉱興産 06. 三田商事·山野商事·砂川商事·西芦商事 09. 三鉱石油(1,000만 엔)	04. 新菱建設株式会社(1억 엔) 04. 메타놀生産(직영) 07. 石油販売(직영)	07. 泉石油(1,000만 엔)
1961	01. 三池港運 02. 三池商事 三砂建設 04. 三井콘설턴트 12. 三港運送	05. 西日本開発	
1962	01. 三美建設 三美製作所 03. 三美運輸 有明電気工業 12. 三鉱化成 12. 三池코크스(1억 엔)	07. 다이야케미칼(500만 엔) 11. 建材事業 진출(직영)	02. 日本商事 10. 泉天然가스 12. 四国石灰 住友石灰工業(15억 엔)

1963	03. 西芦製作所 06. 三井시멘트(7.5억 엔) 10. 田川타이루(5,000만 엔) 三池港서비스센터 三井三池製作所엔지니어링 北海道畜産 11. 三鉱보링구	05. 다이야 콘설턴트(1,000만 엔)	02. 第一砕石 10. 住友시멘트(35억 엔) 11. 扶桑建設(1,000만 엔)
1964	02. 산코 모타즈 09. 三井三池開発 11. 三井三池港務所(8억 엔)		03. 有明観光開発 05. 井華塩業→泉観光開発
1965	12. 千葉建材工業		
1966	08. 三鉱 生콘		08. 石油営業部 신설
1967	02. 千葉三鉱運輸 06. 三池合板 10. 砂川보링구	05. 세이라이트工業	05. 第一林業
1968	01. 三井알루미늄 07. 中部石油瓦斯를 매수	03. 인도네시아 石油開発에 자본 참가 08. 西日本石油開発에 자본 참가 09. 中東石油 12. 浅間山開発	
1969	04. 三鉱建材 10. 三鉱林業 11. 大阪三鉱石油 12. 미나토木材 西部日本開発	09. (石炭 부문 분리)	03. 扶桑開発
1970	05. 三井鉱山코크스工業 (5억 엔)		

주: ( ) 안의 수치는 자본금.
자료: 三井鉱山株式会社(1990), 三菱鉱業セメント株式会社(1976), 住友石炭鉱業株式会社社史編纂委員会(1990).

설립했다. 미쓰이광산과 스미토모석탄광업의 시멘트업계 진출은 미쓰비시보다 훨씬 늦은 1963년에 실현되었다. 미쓰이광산은 미쓰비시광업과 마찬가지로 미쓰이 그룹의 13개 기업과 오노다(小野田)시멘트의 공동출자로 미쓰이시멘트를 설립했다. 스미토모시멘트의 설립 경위는 다소 복잡하다. 스미토모시멘트는 후쿠시마(福島)시멘트, 이와키(磐城)시멘트, 스미토모석회광업의 합병에 의해 1963년에 설립되었는데, 후쿠시마시멘트는 스미토모기계 외 스미토모계 4사에 의해 1962년에 설립된 회사이며, 스미토모석회광업은 스미토모석탄광업의 석회산업을 분리하여 설립한 회사이다. 스미토모시멘트도 스미토모 그룹 회사의 공동출자에 의해 설립된 회사임에는 다를 바 없다.

5. 기업집단의 역할

전술한 바와 같이 탄광 기업 중에 최후까지 잔류한 것은 구재벌계 기업으로서 전후 새로이 형성된 기업집단의 멤버 기업들이었다. 기업집단은 이들 기업의 경영 전략 선택에 어떤 의미를 갖는 것일까? 멤버 기업이 기업집단으로부터 얻을 수 있는 이익으로는 재정적 지원, 공동출자에 의한 다각화, 이직자의 수용 등을 생각할 수 있다.

기업집단으로부터의 재정적 원조는 대부, 채무보증, 주식 처분, 이자 보조, 저리 융자, 변제 연기 등 다양한 형태로 이루어졌다. 레스비럴(Lesbirel)은 1982년에서 1985년까지의 탄광 기업에 대한 재정적 원조를 기업집단, 소비자 부문, 정부 부문으로 나누어 산출하고 최대의 자금지원자는 기업집단이었다고 주장했다.[37]

1960년대의 경우, 기업집단의 재정적 원조 상황을 탄광 기업의 장기차입금에서의 동일 계열 금융기관에 대한 의존도를 통해 보기로 한다. 탄광 기업의 장기차입금 중 민간 금융기관 차입금의 비율을 〈표 5-5〉를 통해 보면, 1960년대 초에는 미쓰비시광업 외의 모든 기업들의 경우 40%에서 70%에 이르는 높은 수준이었지만, 1960년대 후반이 되면 스미토모석탄광업을 제외하면 20% 전후

표 5-5 장기차입금 중 민간 금융기관의 비중 (단위: %)

	1961	1966	1968	1970
三井	63.1 (21.5)[34.1]	30.8 (12.7)	27.6 (12.5)[45.3]	24.9 (12.7)
三菱	24.2 (6.5)[26.9]	26.3 (15.2)	24.4 (16.9)[69.3]	
住友	44.4 (19.1)[43.0]	50.1 (37.8)	43.9 (33.3)[75.9]	34.3 (29.0)
明治	48.6		18.6	
貝島	70.0	45.3	23.5	
日炭	56.2	29.2	25.1	17.7

주: ( ) 안의 수치는 장기차입금 중 동일 계열 금융기관 차입금의 비율. 1970년도의 스미토모의 경우, 住友金属鉱業 융자가 포함되어 있음. [ ] 안의 수치는 민간 금융기관 차입금 중 동일 계열 금융기관 차입금의 비율.
자료: 각사의 『유가증권보고서』로부터 작성.

로 줄어들었다. 이것은 전술한 바와 같이 1960년대 중반부터 투자자금의 대부분을 정책금융에 의존하게 된 것을 반영하는 것이다.

구재벌계(미쓰이, 미쓰비시, 스미토모) 기업의 경우, 전체 차입금 중의 민간 금융기관 차입금 비율이 하락하는 가운데, 민간 금융기관 차입금 중에서 동일계 금융기관 차입금이 차지하는 비율은 크게 상승했다. 1961년과 1968년 사이에 미쓰이 광산은 34.1%에서 45.3%, 미쓰비시광업은 26.9%에서 69.3%, 스미토모 석탄광업 43.0%에서 75.9%로 높아졌다. 즉, 기업집단의 멤버 기업인 탄광 기업은 민간 금융기관으로부터의 차입이 곤란해지는 상황에서 동일 계열의 금융기관으로부터의 차입금에 더욱 크게 의존해 갔음을 알 수 있다.

그러나 이 사실이 반드시 구재벌계 기업이 동일 계열 금융기관의 존재로 인하여 자금 조달에서 우월한 입장에 있음을 의미하는 것은 아니다. 왜냐하면 장기차입금 중 민간 금융기관의 비율이 구재벌계 기업과 비재벌계 기업 사이에 큰 차이를 보이지 않기 때문이다. 다만, 동일 계열 금융기관의 비중이 1960년대 후반에도 장기차입금 전체의 30% 전후에 달했던 스미토모의 경우만은 분명히 동일 계열 금융기관의 존재가 그 기업의 재정적 어려움을 완화시켜 당해 기업의 존속, 유지에 중요한 역할을 했다고 볼 수 있다.

동일 계열 금융기관으로부터 차입금 외의 자금적 원조에 대한 정량적 분석은 하지 못했지만, 1969년에서 1971년에 걸친 스미토모석탄광업의 재건 과정에서의 스미토모 그룹의 역할은 자금 조달 면에서 기업집단의 중요성을 잘 보여준다. 1969년에 스미토모석탄이 재정적 위기에 빠지게 되자 스미토모 그룹은 석탄문제위원회를 설치하여 스미토모석탄광업의 구제책을 협의하고 스미토모석탄광업의 부동산이나 보유 주식을 인수함으로써 재건자금의 일부를 지원했다. 또한 1971년 1, 2월에는 스미토모석탄광업이 당장의 파탄을 면하기 위해 스미토모 계열 15사로부터 16억 엔의 자금원조를 받았다. 석탄광업심의회는 1971년 7월 스미토모의 재건계획을 승인했는데, 자금 대책에 대해서는 스미토모 그룹이 최대한의 협력을 이행하는 것을 조건으로 하여 정부도 각별한 지원을 한다고 했다. 그 내용은 경리심사회가 인정한 자금부족액 106억 4,200만 엔을 국가의 지원 56억 9,000만 엔 외에 스미토모 그룹으로부터의 43억 4,200만 엔의 지원에 의해 해결하고자 하는 것이었다.[38]

탄광 이직자 대책에서도 기업집단이 중요한 역할을 했다. 미쓰이광산은 1959년 10월 임시취직대책위원회를 설치하고 미쓰이 그룹 각사를 비롯해 거래처, 직업안정국 등에서 널리 일자리 개척에 노력했다.[39] 미쓰비시광업의 경우에는 이직자의 일자리를 찾기 위해 1959년 11월 미쓰비시 그룹 각사의 사장으로 구성되는 금요회의 석상에서 그룹 각사에 협력을 요청했다.[40] 스미토모석탄광업도 1959년경부터 그룹 기업에의 취직 알선을 적극적으로 추진했다. 제1차 취직 알선의 경우, 알선자 약 1,600명, 알선회사는 백수십 사에 달했으며, 주된 취직 알선처는 스미토모 그룹의 일본전기, 스미토모금속이었다.[41]

마지막으로 기업집단은 다각화에도 중요한 역할을 했다. 전술한 탄광 기업의 시멘트산업 진출은 다각화를 위한 계열기업과의 공동투자의 전형적인 사례였다.

석탄산업의 재건에 대해 아무런 희망이 보이지 않았을 때조차 기업집단이 멤버 기업인 탄광 기업을 지원한 이유는 무엇일까? 기업집단은 될 수 있는 한 조속히 당해 기업을 청산하고 석탄 부문에서 철퇴하는 것이 보다 좋은 방법은 아니었을까?

레스비럴과 깃카와(橘川)는 그 대답을 계열의 리스크 셰어링(risk-sharing) 기능에서 찾았다. 레스비럴에 따르면, 기업집단에는 내재적 상호보험기구(implicit mutual insurance scheme)가 존재하며, 이 사적인 상호보험기구, 즉 리스크 셰어링 기능은 탄광 기업의 구조조정 비용을 계열 내에서 분담하는 기능을 한다.[42] 깃카와는 기업집단의 부가적 기능의 하나로 '리스크 셰어링' 기능을 제시하고, 그 예로서 석탄산업의 사양화에 대응해 기업집단의 멤버 기업인 탄광 기업의 잉여 인원을 다른 멤버 기업이 수용하거나 탄광 기업의 다각화 혹은 전업(轉業)을 위해 기업집단 멤버 기업의 공동출자를 통해 시멘트회사를 설립한 것을 들고 있다.[43]

여기서 문제는 기업집단의 리스크 셰어링 기능이 탄광 기업 경영 전략의 선택, 즉 '퇴출이냐 존속이냐'의 선택에 미치는 영향이다. 멤버 기업에 의한 공동출자나 이직자의 수용은 퇴출비용을 분담함으로써 철퇴를 용이하게 하는 측면이 있다. 그러나 자금원조는 반드시 퇴출을 용이하게 하는 것은 아니다. 자금원조가 퇴직금이나 광해 배상의 지불 등에 사용된다면 그것은 퇴출을 촉진할 것이다. 반면, 현상 유지를 위한 손실 보전에 투입된다면 오히려 그것은 기업 생명을 연장시키는 기능을 할 것이다. 실제로 기업집단의 원조는 탄광 기업의 재정적 곤란을 완화시키기 위한 것이 많았다고 생각된다. 전술한 1969년에서 1971년에 걸친 스미토모석탄광업의 재건 과정에서 스미토모 그룹의 자금 지원은 그 좋은 예이다.

재정적 곤란에 빠진 기업에 대한 기업집단의 지원은 그 기업이 가까운 장래에 경영 개선의 전망이 있을 때 비로소 기업재건까지의 조정비용을 분담한다는 의미를 가진다. 그렇지만 스미토모석탄광업의 경우 스미토모 그룹이 당해 기업의 재건 가능성을 기대하고 자금적 원조를 했다고는 생각되지 않는다. 전술한 바와 같이 이미 이 시기에 정부는 석탄산업으로부터의 점진적 철퇴 노선을 분명히 하고 있었다. 즉, 스미토모석탄광업에 대한 스미토모 그룹의 자금 지원은 기업집단의 리스크 셰어링 기능으로서 설명될 수 없다. 그렇다면 스미토모 그룹이 스미토모석탄광업에 자금 지원을 하는 이유는 어떻게 설명될 수 있을까?

이에 대한 대답으로 생각되는 것은 기업집단에 대한 '사회적 신용'의 유지라고 하는 점이다. 전술한 스미토모석탄광업의 재건 과정 시 사장이었던 가와조에(川副)는 1969년 스미토모 그룹의 사장회에 출석하여 스미토모 그룹의 일원으로서 '사회적 신용'을 유지하기 위해 경영 재건을 위한 그룹 각사의 지원을 요망했다.[44] 사장회의 중요한 기능 중 하나가 기업집단 로고의 관리라는 점을 고려하면,[45] 가와조에가 강조한 '사회적 신용'의 유지란 기업집단의 위신 및 평판의 유지라고 이해할 수 있다. 따라서 스미토모 그룹의 스미토모석탄광업에 대한 자금 지원은 스미토모석탄광업의 파탄에 의해 그룹 전체의 사회적 신용이 손상되는 일이 없도록 하기 위함이라고 추론하는 것은 합리적이다. 이러한 맥락에서 사회적 신용은 계열 기업에 대해 경영적 또는 정서적 장벽(managerial or emotional barriers)으로서 기능했다고 할 수 있다. 포터에 따르면, 순수한 경제적 고려를 넘어서는 요인들, 예를 들면 경영자의 능력이나 성취에 대한 자부심, 사업에 대한 정서적인 애착이나 관여가 퇴출에 대한 장벽이 될 수 있다고 한다. 이러한 장벽은 특히 기업의 역사나 전통이 오래될수록 또한 상급경영자의 이동이 작을수록 높아진다고 한다.[46] 스미토모 그룹과 같이 역사가 길고 정체성이 강한 기업집단에서 '사회적 신용'의 유지는 유력한 퇴출장벽으로 가능했다.

6. 맺음말

에너지 혁명에 수반하는 국내탄 수요의 급격한 감소라고 하는 시장조건하에서, 탄광 기업은 '퇴출인가 잔류인가' 하는 심각한 문제에 대처해야 했다. 돌이켜 보면 탄광 기업이 취해야 할 최선의 전략은 즉각 퇴출이었을지도 모른다. 그러나 정부에 의해 시행된 석탄정책과 탄광 기업 개개의 특성에 의해 탄광 기업은 시기별 또는 기업별로 상이한 경영 전략을 취했다.

1959년경 석탄산업의 사양산업화가 명료해짐에 따라 탄광 기업의 철저한 구조조정이 불가피해졌다. 구조조정은 두 방향으로 전개되었다. 하나는 석탄산업으로부터 철퇴하는 것이고, 또 하나는 합리화 투자에 의해 생존을 모색하는 것이었다. 대부분의 중소탄광 기업은 전자를 택했다. 중소기업은 합리화 투자를 할 자금적 여력이 없었으며 더욱이 퇴출장벽이 낮았기 때문에 대기업보다 퇴출을 선택하기가 용이했다.

중소탄광의 퇴출은 1950년대 말에서 1960년대 전반에 걸쳐서 대규모로 진행되었다. 특히 제1차 석탄 대책에서 탄광 정비정책을 대폭 확충한 것이 탄광의 퇴출비용을 경감시킴으로써 중소탄광의 대량 폐광을 촉진했다.

반면 퇴출장벽이 높은 대기업은 간단히 퇴출을 선택할 수 없었다. 그들은 '스크랩 앤드 빌드' 정책에 따라 노후 탄광을 폐광하면서 신규의 우량 탄광에 설비투자를 집중하여 생존을 꾀했다. 그러나 석탄산업의 불황이 더욱 심각해짐에 따라 그들의 설비투자에 대한 열의는 식어 갔다. 1960년대 후반에는 전반의 수준을 약간 상회하는 규모의 설비투자가 이루어졌지만, 그 자금의 대부분을 정부에 의존하고 있었다. 이 시기에는 경영 자립을 목표로 하는 투자라기보다는 정부 정책에 추수하는 형태로 투자가 이루어진 것이다. 대기업은 노후 탄광을 분리하여 제2회사화하거나 정부로부터 각종 보조금을 받아 잔류하고 있었지만 1960년대 후반부터는 대기업 중에도 퇴출하는 기업이 나타나기 시작했다. 특히 1969년에 시행된 특별폐산교부금제도는 기업의 퇴출비용을 크게 경감시켜 많은 대기업의 퇴출을 용이하게 했다.

최후로 남은 탄광 기업들은 기업집단의 멤버 기업이었다. 그들이 최후까지 남을 수 있었던 것은 우량 탄광의 보유라고 하는 자연적 조건 외에 기업집단의 지원이 있었기 때문이다. 기업집단의 지원에는 자금적 지원, 잉여 인력의 수용, 공동출자에 의한 다각화 등이 있었다. 잉여 인력의 수용이나 공동출자에 의한 다각화는 퇴출비용의 분담을 통해 석탄산업으로부터의 철수를 원활하게 하는 기능을 했다. 그러나 자금 지원은 오히려 기업의 온존을 조장하는 측면이 있었다. 기업집단의 멤버 기업인 탄광 기업에 자금적 지원을 계속한 것에는, 기업집단의 사회적 신용을 유지하기 위한 것과 같은, 경제적 요인만으로 설명하기 어려운 부분이 있다. 기업집단의 멤버 기업인 경우, 경영적 또는 정서적 장벽이 다른 기업들보다 높았던 것이다.

보론

산탄 지역 대책에 대한 한·미·일 비교

철거 직전의 태백시 장성동의 화광 탄광사택(2019년 박성원 촬영)

1. 머리말

여기서는 석탄산업 사양화에 대응하여 실시되었던 산탄 지역 대책에 대해 미국, 일본, 한국 사례의 국제 비교를 시도한다. 석탄산업의 쇠퇴로 말미암은 지역 사회의 경제적 피폐를 방지하고 산탄 지역 내에 석탄산업을 대체할 산업을 진흥하여 지역 경제의 활성화를 꾀하는 것을 주요 내용으로 하는 점에서 각국의 산탄 지역 정책은 공통적이지만, 그 구체적인 실시 상황은 각국의 경제·사회·정치적 조건 등에 따라 상이한 특징을 보이고 있었다.

산탄 지역 대책에 관한 연구는 아직 충분하다고는 할 수 없으며 각 나라마다 상당한 연구 축적의 차이가 보이고 있지만,[1] 특히 산탄 지역 대책의 국제 비교를 시도한 본격적인 연구는 별로 보이지 않는다. 아마도 그것은 산탄 지역 대책에 대한 연구 정도가 나라별로 상당한 차이가 있어 동일한 수준에서의 비교가 어렵고, 산탄 지역 대책에 관한 연구가 주로 산탄 지역의 진흥 및 개발이라는 실천적 목적하에 진행되었기 때문이라고 생각된다. 그러나 적절한 비교 시점이 확보된다면, 산탄 지역 대책의 국제 비교는 각국의 사회구성 원리가 정부의 정책과 어떻게 조응하는가를 보는 데 대단히 유효하다. 왜냐하면 산탄 지역 대책은 지역 사회를 대상으로 하기 때문에 단순한 경제정책이 아니라 사회정책적인 의미를 가지며, 따라서 정부 조직, 지역 사회의 구성 원리, 노사관계 등의 사회구조적 요인이 산탄 지역 대책의 수립 및 시행에 중요한 의미를 갖기 때문이다. 어떤 나라에서 효과적이었던 산탄 지역 대책이 사회구성 원리가 다른 나라에서는 전혀 의미가 없을 수도 있는 것이다.

여기서는 네 개의 시점에서 산탄 지역 대책을 비교하고자 한다. 즉, 산탄 지역 대책에 중요한 이해관계를 가지는 네 개의 그룹, 즉 정부, 기업, 노동자(노동조합), 그리고 지역 사회를 비교의 시점으로 활용한다.

대체로 사양산업이 발생할 경우, 자원 배분의 효율성이란 점에서 재빠른 구조조정이 국민경제에 바람직하지만, 구조조정은 시장 메커니즘만으로는 원활히 이루어지기 어렵기 때문에 정부가 개입하게 된다. 산탄 지역의 경제적 피폐 문제는 종종 구조조정을 곤란하게 하는 문제로서 부각되며, 정부는 원활한 구조조정을 위해 산탄 지역의 경제 진흥을 위한 정책을 시행하게 된다. 정부의 산탄 지역 정책은 정부 조직 형태나 정치권력의 이데올로기 등의 차이로 나라마다 다른 형태로 전개된다.

기업과 노동조합은 구조조정의 직접적인 당사자라고 할 수 있으며, 각기 정부의 구조조정정책이 자신에게 유리하게 시행되도록 노력하지만, 이들에게 지역의 이해는 이차적인 것이라고 할 수 있다. 그러나 기업 및 노동조합과 지역 커뮤니티의 관련 방식이나, 기업 이념 혹은 노조의 이데올로기는 산탄 지역에 대한 이들의 태도를 규정하고 산탄 지역 정책에 영향을 줄 수 있다.

산탄 지역 대책은 지역 주민의 복지에 직접적인 영향을 주는 것이기 때문에 지역 사회는 산탄 지역 대책에 민감하지 않을 수 없다. 그러나 산탄 지역 대책에 대한 주민의 영향력 또는 산탄 지역 대책의 운영에 대한 주민의 참여 등은 지역사회의 구성 원리에 의해 규정된다. 특히 산탄 지역의 자치 능력 차이는 정부의 산탄 지역 정책 수립 및 그 운영에 큰 영향을 미칠 것으로 생각된다.

국제 비교를 통해 일반적인 결론을 도출하기 위해서는 비교 대상 국가가 많을수록 좋을 것이다. 그러나 여기서는 자료적·시간적 제약으로 미국, 일본, 한국을 비교 대상으로 선정했다.[2] 미국은 정부 조직이나 노사관계, 지방자치 등 여러 면에서 일본, 한국과는 대단히 상이한 국가이다. 일본과 한국의 사례를 보다 넓은 시야에서 이해하는 데 미국의 사례는 귀중한 레퍼런스가 될 수 있다. 한편, 한국과 일본은 같은 동아시아 국가로서 문화적으로 공통되는 부분이 많지만, 역시 두 나라의 석탄산업 발전 역사와 사회구성 원리 차이는 지역 대책에 영향을 미침을 볼 수 있다. 이런 국제 비교는 다른 국가에서의 산탄 지역 대책 또는 같은 국가에서도 다른 산업 부문의 구조조정정책을 시행하는 데 많은 시사점을 줄 것으로 기대된다.

2. 미국 펜실베이니아 무연탄 산지의 지역 대책[3]

1) 펜실베이니아 지역 무연탄산업의 사양화

미국의 무연탄 산지는 유연탄 산지에 비해 지역적으로 집중되어 있다. 펜실베이니아주 북동부의 500제곱마일에 불과한 좁은 지역에서 미국 무연탄 공급의 95%가 생산되었다. 이 지역의 석탄 존재는 이미 18세기 후반에 개척자들 사이에서 알려져 있었으며, 대장간에서 무연탄이 사용되기도 했다. 이 지역에서 무연탄의 상업적 개발은 1792년 리하이 탄광회사(the Lehigh Coal Mine Company)의 설립에 의해 시작되었다.

19세기 초에는 수운을 이용하여 무연탄을 필라델피아와 뉴욕에 판매하기 시작했다. 1820년대까지 수운업체들이 설립되어 석탄을 동부의 도시 및 공업 지역에 공급하기 위해 도로 또는 강이나 운하를 이용한 수송 체계를 건설하기 시작했다. 그러나 운하에 의한 석탄 수송은 19세기 중엽에 철도 수송의 도전을 받게 되었다. 1850년대에는 세 개의 주요 철도 라인이 완성되었으며, 철도회사 간의 치열한 경쟁 끝에 1907년까지 9개의 주요 철도회사가 91%의 석탄을 지배하게 되었다.

무연탄의 개발에 따라 인적이 드물었던 이 지역에 인구가 급증하기 시작했다. 1820년에 약 5만 명이던 이 지역 인구는 세기의 전환기에 75만 명이 되었으며, 석탄산업에 종사하는 사람도 14만 4,000명을 기록했다. 이 지역의 발전은 20세기에 들어오면서 석탄 수요의 증대와 함께 가속되었다. 무연탄 생산은 1900년의 5,700만 톤에서 1917년에는 1억 톤을 넘어섰고 석탄산업 종사자도 1917년에 15만 6,000명에 달했다.

20세기 초의 20년간이 펜실베이니아 무연탄 산지의 경제적 번영의 정점이었다. 제1차 세계대전 이후 전체 연료 소비에서 차지하는 무연탄 비중이 감소하기 시작하고 생산량도 크게 감소했다. 1930년의 무연탄 생산량은 6,800만 톤이었으며, 1940년에는 1900년의 수준을 밑도는 5,100만 톤에 불과했다. 석탄산업 종사자는 1930년까지 15만 1,000명을 유지했지만 이후 급속히 감소하며 1940년에는 9만여 명이 되었다.

제1차 세계대전 이후 사양화하기 시작한 펜실베이니아 무연탄산업은 제2차 세계대전기에 회복하는 듯했으나 전쟁이 종료되자 다시 급속히 쇠퇴하기 시작했다. 생산량은 1950년에 4,600만 톤 수준이었지만 1960년에는 1,700만 톤, 1970년에는 900여만 톤에 불과하게 되었다. 석탄산업 종사자도 1950년의 7만 5,000명에서 1960년 2만여 명, 1970년 6,000명으로 감소했다.

석탄산업의 사양화는 이 지역의 경제적 피폐를 가져왔다. 1930년의 인구는 약 118만 명이었지만, 1950년에는 약 102만 명, 1970년에는 약 88만 명으로 감소했다. 특히 젊은 층이 더 좋은 일자리를 찾아 지역 외로 유출되면서 지역 주민의 평균 연령도 높아졌다. 고령화가 급속히 진행되어 전체 인구에서 차지하는 65세 이상 인구의 비율은 1940년에 5.5%에서 1960년에는 12.4%로 상승했다.

실업률도 타 지역에 비해 높아졌다. 대공황 초기였던 1930년의 실업률은 무려 46.5%로, 미국 전체 실업률 25.1%보다 약 21%포인트나 높았다. 1940년에도 이 지역의 실업률은 24.6%의 높은 수준으로 미국 전체 실업률 9.6%를 크게 상회했다. 제2차 세계대전 이후 이 지역의 실업률은 크게 낮아졌으나 1980년까지는 여전히 미국 전체의 실업률보다 높았다. 이 지역의 평균 소득 역시 미국 전체의 평균 소득에 크게 미치지 못했다. 1950년의 미국 전체의 중위(median) 가계소득은 3,073달러였으나 무연탄 지역은 그보다 9.3% 적은 약 2,788달러에 불과했으며, 1960년 이후 그 격차는 더욱 벌어졌다. 1960년의 미국 전체의 중위 가계소득은 5,660달러인 반면 무연탄 지역의 중위 가계소득은 그보다 약 16.7% 적은 4,716달러였다.

2) 기업과 노동조합의 대응

탄광 기업들은 석탄산업의 사양화에 대해 자본 도피(capital flight)의 길을 택했다. 그럼으로써 그들은 무연탄 지역에서의 잠재적인 투자, 경제적 자산, 고용 기회의 손실을 가져왔다. 이 과정에서 특히 금융자본의 역할은 결정적이었다. 뉴욕이나 필라델피아의 금융자본은 펜실베이니아 무연탄 산지에서 석탄의 채굴, 수송에 대한 자금 지원, 시장의 안정화에서 노사관계에 이르기까지 항상 결정적인 존재였지만, 제2차 세계대전 후에 이 지역 무연탄산업에 투자한 투자자들은 이 지역 주민의 이익에 거의 관심을 갖지 않았다. 그들의 목적은 산업복합체를 만들고 기업들을 사고팔고 함으로써 자신들의 다각화된 지주회사의 주식 가치를 높이는 데 있었다.[4] 펜실베이니아 무연탄 산지의 석탄회사는 그들에게 생산 설비가 아니라 세금 피난처와 매매 대상일 뿐인 자산을 의미했다. 그 지역의 인적 자원은 그들의 계산에 들어 있지 않았다.

당시의 탄광노동조합(United Mine Workers of America: UMWA)[5]은 기업들이 석탄산업에서 철퇴하는 것을 저지하지 못했으며, 제2차 세계대전 이후 UMWA의 정책은 오히려 무연탄 생산에 종사하던 광부 및 무연탄 산지 지역 주민의 이해에 반하는 것이기조차 했다.

UMWA의 대응은 경영자 단체인 무연탄기구(the Anthracite Institute)와 함께 무연탄과 경쟁하는 연료 사용을 억제하기 위해 주 정부나 연방 정부에 로비하는 것과 같은 방어적인 것에 그쳤다. 예를 들어, UMWA는 대호수 지역에 오일 탱커를 연결할 수 있는 세인트 로렌스 시웨이(the St. Lawrence Seaway)의 건설에 반대했지만, 결국 1954년 이 사업은 승인되었다. 또한 UMWA는 무연탄기구와 함께 펜실베이니아 지역의 가스관 건설에 반대했지만 이 역시 효과를 보지 못했다.

UMWA는 이처럼 무연탄 사용을 진흥시키고 경쟁 연료에 반대하는 노력을 했지만, UMWA의 주된 관심은 유연탄 지역 문제에 있었으며, 무연탄 지역에 대한 관심은 부차적인 것이었다. UMWA는 광부들의 복지 및 퇴직 기금의 설립에 힘을 기울여 1947년에 기금 설립을 실현시켰으며, 퇴직 광부들에 대한 연금 기금의 설정에도 성공했다. 그러나 이러한 UMWA의 성공에는 치명적인 약점이 있었다. UMWA에 의해 확보된 기금의 재원은 석탄 산출량에 대한 부과금이었기 때문에 석탄 산출량이 감소하면 기금도 감소하게 되었다. 이러한 시스템은 유연탄과 무연탄의 기금이 분리되어 있었기 때문에 특히 그 생산량이 급격히 감소한 무연탄 지역 광부들에게 불리했다. 두 기금을 합병하고자 하는 시도가 있었지만 실패했으며, 그 결과 무연탄 지역의 광부들이 받는 연금이나 의료 혜택은 무연탄산업의 사양화와 함께 급격히 감소했다.[6]

그뿐만 아니라, UMWA가 존 루이스(John L. Lewis)[7]의 지도하에 점차 중앙집권적이 됨에 따라 지역 차원에서의 민주주의가 손상되었으며, 현장의 광부들은 점차 노조 지도부에 의해 소외되었다. 더구나 루이스 지도하의 UMWA는 노조원의 이익보다 노조 조직의 이익을 우선하는 행동을 취함으로써 무연탄 지역 주민 및 노동자들의 복지에 부정적 영향을 주었다.

3) 지역 사회의 대응

지역 경제 쇠퇴에 대한 대응은 우선 지역공동체에 의해 시작되었다. 일반적으로 지역 엘리트들에 의한 지역 개발자금 모집에 지역 주민이 반응함으로써 지역 차원의 진흥 대책은 지역 공동체의 프로젝트가 되어 갔다. 스크랜튼(Scranton)시의 사례를 보면 다음과 같다.

스크랜튼시의 석탄산업 일변도의 산업구조를 개선하기 위한 노력은 이미 1880년대부터 시작되었다. 당시 상공업 부문 지도자들은 통상위원회(trade board)를 구성해 스크랜튼시에서 새로이 사업을 시작하는 회사에 대해 10년간 세금을 경감할 것을 시 직원에게 로비했다. 1913년과 1914년에 동 위원회는 새로 설립한 스크랜튼 산업개발회사(the Scranton Industrial Development Company)에게 제조업체의 신규 설립 지원비로 100만 달러를 제공하기 위한 자금 모집 활동을 조직했다. 이 위원회를 계승한 상업회의소(the chamber of commerce)는 1929년에 스크랜튼시의 경제 활동을 지원하기 위한 펀드(Credit Guarantee Fund)를 창설했다.

제2차 세계대전 중 및 전후에 스크랜튼 지역 사회의 산업 유치 노력은 더욱 활발해졌다. 상업회의소와 지역 유지들은 전시 중에 동 지역에 산업을 유치하기 위해 스크랜튼 플랜(the Scranton Plan)을 수립해 방위산업 공장을 스크랜튼시에 유치하는 데 성공했다. 전후 경제 지도자들은 170만 달러를 모금하여 이 중 120만 달러는 위의 방위산업 공장을 구입하는 데 사용했고 남은 50만 달러는 이 지역에 들어오는 회사에게 임대 또는 판매할 공장 건물을 건설하는 스크랜튼 라카와나 산업용 빌딩 회사(the Scranton Lackawanna Industrial Building Company: SLIBCO)의 시드 머니로 사용했다.

1950년에는 라카와나 산업기금(the Lackawanna Industrial Fund Enterprise: LIFE)이 설립됨에 따라, 자금 모집, 기업 유치, 산업 빌딩 건설이 라카와나 카운티 전역으로 확장된 틀 속에서 전개되었다.

스크랜튼시는 산업개발 에이전시 설립을 선도했으며, 스크랜튼 지도자들이 사용한 방법은 다른 커뮤티니의 모델이 되었다. 산업개발 에이전시는 일종의 공사(公私) 합성체(private-public hybrid)였다. 조직은 상업회의소나 사적 기업가들에 의해 설립되었지만, 그들은 공적인 청원을 통해 자금을 모집했으며 그들 지역 공동체의 보다 넓은 공적 이익을 대변했다. 초기에 이들 에이전시들은 유망한 산업 기업가를 위해 공장을 건설하거나 공장 이전비용을 보조하기도 했다. 시간이 경과함에 따라 에이전시들은 예전의 모델에서 벗어나 일반 산업용 빌딩(generic industrial shell building)을 건설하고, 이것들을 이 지역에 이전하거나 이 지역에서 사업을 확장하는 기업들에게 임대 또는 판매했다. 임대할 경우, 에이전시들은 낮은 이자율의 융자를 제공하거나 지역의 상업은행과 연결시켰다. 궁극적으로 에이전시들은 이전 기업들에게 산업공원(industrial park)을 제공하는 모델로 이행했다. 산업공원 모델은 에이전시들이 그들 고객의 수요를 예상하고 동시에 다수의 산업부지를 위한 계획을 세울 수 있게 했다. 스크랜튼시는 키스톤 산업공원(Keystone Industrial Park)을 조성했으며, 스크랜튼의 예를 따라, 윌키스바레(Wilkes-Barre)시는 크레스트우드 산업공원(Crestwood Industrial Park)과 하노버 산업부동산(Hanover Industrial Estates)을, 헤이즐턴(Hazleton)시는 밸본트(Valmont)

와 훔볼트 산업공원(Humboldt Industrial Park)을 조성했다.

4) 주 정부의 대책

제2차 세계대전 후 10여 년간의 산업발전 운동은 완전히 지역 차원에서 이루어졌다. 그러나 지역 차원에서의 산업 진흥 프로젝트는 종종 자금 부족으로 중단되곤 했다. 또 한정된 기업들을 대상으로 지역 간의 경쟁이 일어남으로써 프로젝트가 좌절될 수도 있었다. 자금 부족과 지역 간 과당경쟁으로 인해 재개발 노력은 지역 공동체에 무거운 부담이 되었다.

이러한 문제에 직면하여 무연탄 지역 정치가들의 노력에 의해 주 정부 차원에서 지역 경제를 살리기 위한 정책이 세워졌다. 펜실베이니아주 정부는 1956년 펜실베이니아 산업개발공사(the Pennsylvania Industrial Development Authority: PIDA)를 설립했다. PIDA에게는 펜실베이니아주 안의 경제적 쇠퇴 지역에서 사업을 시작하거나 확장하는 기업을 도와주는 역할이 부여되었다. 이 공사는 특히 실업률이 높은 지역에서 사업하는 적절한 기업에 대해 낮은 이자율의 2차 융자(second mortgage)를 제공했다. 1956년에서 1978년까지 PIDA는 합계 4억 8,800만 달러에 이르는 1,300건의 융자를 했다. 1956~1970년 사이의 PIDA 지원의 27%는 무연탄 산지에 속하는 세 개의 카운티에 유입되었다.

5) 연방 정부의 지원

1950년대와 1960년대에 들어와서 곤궁 지역(distressed areas)으로 지정된 지역의 재개발을 목적으로 하는 연방 정부의 입법은 펜실베이니아를 비롯한 주 정부의 재공업화 노력을 보완했다. 의회는 곤궁 지역에서의 인프라스트럭처 및 산업용 건물 건설에 대한 융자를 포함하는 「불황지역법」(the Depressed Areas Act)을 통과시켰지만, 아이젠하워 정부는 이 법안을 거부했다. 케네디가 대통령에 취임한 후인 1961년 5월에 지역재개발청(Area Redevelopment Administration: ARA)이 상무부(Commerce Department)에 설치되었다. 이 기관은 향후 4년간 지속적으로 높은 실업률에 시달리는 지역에 융자기금에 사용할 수 있는 3억 9,000만 달러의 예산을 확보했다. ARA는 4년간 만 활동했지만, 불황이 심각한 애팔래치아 지역에 자금 지원을 했으며 ARA가 폐지된 후에도 연방 정부는 펜실베이니아 무연탄 산지에 대한 지원을 계속했다. 또한 케네디는 지역 문제를 연구하고 법적 해결책을 제시하기 위한 애팔래치아 지역위원회(Appalachian Regional Commission: ARC)를 설치했다. 이 위원회는 1965년에 「애팔래치아 지역개발법」(The Appalachian Regional Development Act)이 제정됨으로써 보다 확고한 법적 기반을 갖게 되었다. 이 위원회는 애팔래치아 지역의 주지사들에게 연방 정부의 자금 지원을 받을 수 있는 정책들을 세우고 우선 순위를 세우는 역할을 부여했다.

그러나 두 개의 주요 프로그램, 즉 ARA와 ARC는 결국 무연탄 산지의 재개발에서 그다지 크지 않은 간접적인 기여를 했을 뿐이다. 보다 중요한 의미를 가지는 것은 더 전통적인 연방의 영향력, 즉 이익유도형 정치(pork-barrel politics)였다. 산탄 지역의 국회의원들은 연방의 자금을 산탄 지역으로 끌어오는 선수였다.

6) 지역 전력회사의 지원

펜실베이니아 무연탄 지역의 재개발에서 중요한 역할을 한 또 하나의 행위자(actor)는 지역 전기회사였다. 펜실베이니아 전력전기회사(Pennsylvania Power &

Light Company: PP&L)는 과거의 주요 전력 수요자였던 석탄 기업들이 위기에 처하게 되자 이 지역으로 다른 고객들을 유치해야만 했다. 1940년에 PP&L은 산업개발부(Industrial Development Department)를 설치하여 이 회사의 서비스 지역으로 기업을 유치하기 위한 서비스를 제공하면서 산업 동향을 예의 주시했다. 잠재적 고객들에게 전력을 공급하고자 했던 PP&L은 지역 차원의 기업 유치 활동에서 중요한 협력자임을 증명했다.

3. 한국의 산탄 지역 대책[8]

1) 한국 석탄산업의 사양화

한국에서 석탄은 구한말에 일제가 해군창 연료로 사용하기 위해 평양 탄전을 개발하면서 채굴되기 시작했으며, 이후 식민지기에 조선의 5대 광물 중 하나로 성장했다. 식민지기에 석탄 생산량은 1911년 12만 톤에서 1941년 618만 톤, 1944년 700만 톤으로 증가했는데, 한반도의 북부가 주요 산지였다.[9]

한반도 남부의 탄전은 해방 후에 대한민국 정부 수립 이후 본격적으로 개발되었다. 한반도 남부에서 생산되는 석탄은 거의 대부분이 무연탄이었는데 1949년에 113만 톤에 불과했던 무연탄 생산량은 한국전쟁 종료 후인 1950년대 중반부터 급속히 늘기 시작하여 1965년에는 1,000만 톤을 넘어섰다.[10] 1960년대 후반에 정부가 유주탄종 정책으로 전환함에 따라 석탄 생산이 정체했으나 석유위기를 거치면서 정부 정책은 다시 석탄산업 진흥으로 바뀌었다. 석탄 생산은 1980년대 중반에는 2,500만 톤에 육박했으나, 이러한 증산은 정부의 막대한 보조금 덕분이었다. 그러나 1980년대에 들어오면 매년 1,000억 원이 넘는 정부 지원에도 불구하고 탄광 기업의 경쟁력은 개선되지 못하고 적자 폭이 확대되었다. 매년 1,000억 원의 보조금은 당시 동력자원부(이하 동자부) 예산의 70%에 달하는 것이었고, 보조금 이외에도 1,000억~2,000억 원에 달하는 저리 융자금이 지원되고 있었다. 결국 정부는 서민 연료의 안정화라는 명분하에 지속하여 오던 보조금에 의한 석탄 증산책을 재정 부담의 증가로 포기하지 않을 수 없게 되었으며, 동자부는 1987년에 '석탄광개발합리화방안'(이하 '합리화방안')을 작성하여 석탄산업의 합리화를 도모하고 그 실행기구로서 석탄산업합리화사업단을 설립했다.

석탄산업의 합리화는 '합리화방안'의 최종안이 1988년 12월에 확정됨으로써 이 방안에 따라 1989년부터 실시되었다. '합리화방안'의 기조는 "고능률 저원가 탄광은 생산 규모를 확대하고 저능률 고원가 탄광은 정비"[11]한다는 것으로 일본의 석탄정책과 같은 스크랩 앤드 빌드를 정책 기조로 하고 있었다. 그러나 합리화 사업이 본격적으로 추진되면서 고능률 저원가 탄광의 빌드 사업은 지지부진한 가운데, 저능률 고원가 탄광의 스크랩만이 급속도로 진행되었다. 그 결과 석탄 생산량은 급속히 축소하여 1987년 2,430만 톤에서 불과 5년 뒤인 1992년에는 1,190만 톤, 10년 뒤인 1997년에는 450만 톤으로 감소했다. 이 기간 중에 탄광 근로자도 1987년 약 6만 8,000명에서 1992년 2만 6,000명, 1997년 9,700명으로 급감했다.

이러한 석탄산업의 급속한 축소는 지역경제의 심각한 피폐를 가져왔다. 특히 석탄 생산량의 60%, 석탄산업 종사자의 55%가 집중되어 있던 강원도 남부지역(태백, 정선, 삼척)의 경제에 심대한 타격을 주었다. 이 지역은 주민의 약 10%가 직접 석탄광업에 종사했으며, 그 외 주민의 다수가 석탄광업에 연관된 산업의 종사자이거나 석탄산업에 의해 유지되는 지역 상권 종사자들이었다. 석탄광업 합리화 이후 강원도의 폐광 지역(태백시, 삼척시, 영월군, 정선군) 인구는 1988~1995년의 7년 동안 약 44만 명에서 약 27만 명으로 40% 가까이 감소했다.

2) 정부의 대책

한국의 산탄 지역 정책은 일본과 마찬가지로 정부에 의해 주도되었다. 한국 석탄산업의 발전이 정부의 강력한 지원에 의해 이루어졌기 때문에 석탄산업의 구조조정 및 산탄 지역 대책이 정부 주도로 이루어진 것은 당연한 귀결이라고 할 수 있을 것이다.

1989년부터 실시되기 시작한 석탄산업 합리화 정책의 중심은 저효율 영세탄광의 폐광을 지원하는 것이었다. 1989~1995년에 총 386개 탄광이 폐광을 신청하여 334개 탄광이 폐광 대상으로 선정되었다. 폐광으로 인해 석탄 생산량은 1,443.5만 톤, 근로자는 3만 3,422명이 감소했다. 1996년에는 잔존한 11개 탄광에서 1만 725명의 근로자가 495만 톤의 석탄을 생산하고 있었다. 폐광을 지원하기 위해 1989년에서 1995년까지 3,875억 원의 자금이 지원되었다.[12] 이러한 폐광지원금은 약간의 산림복구 및 광해 방지 비용을 제외하고는 대부분 근로자(근로자대책비)와 사업주(시설 이전·폐기 지원액)에게 지불되었다. 영세 탄광의 폐광 정비가 거액의 지원비가 투입되면서 신속히 진행된 반면, 산탄 지역 대책은 볼만한 성과를 거두지 못했다.

석탄산업 합리화 정책에서 지역정책은 처음에는 주요한 안건으로 다루어지지 않았고 그 대책도 대단히 소략한 내용이었다. 1988년의 최종 방안에서 제시된 지역 진흥 대책 중에서 비교적 구체적인 것은 제2단계 광산지역종합개발사업을 보완·추진한다는 내용이었다. 1987~1991년에 시행된 제2단계 광산지역종합개발사업의 경우, 당초의 예정 투자 총액 6,224억 원 중 실제로는 2,530억 원만이 투자되었는데 그 대부분은 근로자 후생복지에 사용되었다.[13]

그러나 급속한 폐광으로 인구가 급격히 감소됨에 따라, 이에 대한 대책으로 1991년 「석탄산업법」이 개정되어 탄광지역진흥사업을 통해 국민경제의 균형발전과 국민 생활의 향상에 이바지한다는 것이 법의 목적에 포함되었으며, 탄광지역진흥사업에 관한 조항이 신설되었다. 개정된 법에 의거해 1991년 5월 동자부는 태백·정선·영월·삼척 등 4개 지역을 진흥 지역 대상으로 하고 탄광지역진흥계획(1992~1997년)을 추진했다. 이 계획에 의해 약 2,000억 원의 자금이 탄광 지역의 기반 시설 확충 및 대체 산업 육성을 위해 투자되었다.[14]

그러나 탄광지역진흥사업도 종래의 광산지역종합개발사업 이상의 성과를 내지 못함에 따라 주민들의 불만은 고조되어 갔다. 결국 1995년 정선군의 사북·고한읍 주민의 대규모 항의 집회의 결과 정부는 「폐광지역개발촉진특별법」(이하 폐특법) 제정 등을 비롯한 탄광 지역 지원을 약속했다. 폐특법은 "석탄산업의 사양화로 인하여 낙후된 폐광 지역의 경제를 진흥시켜 지역 간의 균형 있는 발전과 주민의 생활 향상을 도모함을 목적"(제1조)으로 하며, 그 내용은 다른 산업의 유치가 곤란한 폐광 지역을 폐광지역진흥지구로 지정하여 관광지로 개발하는 한편, 제조업 등 대체 산업을 유치하여 안정된 생활 기반을 제공하고 지역 경제를 진흥시킨다는 것이었다. 이를 위해 「관광진흥법」의 특례를 적용하여, 내국인 출입이 가능한 카지노 1개소를 허용하기로 했다. 이에 폐특법을 일명 카지노법이라고도 했다.

폐특법의 제정으로 종합개발계획이 세워져 카지노 설립(카지노 사업주로 1998년 강원랜드 설립, 2003년 메인 카지노 개장)을 비롯한 관광레저산업 유치, 도로 등 기반시설 정비 등을 비롯한 대대적인 개발이 추진되었다. 이 계획에 의해 투자된 자금은 무려 약 1조 2,900억 원(카지노 수익금 포함)에 달했다. 이외에 민간자금이 약 1조 6,000억 원이 투입되었다.[15] 그러나 이 중 강원랜드에 투자된 것을 제외하면 4,471억 원만에 불과해 민자 유치는 성공적이지 못했다.

3) 기업과 노동조합의 대응

탄광 기업의 관심은 만성적자에 시달리는 상황에서 폐광을 통해 자신의 이익(손실)을 최대화(최소화)하는 것에 있었다. 합리화 정책이 실시되면서 폐광한 탄광들은 대부분 영세 탄광으로서 극심한 경영난을 겪고 있었기 때문에 정부 지원에 의한 폐광을 환영했다. 이들은 근로자의 체불임금이나 퇴직금도 지불하지 못하는 상태였기 때문에 정부가 지급하는 시설폐기 지원액의 상당 부분을 이러한 부채를 갚는 데 사용했다. 이와 같은 영세 탄광이 지역 사회에 대한 기여를 할 수 없었음은 말할 것도 없다.

그러나 대규모 탄광 기업의 경우에도 지역 경제를 위해 적극적인 대책을 실시한 사례는 거의 관찰되지 않는다. 합리화가 일단락된 1995년 이후부터 2001년까지 11개의 비교적 대규모 탄광이 가행했으나(대한석탄공사(이하 석공)[16] 소속 3개, 민영 대규모 탄광 4개, 중소탄광 4개) 이들은 정부의 거액의 지원을 받으면서도 경영 상황을 호전시키지 못했으며, 가스 판매 등으로 사업을 전환하거나 다각화하는 사례가 있었지만 이것도 직접 폐광 지역 경제에 도움이 되는 것은 아니었다.

한국 탄광 기업의 소극적 지역 대책의 배경으로서 탄광 자본과 지역 사회의 연대관계가 깊지 않았다는 점, 그리고 탄광 기업이 정부 의존적이어서 지역 문제에 관심을 가질 여유가 없었다는 점을 생각할 수 있다.

한국에서는 해방 직후 소수의 민간인에 의한 석탄 광구의 독점이 이루어졌는데, 이들은 자신의 자본 투자에 의한 광산업 경영보다, 덕대들을 이용하여 탄광을 개발하게 하고는 자신은 지주가 소작료를 받듯이 덕대료를 걷는 데 안주하고 있었다.[17] 1961년 12월에 공포된 「석탄개발임시조치법」에 의해 이들의 광구는 강제적으로 통합되어 대단위 탄좌가 설정되고 9개의 탄좌 회사가 설립되었으며, 이들 중 일부는 동원, 삼척, 대성과 같은 대탄광 기업으로 성장했다. 이처럼 대탄광 기업의 자본가들은 자신의 자본으로 탄광을 개발하고자 하는 의지가 약했던 만큼 이들이 지역 개발에 강한 책임감을 가졌을 것으로는 생각되지 않는다. 뿐만 아니라, 이들 대탄광 기업은 그 경영을 거액의 정부 보조금에 의존하고 있었기 때문에 지역 대책에 적극적이었을 것으로는 생각하기 어렵다. 탄광 기업과 지역 사회의 관계는 현재 자료의 제약으로 추측의 영역을 벗어나는 것은 아니며, 앞으로의 연구가 필요한 부분이다.

탄광노동조합[18]도 산탄 지역 대책에는 거의 기여한 바가 없었다. 석탄산업합리화 방안이 논의되기 시작한 1987년은 한국 사회에 민주화 운동의 바람이 크게 일었으며 또한 정권 교체를 앞둔 시기였다. 이 시기에 각계각층의 요구가 분출되고, 특히 노동집단의 이해관계가 강하게 표출되었다. 그러나 탄광노동조합은 정부의 합리화 방안에 반발하지 않고 그것을 수용하는 '수동적 적응 전략'[19]을 취했다.

물론 노동자들이 순순히 합리화 방안을 받아들인 것은 아니었으며, 1987년 이후의 전국적 민주화 열기 속에서 탄광 근로자들의 파업도 빈번했다.[20] 그러나 근로자들의 중요한 요구는 합리화 사업에 관한 것이 아니라 도급제 철폐와 임금 인상, 그리고 노조 민주화(협조적 노조 지도부의 퇴진) 등이었다.[21] 폐광

시에는 정부가 체불임금과 퇴직금뿐 아니라 이직생활비, 교육비 등도 보상해 주기 때문에 노동자들은 실리적 선택에 따라 폐광을 수용했다. 즉, 근로자들은 비록 폐광에 따른 실직 위험이 있지만 임금체불이 일반화되고 퇴직금 수령도 불투명한 상황에서 정부의 지원을 통해 문제 해결을 원하고 있었다.

한국의 탄광노동조합이 '수동적 적응 전략'을 취한 배경으로는, 한국의 노동조합이 일본과 유사한 기업별 노동조합 체제로 조직되어 있었으며, 전체 노동자 계급의 이익을 증대시키기 위한 정책적 활동이나 정치 투쟁보다는 개별 조합원들의 이익 추구를 주된 활동으로 하는 경제적 조합주의 노선을 걸어왔다는 점[22]을 지적할 수 있다. 이에 더하여 대탄광과 중소 영세 탄광 사이에 노동시장이 분절되어 있었다는 점도 폐광에 대한 노동조합의 반대가 미미했던 이유의 하나였다. 당시 폐광 대상은 주로 중소 영세 탄광이었는데, 노동시장의 분절은 탄광 노동자들과 중소 영세 탄광 노동자들을 분열시켜, 강력한 단결력을 가진 대탄광 노동자들은 실직의 위험에 직면한 중소탄광 노동자들의 문제에 무관심했다.[23]

노동자들의 '수동적 적응 전략'은 탄광 지역 주민과 미묘한 갈등 전선을 형성하게 된다. 주민들은 광부들을 폐광이 가져올 지역의 피해에는 아랑곳하지 않고 조금이라도 돈을 더 받아 떠나려 하고 지역 문제에는 관심이 없는 '외지인'으로 인식했으며,[24] 이러한 상태에서 노동자들과 지역 주민이 연대해서 지역 문제를 해결하고자 하는 움직임은 나오기 어려웠다. 후술하는 바와 같이 정부의 지역 대책에 대한 지역 주민에 의한 항의나 주민운동에 노동조합이 연대하는 일은 있었지만, 노동조합은 어디까지나 지역 문제에서는 수동적인 입장에서 벗어나지 못했다.

4) 지역 사회의 대응[25]

산탄 지역 문제에 가장 적극적으로 대응한 그룹은 지역 주민들이었다. 정부의 빈약한 지역 대책에 불만이었던 지역 주민들은 1992년 6월 30일에 대체산업 촉구 결의 대토론회를 개최하고 7월에 자치 단체 의회 대표, 사회단체 대표들로 구성된 대체산업촉구공동추진위원회를 결성했다.

그러나 위원회의 활동은 즉흥적이고 비현실적이었으며 지역 운동을 조직하고 지역의 요구를 관철시켜 나갈 역량을 갖고 있지 못했다. 위원회의 소극적인 자세에 대한 불만이 팽배한 가운데 1993년에 대규모 탄광인 함태탄광과 강원탄광의 폐광 소식을 계기로 주민들이 직접 시위에 나섰으며, 주민의 일부는 서울까지 와서 국회의사당 앞에서 궐기대회를 개최함으로써 폐광 지역 문제에 대한 전국적 관심을 불러일으켰다. 폐광에 따른 지역 경제 대책을 요구하는 태백시민의 궐기대회는 사북·고한읍 주민궐기대회 등 크고 작은 주민궐기대회로 이어졌다.

지역생존권 쟁취를 위한 주민궐기대회는 큰 성과 없이 끝나고 말았지만, 이를 통해 지역 주민들은 지역 경제를 살리기 위해 더 이상 정부 정책에만 기대할 수 없으며 주민들이 자발적이고 적극적으로 나서야 한다는 것을 각성하게 되었다. 이것은 1994년 3월에 태백고원 관광레저개발시민주식회사(태백시민주식회사, 일명 태백 하이랜드)의 설립으로 이어졌다. 정선군 사북에서도 정선고원 관광레저개발주민주식회사(정선주민주식회사, 일명 정선 그린랜드)가 설립되었다. 이들 기업의 설립 주체는 지역 경제 대책의 필요성을 가장 절실하게 느끼는 중소상공업자, 자영업자, 전문직들로서 지역에 대한 애착심이 강한 집단이었다. 이들의 강한 일체감을 배경으로 강력한 주민궐기대회가 가능했을 뿐 아니라 주민주식회사도 탄생할 수 있었다.

주민주식회사는 주민들이 지역 문제를 스스로 해결해 나가기 위한 자조적 노력의 결실이었다. 주민주식회사는 주민이 주주이고 주민이 경영하고 참여한다는 점에서 대표성을, 그리고 이윤의 극대화보다는 주민이 원하고 주민을 위한 개발을 계획한다는 점에서 공공성을 가진 사회적 기업의 성격을 띠고 있었다. 그러나 주민주식회사는 자금 조달의 곤란 및 「산림법」 등에 의한 개발 규제로 사업 추진이 불가능했다.

주민주식회사의 사업이 난관에 부딪히게 되자 지역 주민운동은 지역개발을 막는 이러한 법적 규제를 극복하기 위해 특별법 제정을 요구하는 것으로 발전했다. 1995년 1월 말 태백시기독교교회협의회가 벌인 「태백지역개발특별법」 제정 촉구를 위한 범시민서명운동을 통해 특별법제정위원회가 구성되고 특별법의 방향도 구상되었다. 특별법 제정을 위한 범시민운동은 태백시 주민에 의해 처음 시작되었지만, 그것이 질적 전환을 이루게 된 계기는 사북·고한읍 주민궐기대회였다.

정선군 사북·고한읍 주민 3,000여 명은 1995년 2월 말에 동원탄좌와 삼척탄좌의 감산 결정에 반대하면서 감산정책 철폐, 석탄 생산량 전량 정부 수매, 폐광 지역의 개발촉진지구 지정과 대체 산업 유치 등 지역 주민 생존권 보장을 요구하며 주민궐기대회를 열고 시위에 들어갔다. 이 대회에는 지역 사회 상층과 지자체 의원들뿐 아니라 지역 주민들이 적극적으로 참여했으며, 동원 및 삼척탄좌 노동조합도 긴급회의를 소집하여 주민운동 대열에 동참할 것을 결의했다. 사북·고한읍의 주민운동에 태백 주민들도 가세하면서 특별법 제정을 요구하는 지역 주민운동은 강원남부 폐광 지역의 공동투쟁이 되었다. 결국 통상산업부(동자부 후신) 차관이 현지를 방문하여 지역 주민과 협상을 했으며, 그 결과 특별법(「폐광지역개발촉진특별법」, 이하 폐특법) 제정의 약속이 포함된 5개 항의 3·3

합의안이 만들어졌고 정부는 이를 발표했다.

폐특법이 제정되면서 전술한 바와 같이 폐광 지역에 대한 정부의 지원이 본격화되었다. 주민 자치가 겨우 시작되는 시점[26]에서 지자체를 대신하여 지역 주민이 강력한 지역 주민운동을 통해 직접 지역개발 대책을 중앙정부에 요구하여, 폐특법의 제정과 종합적인 지역개발계획의 추진이라는 목적을 달성한 한국의 사례는 지방 자치의 경험이 부족한 개발도상국에게 중요한 의미를 가질 수 있을 것이다.

지역 주민들은 폐특법 제정에는 성공했지만 이후 지역개발사업을 주도하는 역량을 보여 주지는 못했다. 정책은 중앙정부와 도 지자체가 주도했고 지역 주민들은 중요한 역할을 거의 할 수 없었다. 관 주도로 진행된 지역개발정책은 그다지 성공적인 결과를 낳았다고 평가하기 어려웠다. 폐광지역진흥지구로 지정된 강원도 4개 시·군의 인구는 종합개발계획이 추진된 기간에도 지속적으로 감소했으며,[27] 종합개발계획에 대한 지역 주민들의 평가도 전반적으로 낮았다.[28]

4. 일본의 산탄 지역 대책

일본의 석탄산업 사양화 과정 및 정부, 노동조합, 기업의 대응에 대해서는 앞 장에서 다루었기 때문에, 여기서는 그 요점만을 간략히 정리한 후, 지역 사회의 대응 면에서 보이는 특징을 중심으로 서술한다.

1) 정부의 대책

제3장에서 자세히 살펴본 바와 같이, 일본 정부는 1961~1962년 사이에 산

탄지역진흥심의회의 설치, 「산탄지역진흥임시조치법」의 제정, 산탄지역진흥사업단의 설립 등 석탄 지역 진흥정책을 수행하기 위한 법적·제도적 정비를 하고, 이후 2001년 「산탄지역진흥임시조치법」이 실효가 될 때까지 40년간 산탄 지역 진흥정책을 실시했다.

일본 정부는 산탄 지역 진흥정책에 거액의 예산을 투입했다. 2001년까지 계속된 통산성의 석탄정책 예산 누계는 4조 9,000억 엔에 달했는데, 이 중 7.6%인 3,100억 엔이 산탄지역진흥 대책비였다.[29] 그러나 산탄 지역 대책은 통산성만이 아니라 자치성, 노동성 등 관련 부서에 의해서도 실시되었으며, 이러한 통산성 외 부서에서 실시한 산탄 지역 대책 예산 규모는 통산성 소관의 산탄지역진흥 대책비를 훨씬 초과하는 것이었다. 이처럼 일본에서의 산탄 지역 대책은 거액의 정부 예산 투입에 의해 추진되었다. 일본의 경우, 산탄 지역 대책에서 정부의 역할은 압도적이라고 할 수 있다.

2) 노동조합의 대응

일본의 노동조합은 산탄 지역 대책에 별다른 기여를 하지 못했다. 제4장에서 살펴본 바와 같이 최대의 노동조합인 탄로는 정책전환 투쟁을 통해 정부의 산탄 지역 진흥정책의 수립과 확충에 일정한 역할을 했다. 그러나 노동조합은 정책전환 투쟁 이후 그 교섭력이 크게 약화되어 노동운동에서의 주도권을 상실했으며, 산탄 지역 대책에서 이렇다 할 역할을 하지 못했다. 노동조합은 산탄지역진흥심의회 활동 초기에 그 위원으로 참여했으나, 산탄지역진흥심의회에서 노동조합의 발언권은 강하지 않았으며, 그나마 심의회의 후기에는 위원으로도 참여하지 못했다.

3) 기업의 대응

제5장에서 본 바와 같이 일본의 탄광 기업은 석탄산업의 사양화에 직면하여 설비투자, 퇴출, 다각화 등의 다양한 모색을 했다. 이 중 탄광 기업의 다각화는 본래 기업의 활로를 찾기 위한 전략이었지만, 이직 광부를 흡수하고 지역 경제의 진흥에 기여하는 기능도 했다.

지역 사회에 전혀 관심이 없었던 미국 금융자본의 행태와는 다른 이러한 일본 탄광 기업의 전략은 석탄자본의 성격 차이를 반영하는 것이다. 일본의 탄광 대기업은 구재벌계 기업과 토착자본계로 나눌 수 있는데, 특히 토착자본계 기업의 경우 소유관계에 큰 변동 없이 설립 당시의 토착자본이 일관되게 탄광 기업의 소유권을 확보하고 있었다. 이러한 토착자본은 지역 경제와 밀접한 관계를 가지고 있었으며, 지역 경제의 피폐에 무관심할 수 없었다. 예를 들어, 규슈의 지쿠호 지역에서 대기업으로 성장한 아소광업(麻生鉱業)은 석탄산업이 사양화하자 시멘트산업으로 진출하여 지역 경제 진흥에 기여했다.[30] 또 죠반 지역의 토착자본을 기반으로 발전한 죠반탄광(常磐炭礦)은 노동조합 및 지역 사회(지자체)와의 밀접한 연계 속에서 다각화를 통해 지역의 고용창출에 성공했다.[31]

한편, 미쓰이광산, 미쓰비시광업, 스미토모석탄광업과 같은 구재벌계 기업은 토착자본은 아니지만, 경우에 따라서는 그 지역에서 수십 년에서 100년 이상의 장기간에 걸쳐 가행을 해 오면서 지역 사회와 밀접한 관계를 가져왔기 때문에 폐광 후의 지역 대책에 배려했다. 예를 들어, 미쓰비시는 1986년 다카시마(高島)탄광 폐광에 따른 다카시마정(高島町) 지역 진흥책의 일환으로 기업 유치에 협력하여 히시다카(菱高)개발(주), 다카시마(高島)흥산(주), (주)시텟쿠스(シーテックス)에 자본 참여했다. 다만, 이 3개사의 고용력은 한정적이었다.[32] 미쓰이의 경

우, 1997년 미이케탄광 폐광 시, 정부는 미쓰이 그룹에게 기업의 사회적 책임을 충분히 자각하고 이직자 재고용, 기업 유치, 광해 복구 등에 노력할 것을 요구했는데, 미쓰이광산과 미쓰이석탄광업(1973년 8월 미쓰이광산에서 석탄 채굴 부문을 분리하여 설립)은 신분야 개척사업으로 정부의 보조금과 무이자 융자 등의 지원을 받아 332명의 고용을 창출하고자 했다.[33] 그러나 지역에서의 기업 유치나 신규 회사 설립의 규모로 볼 때 구재벌계 기업의 지역사회에 대한 배려 정도는 토착자본에 비해서는 소극적이었던 것으로 생각된다.

탄광 기업의 지역 사회에 대한 기여 정도의 전체상을 알 수는 없지만, 단편적인 사례를 통해 볼 때 죠반탄광 등의 예외적인 것을 제외하면 그다지 크지 않았을 것으로 생각된다. 자금 면에서나 인적 자원 면에서나 여유가 없는 중소탄광이 다각화 등을 통해 지역 사회의 발전에 기여하기는 어려웠으며, 대개의 대기업도 지역 사회에 대한 배려에 소극적이거나 무관심했다.

4) 지역 사회의 대응

일본의 지역 사회는 주로 지자체를 중심으로 정부의 산탄 지역 정책에 적극적으로 관여함으로써 석탄산업 사양화에 따른 지역 사회의 쇠퇴에 대응하고자 했다. 제3장에서 본 바와 같이 산탄지역진흥심의회에는 지방 자치 단체장과 지자체의 전국 또는 지역조직의 대표가 위원으로서 대거 참여하여 정부의 산탄 지역 진흥정책에 지역의 이해관계를 반영시키고자 했다.

지자체는 산탄 지역 진흥정책 실시계획의 작성에도 참여했다. 실시계획은 당초에는 관계 시정촌장의 의견을 청취하여 도·현(道県)의 장(知事)이 '안'을 작성한 후 산탄지역진흥심의회에서 최종안을 작성했으나, 1992년부터는 도·현이 시정촌장의 의견을 청취하여 직접 작성했다. 따라서 산탄 지역으로 지정된 시정촌의 입장에서는 도·현이 작성하는 실시계획에 자신들이 추진하고자 하는 사업이 상위계획에 들어갈 수 있도록 하는 것이 긴요했다.

미쓰모토(光本伸江)는 다가와시(田川市)의 자치 운영을 둘러싼 행위자들(actors) 의 행동과 관계를 분석하여 이들이 다가와시와 중앙정부 간의 '진정-대응형 작법'(陳情-對應型 作法)[34]에 따라 중앙정부로부터의 산탄 지역 진흥정책이라고 하는 '특별한 배려'를 이끌어 내었음을 밝혔다.[35]

다가와시의 '진정-대응형 작법'은 구체적으로 다음과 같은 프로세스로 진행된다. ① 문제(병)의 특정과 요법의 발견: 문제는 탄광 가동 및 폐광에 따른 직접적 피해 내지는 '석탄 후유증'이며, 이 문제의 해결 방법은 실업 대책 혹은 기업 유치가 된다. ② 당사자의 동원과 연대: 진정에 동원되는 당사자는 산탄지의 지자체, 노동조합, 지역 주민, 지역 선출 정치가 등이다. 동원되는 모든 인적 자원은 대회 등에 집결하여 진정 내용을 결의한다. ③ 상대의 특정과 진정운동=토의장의 설치: 진정 상대를 특정하고 토의장을 마련한다. 중의원 석탄대책특별위원회와 같은 공식 회의상에서 토론하기도 하고, 중앙 성청, 장관, 정당에 나가 직접 대면하여 진정하기도 한다. 이러한 과정을 거쳐, ④ 경제재정 자원의 인출: 중앙정부로부터 경제재정 자원을 끌어낸다. 산탄 지역 진흥정책의 경우 5년 혹은 10년 기한부의 정책을 40년 이상 연장했다. ⑤ 법제도화와 당사자의 조직화: 마지막으로 경제재정 자원을 반복하여 끌어내기 위해 재정지원제도를 법제도화한다. 또한 진정 행동을 일으키기에 필요한 동원을 확실하게 하기 위해 당사자의 조직화를 하여 두는 것도 긴요하다. 이렇게 지역 사회의 '재생진흥'을 위한 정책공동체가 구축되어 40년 이상 권력구조화했다.

미쓰모토가 다가와시에서 분석해 낸 '진정-대응형 작법'은 다른 산탄 지역

지자체에서도 공통적으로 관찰되는 것이다. 아마도 이러한 '진정-대응형 작법'을 가장 잘 이용한 사람은 24년간 유바리시(夕張市) 시장으로 재직했던 나카다 데쓰지(中田鉄治, 재임 기간 1979~2003년)였을 것이다. 그는 유바리시의 관광개발에 매진하면서 한때 버블기의 리조트 개발 총아로 스포트라이트를 받았던 인물로서, 1980년대에 자치대신 표창, 후지산케이 광고상, 파리 시장 특별상 등을 수상하기도 했다. 그는 "유바리는 석탄정책 전환의 희생이 되었기 때문에 국가가 진흥책으로 책임을 져야 한다"[36]는 논리로 보조금을 적극적으로 끌어내는 등 국가가 제공하는 폐광 대책 자금을 활용하여 다양한 사업을 전개했다. 나카다 시장의 원맨 체제가 공고히 되면서 유바리시의 국가 보조금 요구는 에스컬레이트했다. 나카다 시장이 그 지역 선출의 나카자와 겐지(中沢健次) 중의원 의원과 함께 중앙 각 성청을 진정하기 위해 돌아다니는 모습은 '나카나카(中中) 콤비'로 공무원의 두려움을 샀다.[37] 그러나 국가 보조금을 끌어내 시도한 관광개발은 결국 실패로 끝나고 유바리시는 거액의 부채를 떠안은 채 2006년에 파산했다.[38] 여기에는 나카다 개인의 일탈이 결정적으로 작용했으나, 그 배경에는 지역사회의 자주적 노력 없이 국가의 산탄 지역 정책에만 의존한 지역개발의 한계가 있다고 할 수 있다.

이처럼 지자체가 정부의 산탄 지역 정책에 의존하는 것은 지역 주민의 자발적, 자주적인 진흥 노력을 끌어내지 못했다. 산탄 지역 진흥을 위한 지역 주민의 자주적 노력이 부족하다는 인식은 1980년 11월의 산탄지역진흥심의회 답신에서 이미 나타나고 있었다. 답신은 정책의 '기본 방향'에서 "산탄 지역의 진흥을 위해서 국가가 담당해야 할 역할은 중요하며 한층 더 계획적으로 시책의 추진을 도모할 필요가 있지만 동시에 산탄지 관계자도 과거보다 더욱 산탄 지역 진흥을 위해 주체적이며 또한 자주적 노력을 기울이는 것이 불가결하다"(방점은 인용자)

고 산탄지 관계자의 주체적·자주적 노력을 강조했다.

이처럼 산탄 지역 관계자의 자주적 노력을 강조한 배경에는 기존의 산탄 지역 정책에 대한 부정적 여론이 있었다. 1980년의 답신 발표 당시의 산탄법 연장에 대한 신문의 논조는 산탄법 연장의 불가피성을 인정하면서도, 산탄 지역에 대해 과도한 지원과, 자조적 노력 없이 정부의 지원에 의존하면서 이를 기득권화하는 산탄 지역에 대해 비판적이었다.

예를 들어, 『아사히신문』의 1980년 11월 12일 사설 「산탄지 진흥에 필요한 자조노력」(産炭地振興に必要な自助努力)에서는 "(산탄법-인용자) 연장은 불가피하다고 생각된다. 그러나 10년이라는 것은 지나치게 후하다고 하지 않을 수 없다. (중략) 관계 지방 자치체는 '10년간의 기득권 확보에 전망이 섰다'고 안이해져서는 안된다"고 지자체의 기득권화를 경계했다. 『일본경제신문』은 11월 14일 사설 「산탄 지역의 진흥은 자립의 정신으로」(産炭地域の振興は自立の精神で)에서 "이번 심의회 답신에는 과거 2회의 기간 연장과 다른 매서운 뉘앙스가 간취된다. (중략) 자조 노력의 강조이다. (중략) 자조 노력이 없는 곳에 거액의 원조를 공여할 필요는 없다"고 지역의 자조적 노력의 필요성을 강조했다.

주무관청인 통산성도 이와 같은 산탄 지역에 대한 과잉보호 및 산탄 지역의 정부 지원 의존 체질에 대한 비판적 인식을 가지고 있었던 것으로 생각된다. 일례로, 1980년 답신 발표 당일에 개최된 산탄심 종합부회에 참석한 통산대신은 산탄 지역 정책에 대한 산탄 지역의 '어리광의 구조'를 다음과 같이 통렬하게 비판하면서 지역 주민의 반성을 촉구했다.

> 국민의 커다란 부담이 여기에 결집되어 있는 것이므로 이른바 어리광의 구조(甘えの構造)는 허락될 수 없습니다. 자칫하면 구 산탄 지역 혹은 산탄지라는 이유로 과보호라고도 할 수 있는 법률로 된 점이 있음은 부정할 수 없는 사실입니다. (중략) 이

법률이 성립하고 나서 19년간 과연 어떠했는가라는 반성을 지역 주민이 하지 않으면 안된다고 생각합니다.[39]

1980년의 답신 후에도 '내발적' 지역 진흥, 즉 지역 주민의 자발적 의지에 의한 진흥 노력의 결여는 계속 지적되었지만, 산탄 지역 진흥정책이 종료된 2001년 시점에도 주민의 자발적 참가는 정책 당국의 기대에 미치지 못했다.[40]

5. 맺음말

미국 펜실베이니아 무연탄산업의 사양화를 일본 및 한국과 비교할 때, 각국의 지역 사회 구성 원리, 정부 및 노동조합의 조직 원리와 이데올로기 등의 차이로 인해 사양화에 대한 서로 다른 대응을 보여 주고 있음을 알 수 있다. 이하에서는 각국의 정부, 노동조합, 기업, 그리고 지역 주민 및 지역 공동체의 사양화에 대한 대응을 간략하게 정리하고 그로부터 얻을 수 있는 시사점을 제시하는 것으로 결론을 대신한다.

첫째, 석탄산업의 사양화에 따른 지역 사회의 피폐는 시장 원리에 의해서만은 극복되기 어려운 일이며, 정부의 역할이 대단히 중요했다. 일본 정부는 산탄 지역 대책에 거액의 자금을 투입했으며, 산탄 지역 문제에 무관심했던 한국 정부도 지역 주민의 강력한 항의에 직면해서 역지 두터운 지역 대책을 실시했다. 여기서는 다루지 못했지만 영국과 같은 서유럽의 석탄 생산 국가들도 산탄 지역의 지원을 위해 광범위한 공적 자원을 제공했다.[41] 정부의 적절한 개입과 지원은 사양화 과정에서 근로자나 지역 주민이 받는 고통을 완화하고 새로운 일

자리 창출을 도울 수 있었다. 반면, 미국과 같이 정부가 사양화에 적극적인 개입을 하지 않은 곳에서는 정부가 적극적인 개입을 한 곳에 비해 사양화 과정은 광부와 지역 주민에 더욱 고통스러운 것이었다.

미국 정부의 석탄산업에 대한 소극적 개입은 미국 정부의 자유주의적 전통에 기인하는 바가 컸다. 「불황지역법」을 아이젠하워 정권이 거부한 데서 보이는 바와 같이, 특히 공화당 정부는 산업에 대한 정부 개입에 소극적이었다. 반면, 일본과 한국은 강력한 중앙집권적 정부조직을 갖추고 있었으며, 후발국으로서 선진국을 캐치업하기 위한 산업정책의 실시 등에 익숙했다.

둘째, 정부의 산탄 지역 대책의 효과는 지역의 자치 능력과 밀접한 관련을 가지고 있었다. 지역 주민의 자치 능력이 결여되어 있으면, 정부의 지원은 비효율적으로 사용되기 쉬우며 나아가서는 중앙정부 의존도를 심화하여 주민들의 자조적 노력을 도리어 약화시킬 우려가 있다.

미국 정부의 산탄 지역 대책에 대한 소극성은 미국 무연탄 지역 주민의 자발적인 지역개발 노력과 대응하는 것이라고 할 수 있다. 지역 엘리트들에 의해 주도된 지역개발기금의 모집에 지역 주민들이 적극 참여함에 따라 지역개발사업은 지역의 공적 프로젝트의 성격을 가지게 되었으며, 지속적으로 전개될 수 있었다. 이러한 산탄 지역에서의 적극적인 지역 주민의 대응은, 개척정신과 자립정신이 강한 미국 지역 공동체의 자치 능력 결과라고 할 수 있을 것이다.

일본의 경우, 비록 서유럽 정도의 수준은 아니더라도 제2차 세계대전 이후 1947년의 「지방자치법」 제정에 의해 자치 단체장의 공선, 리콜제 등 민주적 자치의 확립이 이루어짐으로써, 지방 자치 운영에 대한 경험을 축적하고 있었다.[42] 일본의 지역 주민은 이러한 지방 자치의 운영 경험을 통해, 정부의 산탄진흥정책에 대해 지방 자치 단체장이 산탄지역진흥심의회 위원으로 참여함으로써 정부 정책에 참여하여 발언할 수 있는 기회를 획득했다. 이 기회를 이용하여 산탄 지역은 거액의 정부 지원을 획득할 수 있었으나, 이러한 방식은 중앙정부 의존적, 지역의 자발적 의지의 부족이란 문제를 노정했다.

지방 자치의 전통이 거의 없다시피 한 한국에서는 석탄산업 합리화 정책 초기에 폐광 지역은 거의 정책에 대한 발언을 하지 못했으며 정부가 제시한 폐광 지역 대책 또한 부실했다. 그러나 한국에서 1987년부터 민주화 시대가 열리고, 1990년대에 들어서서 직접선거에 의한 지방 의회가 설치되고 지방 자치 단체장도 선거에 의해 선출됨에 따라 주민들은 폐광 지역 대책에 대해 강력한 목소리를 내기 시작했다. 주민들의 격렬한 항의시위를 동반한 주장은 정부로부터 거액의 자금 지원을 획득하는 데 성공했지만, 그 사업들은 성공적이지 못했으며, 주민의 활력도 오래가지 못했다. 주민들은 자신들의 지역 문제에 발언할 수 있는 기회는 얻었지만, 지방 자치의 역사가 짧고 훈련이 부족한 상태에서 주민들의 입장에 선 합리적이고 효율적인 정책 운영이 불가능했다.

셋째, 석탄자본의 성격은 기업의 지역에 대한 전략에 영향을 주었다. 펜실베이니아의 석탄산업을 지배하고 있던 뉴욕을 근거로 하는 금융자본은 무연탄 지역의 경제적 피폐에 대해 거의 관심을 갖지 않았다. 일본의 석탄 기업 중에는 지역의 토착자본에 의해 경영된 곳이 많았으며, 그들은 다각화를 통해 자신들의 탄광 소재 지역의 경제부흥에 도움이 되고자 노력했다. 또한 구재벌계 기업들도 지역 경제에 무관심하지 않았으며, 명문 기업으로서의 자신들에 대한 평판을 유지하기 위해서 지역 경제의 진흥에 기여하고자 했다. 그러나 석탄 기업의 다각화 노력은, 몇 가지 성공적 사례는 있지만, 대체로 지역 경제를 진흥시킬 수 있을 정도로 충분한 것은 아니었다. 한국의 경우, 석탄 기업의 지역 경제에 대한 기여는 거의 없었다. 탄광자본 성격에 대한 분석이 충분하지 못한 상태에서 평가를 내리기에는 성급한 감이 있지만, 본래 지대 수취적 존재에서 출발하여 정부 보조에 의존하면서 성장한 탄광 대기업들은 산탄 지역에 대한 기업으로서의 책임감도 결여되어 있었고, 다각화 등을 통해 지역 사회에 기여할 수 있는 능력도 부족했던 것으로 추측된다.

넷째, 노동조합은 미국, 일본, 한국 어느 국가에서도 지역 대책에 큰 영향을 주지 못했다. 이것은 노동조합이 강력한 역할을 한 영국을 비롯한 유럽 국가들과 크게 차이가 나는 점이다.[43]

미국의 노조는 적어도 1930년대의 뉴딜정책 이후 사용자에 대해 강력한 교섭력을 가지고 있었지만, 그 이념적 기반은 영국과 달리 사회주의적 이념이 아닌 비즈니스 유니오니즘(business unionism)[44]에 있었다. 존 루이스 지도하의 UMWA는 점차 관료화되어 현장의 노동자는 조합에서 소외되고 있었으며, 노조원의 이익보다 노조의 이익을 우선하는 행동을 취함으로써 지역 주민 및 노동자들의 복지에 부정적 영향을 주었다. 일본의 탄광노동조합의 주력은 계급대립을 전제로 한 사회주의적 이데올로기하에서 투쟁을 전개해 왔지만 기업별 조합으로서의 한계를 벗어나지 못했으며, 정책전환 투쟁을 통해 산탄 지역 대책의 수립을 가속화한 정도의 역할밖에 하지 못했다. 한국의 노동조합 역시 기업별 노동조합 체제하에 경제적 노동조합주의 노선을 견지함에 따라, 민주화의 폭풍이 전국을 휩쓰는 상황에서도 '수동적 적응 전략'하에, 폐광을 불가피한 것으로 수용하면서 근로자대책비를 획득하는 데만 관심을 가졌을 뿐 지역에 대한 배려는 없었다.

종장

일본 석탄산업 사양화 과정의 특징

1. 총괄
2. 정부의 압도적인 역할
3. 유럽 국가와의 비교: 석탄정책의 배경에 있는 경제관
4. 고도성장 속의 사양화
5. 남겨진 과제

1. 총괄

1950년대 후반까지 일본 정부의 에너지정책 기조는 탄주유종이었다. 그러나 석탄산업의 불황이 급속히 진전되고 있던 에너지 혁명을 배경으로 한 구조적인 것임이 명백해짐에 따라 정책 당국은 1960년 소득배증계획을 수립하면서 에너지 정책의 기본 방침을 유주탄종으로 전환했다. 1962년 9월 단행된 석유 수입 자유화는 그 필요조건이었다.

에너지정책의 방침이 탄주유종에서 유주탄종으로 전환됨에 따라 석탄정책의 목적도 석탄산업의 확대, 유지에서 원만한 축소로 근본적인 전환이 불가피하게 되었다. 1959년 12월의 석탄광업심의회 기본문제부회의 중간 답신은 석탄에 대한 석유의 우위를 인정하고, 기존의 생산 규모를 유지하면서 석유와 경쟁할 수 있는 수준까지 탄가를 인하하는 것을 목표로 하는 한편, 탄광 이직자 대책이나 지역 사회 진흥 대책을 초미의 급선무로 규정하여 관계자의 협조를 요청했다. 이처럼 중간 답신은 석탄산업 합리화 방침과 함께, 합리화에 수반되는 사회적 마찰 완화를 위한 대책 수립을 촉구했다는 의미에서, 석탄정책이 합리화 대책과 산탄 지역 진흥 대책, 탄광 종사자 고용 대책, 광해 대책을 망라하는 종합적인 산업조정정책으로서의 체계를 갖추게 되는 첫걸음이었다고 평가할 수 있다. 이후 1960년대 초기에 정부 정책의 근거법인 석탄 6법이 실질적으로 마련됨으로써 석탄정책의 체계가 완성되었다.

1960년부터 실행된 탄가 1,200엔 인하 합리화 대책은 '빌드 앤드 스크랩'의 강력한 추진으로 기존의 생산 규모를 유지하면서 석유에 경제적으로 대항할 수 있는 조건과 방법의 확립을 목표로 했다. 그러나 1962년에 발표한 석탄광업 조사회의 답신(제1차 답신)에서는 석탄이 석유에 대한 경쟁이 불가능함을 공식적으로 인정하고, 국제수지 방어, 에너지 안정 보장, 사회적 마찰의 완화를 근거로 하여 연 5,500만 톤의 수요 확보를 가장 중요한 정책목표로 설정했다. 그러나 1960년대 후반, 석탄 수요가 한층 더 축소되는 가운데 국제수지의 흑자전환, 에너지 안전 보장 전략, 광부 실직 문제의 완화 등의 변화가 나타나면서 연 5,500만 톤 체제의 근거는 흔들리게 되었다. 결국 정부는 1967년부터 실시된 제3차 석탄 대책에서 연 5,500만 톤 체제를 포기하고, 1973년에 발표된 제5차 석탄 대책에서는 생산 규모의 목표를 연 2,000만 톤 체제로 축소하지 않을 수 없었다.

사회적 마찰의 중요 부분인 실직 광부의 고용 문제는 이미 1950년대부터 문제가 되고 있었지만, 이에 대한 정부의 법제도적 대응이 나온 것은 1959년 말의 「탄광이직자임시조치법」의 제정 이후였으며, 1963년 제1차 석탄 대책에서 고용 대책이 대폭 확충되었다. 특히 1960년대 전반 스크랩 다운의 본격적 진행과 함께 대규모의 광부 실직이 발생하자 '고용 유연화' 이념하에 광역 직업 소개를 통한 고용 대책을 실시하여 신규 구직자의 취업률로 볼 때 상당한 성과를 보았다. 고도성장에 따른 왕성한 노동력 수요의 존재가 그 배경에 있었다. 그러나 중고년 광부를 중심으로 한 광범위한 실업자층 퇴적 문제를 해결하지 못했고, 광역 소개를 중요 수단으로 하는 노동력 유동화에서도 기대한 만큼의 성과를 얻지는 못했다. 그런 의미에서 이직자 대책의 성과는 제한적이었다.

산탄 지역 진흥정책은 1961~1962년에 걸쳐 그 법적, 제도적 정비가 이루어지고 산탄지역진흥계획이 수립되면서 본격적으로 시행되었다. 산탄 지역의 산업구조조정(석탄산업에서 공업으로의 산업전환을 목표로 하는 산탄 지역의 산업 기반 조성), 산탄 지역으로의 기업 유치, 산탄 지역 지자체에 대한 재정 지원이 그 중요 내용이었다. 그러나 1971년 12월에 책정된 제3차 진흥계획에 이르러 산탄지역

정책은 산업구조조정정책에서 경제·사회·문화 부문을 아우르는 종합적 정책인 지역개발정책으로 그 성격이 변화되었다.

산탄 지역 진흥을 위해서는 석탄특별회계 예산만 투입된 것이 아니라, 통산성 외의 부서에서도 다양한 명목으로 막대한 자금이 투입되었다. 그러나 산탄 지역 진흥 대책의 성과는 좀처럼 나타나지 않았으며, 1980년대가 되어서 비로소 일부 지역만 산탄 지역 지정에서 해제되었다. 대부분의 산탄 지역은 여전히 낙후된 상태에서 벗어나지 못했으며, 산탄 지역 진흥정책이 정부 지원에 의한 공공사업 중심으로 이루어지고 있는 것에 대해 주민의 자발적 참여가 부족하며 중앙정부 의존 일변도라는 비판이 제기되었다.

석탄산업 사양화로 직접적인 피해를 보게 된 노동자, 탄광 기업, 산탄 지역은 정부에 대해 자신들의 지원 대책을 요구하는 한편 독자적인 대응을 하기도 했다.

실직 위험에 처한 노동자들은 석탄산업 사양화의 초기에는 탄로를 중심으로 하는 강력한 노동운동에 의해 자신들의 고용을 보장받고자 했다. 에너지정책이 유주탄종으로 전환되고 석탄광업의 합리화가 본격화되던 시점에서 '합리화 반대'를 투쟁목표로 전후 최대의 노동쟁의인 미이케쟁의가 일어났다. 계급투쟁의 입장에서 직장 투쟁을 주요 전술로 하여 일어난 미이케쟁의가 노동조합의 전면적 패배로 끝나면서, 노동조합은 석탄산업의 산업적 조건을 문제시하여 정책전환 투쟁을 1960~1963년에 걸쳐 전개했다. 산업적 조건을 문제시한 정책전환 투쟁은 한편에서는 노동조합이 석탄산업이 직면한 현실을 어느 정도 수용하는 태도를 보였다는 점에서 '타협적인' 투쟁이었으며, 직장에서의 투쟁이 아닌 국가의 정책 변경을 요구한 투쟁이라는 점에서 노조 본부의 지도에 의한 통일적 행동을 중요시했다.

정책전환 투쟁이 요구한 합리화 정책의 전환은 이루어지지 않았고, 따라서 '해고 반대', '완전고용'의 목표는 달성되지 못했다. 그러나 이직자 문제와 산탄 지역 문제를 제기하여 제1차 석탄 대책에서 이 부분에 대한 대책이 크게 확충되었다는 것은 정책전환 투쟁의 성과라고 평가할 수 있다. 그러나 노동운동적 측면에서는 노조 본부의 지시가 중요해지는 가운데 아래로부터 직장 투쟁의 에너지를 끌어올리는 데 실패하면서 노동운동은 침체하기 시작했다. 1960년대 중반 이후, 일본 노동운동 자체가 우선회하는 가운데 광부 수의 급격한 감소가 진행되면서 노동운동은 석탄산업의 사양화에 대해 더 이상 유효한 대응을 하지 못했다.

탄광 기업의 사양화 대책은 정부 의존적이었다. 탄광 기업은 사양화가 본격화되기 전인 1950년대에도 설비투자의 대부분을 자기자금으로 충당하는 데에서 보이는 것처럼 설비투자에 적극적이지 않았다. 1960년대에 사양화가 본격화되자 '빌드 업' 대상 탄광에 대한 설비투자는 거의 정부 자금에 의존하여 이루어졌으며, '스크랩 다운' 대상 탄광은 정부의 폐산교부금을 받고 폐광했다. 1960년대 후반에는 정부에 의한 기업 채무의 대체 변제(肩代わり)가 실시되었다.

대기업은 이와 같이 정부 지원하에 탄광 경영을 유지하거나, 또는 석탄산업에서 철수하면서 다각화를 통해 새로운 활로를 모색했다. 대기업 중 기업집단의 멤버였던 기업은 사양화의 마지막 국면까지 탄광을 경영했다. 여기에는 그들이 원료탄을 생산하는 우량 탄광을 소유했다는 점 외에 그들이 기업집단의 멤버였다는 점도 작용했다.

산탄 지역의 대응은 지자체가 중앙정부에 대한 '진정-대응형' 작법을 통해 산탄 지역 진흥정책 사업을 따오는 중앙정부 의존적인 것이었다. 이것은 정부의 산탄 지역 대책에 거의 의존함이 없이 주민이 지역개발사업에 적극 참여했던 미국 무연탄 생산 지역의 경우와 대조적이다. 한편, 한국의 경우 지방 자치제 시행 이전에는 지역 주민의 석탄 대책에 대한 발언권이 거의 없었지만 지방 자치체의 실시와 함께 지역 주민들은 격렬한 항의 시위를 통해 정부로부터 거액의 자금 지원을 획득했다. 그러나 지방 자치의 경험이 없었던 한국 지역 사회의 주민운동은 주민들의 요구를 합리적이고 효율적인 지역정책의 수립, 실행으로 제도화하는 데 실패했다.

2. 정부의 압도적인 역할

석탄산업 사양화에 대한 일본 사회의 대응을 일별하면서 가장 눈에 띄는 점은 통산성을 중심으로 한 정부의 압도적 역할이었다. 탄광 기업, 노동조합, 지역 사회도 석탄산업 사양화에 나름대로의 대응을 했으나, 그들 활동의 주된 내용은 석탄정책의 지원 대상이 됨으로써 거액의 정부 지원을 끌어내는 데 있었다. 탄광 기업은 정부 정책으로 석탄 수요를 확보했으며, 설비투자 자금, 폐광 자금을 정부로부터 지원받았을 뿐만 아니라 부채까지도 정부의 공적 자금에 의한 대체 변제로 처리했다. 노동조합은 미이케쟁의 패배 이후 투쟁의 타깃을 정부의 석탄정책에 맞추고 정책전환 투쟁을 전개하여, 이직자 문제, 산탄 지역 문제에 대한 제도 정비와 정부의 지원 확충을 이끌어 내었지만, 급속한 고용조정을 막을 수는 없었다. 지역 사회는 지자체를 중심으로 산탄 지역 진흥정책을 통한 정부 지원 획득에 열중했다.

사양화 대책에서 정부의 압도적 역할은, 시장경제에만 맡길 경우 순조롭지 않았을 산업의 전환, 기업의 퇴출, 노동자의 이직을 용이하게 하는 데 기여했다. 반면, 사양화 대책을 비롯한 정부의 산업정책에 대해서는 그 효율성 또는 효과 면에서 의문을 제기하는 의견도 많다.[1] 석탄정책의 경우, 특히 기업이나 지역 사회의 정부 의존적 체질을 고질화하고 그들의 자주적 노력을 끌어내는 데 실패했다는 사실에 대한 준엄한 비판이 있다. 탄광 기업은 수요 확보에서 설비 투자, 부채 처리까지 정부에 의존함으로써 경영의 자주권을 포기했고, 지역 사회는 정부 보조금에 의존하여 토목사업에만 치중함으로써, 주민들의 자발적 노력에 의한 지속 가능한 지역발전의 길을 찾는 데 실패했다.

석탄정책에서 볼 수 있는 정부의 압도적인 역할은 일본의 발전지향적·계획합리적 국가의 성격을 보여 주는 것이다. 차머슨 존슨(Chalmerson Johnson)에 따르면, 발전지향적·계획합리적 국가는 구체적인 사회적·경제적 목표를 세우는 데 특징이 있으며, 메이지유신 이후 발전지향적·계획합리적 국가로 등장한 일본이 전개한 산업정책, 특히 통산성에 의해 주도된 산업정책이 일본의 '기적'을 설명하는 핵심적인 요소였다.[2] 산업정책의 유효성에 대해서는 전술한 바와 같이 많은 비판이 제기되고 있으나 산업정책의 하나인 석탄정책이 석탄산업의 사양화 과정에서 결정적인 역할을 했음은 일본이란 국가의 발전지향적·계획합리적 성격을 전형적으로 보여 주는 것이라고 할 수 있을 것이다.

3. 유럽 국가와의 비교: 석탄정책의 배경에 있는 경제관

석탄산업 사양화에 대한 대응에서 정부가 핵심적인 역할을 한 것은 유럽의 석탄산업에서도 관찰된다. 유럽에서는 1950년대부터 석탄산업의 사양화에 대해 정부를 중심으로 각종 조사를 하면서 그 대책을 수립, 실시해 왔다. 일본이 1961년에 파견한 '구주(歐州) 에너지정책 조사단'은 유럽 국가들의 석탄정책을 조사하여 일본에 소개했으며, 그것은 일본의 석탄정책 수립에도 반영되었다.[3] 정부 정책이 중요한 역할을 한 점에서 일본과 유럽 국가들은 유사하지만, 정책의 배경이 되는 경제관은 일본과 유럽 국가 사이에 차이가 있었으며, 그것은 고용조정에서 일본과 유럽 국가의 차이가 나타나는 배경이 되었다.

제2장에서 살펴본 바와 같이, 일본의 경우 1960년대 전반에 석탄 생산량 규모가 유지되는 가운데 고용조정이 급격하게 진행된 반면, 유럽 국가들의 고용조정은 훨씬 완만히 진행되었다. 그 이유로는 유럽 국가들의 강력한 노동조합의 존재 혹은 일본보다 우월한 석탄산업의 경쟁력 등과 같은 요인과 더불어 석탄산업의 '사회성'을 중시하는 경제관을 생각할 수 있다.

석탄산업의 '사회성'을 중시하는 경제 당국의 사고는, 자유경쟁과 시장 메커니즘을 중시하면서 동시에 사회 구성원 전체의 복지에도 배려를 하는 서독의 '사회적 시장경제'(Soziale Marktwirtschaft)[4]에서 전형적으로 나타난다. 구주 에너지정책 조사단의 보고에 따르면, 유럽 국가들의 석탄정책의 배경에도 이러한 사회적 시장경제의 사고가 깔려 있었다.

예를 들어, 서독 경제성(Bundesministerium für Wirtschaft)은 조사단의 질문에 대해 "우리의 에너지정책은 경제정책의 일부이며 그 기본 방침은 사회적 시장경제에 있다. 따라서 경쟁에 의해 보다 값싼 에너지를 구하는 것, 이것은 각국과 궤를 같이하고 있다"고 하며 사회적 시장경제가 기본적으로 시장 메커니즘을 중시하는 것임을 표명하면서, 동시에 "자유경제란 더욱 자유로운 것이어야 하는데 석탄에 대해 카르텔이나 보호정책을 취하는 이유는 무엇인가"라는 조사단의 질문에 대해, "서독의 경제정책은 단순한 시장경제가 아니라 사회적 시장

경제임을 생각해 주기 바란다. 이것은 자유경쟁과 함께 사회성을 고려하는 것이 원칙"[5]임을 분명히 했다.

제2차 세계대전 후 영국과 프랑스에서 단행된 탄광 국유화의 배경에도 사회적 시장경제의 사고가 있었다. 구주 에너지정책 조사단은 영국의 공사화(公社化)에 대해, "경제성과 동시에, 사회성도 고려하지 않으면 안되는 공사 형태는 (중략) 에르하르트[6]류로 말하면 (중략) '사회적 시장경제'이며 국유화 산업에 대한 정책은 결국 경제성을 보다 포괄적인 사회성이라고 하는 관점에서 수정하지 않으면 안된다는 사고에 입각"한 것으로 보았다. 그 결과 영국 석탄산업의 국유화는 "합리화와 노동자 복지의 조화 위에 성립하는 것으로 석탄청(National Coal Board: NCB)은 이러한 두 개의 목적을 양립하도록 하는 것"이었으나 실제로는 "탄광 노동자의 복지 향상이 중심이 되어 대규모 투자의 효과는 거의 이 면에서 흡수되어 소비자에게는 분배되지 않았다"[7]고 평가했다.

구주 에너지정책 조사단이 보고한 유럽 국가들의 사회적 시장경제의 사고에 대해 일본에서는 별다른 반향이 없었던 듯하다. 동 조사단의 보고는 세계 에너지 정세의 대세가 소비자에 의한 에너지 선택의 자유에 기울고 있다는 것, 일본에도 시급히 종합적인 에너지 대책을 강구해야 한다는 것을 널리 인식시켰다는 점 등에서 평가를 받은[8] 반면, 사회적 시장경제가 중시하는 사회성, 즉 사회적 및 인간적 문제에 대한 배려를 촉구한 점은 별다른 주목을 끌지 못했다.

발전지향적·계획합리적 국가인 일본이 경제자립, 산업합리화라는 경제적 목표를 향하여 석탄정책을 추진했다면, 사회적 시장경제의 원칙하에 경제정책을 운용하는 유럽 국가들은 경제성과 동시에 사회성을 배려하면서 석탄정책을 추진했다. 그 결과 유럽 국가들이 1950년대부터 석탄산업의 합리화 정책과 더불어 고용 안정에 힘을 쏟은 반면, 일본에서는 실업 대책이 정비되지 않은 상황에서 합리화 대책이 먼저 추진되면서 1960년대 전반기(1961~1963년)에 급격한 고용조정이 일어났다. 1959년 말에 비로소 정비되기 시작한 실업 대책이 정책적 효과를 발휘할 수 있을 정도로 내용이 충실하게 된 것은 1963년에 제1차 석탄 대책이 실시된 이후였다.

4. 고도성장 속의 사양화

석탄산업의 사양화가 빠르게 진행되고 있던 1960년대의 일본 사회는 고도성장을 구가하고 있었다. 1960년에서 1973년 사이에 일본의 실질 GDP는 약 3.3배 증가했으며, 고용자 수는 약 1.5배 증가했다. 반면 같은 시기에 석탄 생산은 약 60%가 감소하고, 석탄산업 노동자(상용실동노무자)는 무려 90%가 감소했다. 대도시로 인구가 급격히 집중하는 가운데 산탄 지역은 인구 감소가 진행되면서 가장 빈곤한 지역의 하나로 되어 갔다.

고도성장은 경제성장에 필수적인 에너지를 석탄에서 석유로 교체함으로써, 즉 에너지 혁명을 통해서 가능했다. 이런 의미에서 고도성장과 에너지 혁명이 초래한 석탄산업 사양화는 동전의 양면과 같은 관계였다. 석탄산업의 사양화에 따르는 기업의 도산, 광부의 실직, 지역 사회의 피폐 등은 고도성장이 치러야 할 비용이었으며 누군가는 이 비용을 부담해야 했다.

일본 정부가 석탄정책을 통해 지출한 방대한 금액은 그 재원의 대부분이 세금이었다는 점에서 고도성장의 과실을 누린 일본 국민이 부담한 비용이라고 할 수 있다. 석탄대책특별회계의 재원이 원·중유에 대한 관세였다는 것은 상징적이다. 석탄대책특별회계 예산이 수입 원·중유에 부과되는 관세 수입의 고정

비율로 책정되기 때문에, 원·중유 수입이 많을수록 석탄대책특별회계 예산은 일률적으로 늘어나게 되는 구조였다. 원·중유 수입 증가가 고도성장의 전제라는 점에서 고도성장과 석탄대책비는 정비례하는 관계라고 할 수 있다. 따라서 고도성장은 석탄산업의 사양화라는 비용을 발생시켰지만, 동시에 석탄정책에 지나치게 관대할 정도의 막대한 예산이 투입되는 것을 가능하게 했다.

고도성장은 재정적인 측면에서만이 아니라 새로운 고용 기회를 풍부하게 창출함으로써 석탄산업의 구조조정이 원활하게 진행될 수 있는 배경이 되었다. 석탄산업 사양화 과정에서 단기간의 급격한 고용조정이 극심한 사회적 갈등 없이 진행될 수 있었던 데에는 고도성장에 따른 고용 기회의 확대가 있었다. 노동조합이 고용 보장이란 면에서 별다른 성과를 얻지 못하는 가운데 석탄산업 사양화의 무드가 만연하면서 석탄산업은 오히려 구인난에 직면했다. 석탄산업의 미래에 대한 미련을 버린 젊은 층을 중심으로 한 노동자들이 다른 산업 부문에서 용이하게 일자리를 구할 수 있었기 때문이었다. 특히 3교대의 육체적 노동에 익숙했던 광부들은 중노동을 필요로 하는 산업 부문에서 환영받았다. 결국 석탄산업에는 타 산업으로의 전환이 쉽지 않은 중고년 노동자들만이 남게 되었다.

석탄산업이 2,000만 톤 체제에서 다시 축소하여 최종적으로 철수하기 시작한 1980년대의 고용조정은 고도성장기에 비해 훨씬 곤란했다. 이미 일본 경제는 저성장 시대로 돌입하여 새로운 고용 기회를 찾기가 어려웠기 때문이다. 더구나 그때까지 가행 중이던 탄광의 대부분이 교통이 불편하고 가까운 곳에 공업지대가 존재하지 않았던 홋카이도에 있었기 때문에 이직 광부들의 구직은 더욱 힘들었다.

5. 남겨진 과제

1) 광해

석탄정책 중에서 광해 대책도 중요한 항목임에도 불구하고 이에 대해서는 다루지 못했다. 1960년대의 석탄정책에서 광해에 관한 부분을 간단히 정리하면 다음과 같다.

석탄광업심의회에서는 1960년 9월에 동 심의회 내에 광해대책부회를 설치했다. 1962년의 제1차 석탄광업조사단의 답신에서는 「임시석탄광해복구법」(이하 임광법)에 의한 복구의 촉진, 무자력(無資力) 광해(배상의무자가 배상금을 지불할 능력이 없는 광해)에 대한 조치의 충실 및 인정 절차의 간소화 등에 대한 국가의 배려를 촉구했으며, 이를 반영한 1963년 6월의 임광법 제3차 개정은 "석탄광업의 급격한 정세 변화에 대처하고 석탄광해 대책도 이것에 즉응하기 위해 폐광 탄광의 광해 복구 촉진을 주안으로 하는 것"[9]이었다.

또 제1차 답신은 "광해 배상자금의 조달은 극히 곤란한 실상에 있으므로 특단의 융자 조치를 강구함과 함께 광해배상공탁금 및 적립금의 활용에 대해 검토"할 것도 제안했는데, 이를 반영하여 1963년 6월 「석탄광해배상담보등임시조치법」이 제정되고 광해배상기금(1965년에 광해기금으로 명칭 변경)이 설립되었다.

1964년의 제2차 석탄광업조사단의 답신에서는 임광법에 의한 복구 사업량 확대와 대폭적인 보조율 인상으로 무자력 광해의 격증에 대처하고 복구를 대폭 추진할 것, 광해복구사업단에 대한 정부의 보조율 인상 등으로 동 사업단의 기능을 강화할 것, 석탄광업심의회에 광해부회를 설치하여 그 답신에 기초하여 대책의 실시 상황 및 광해에 관한 중요 사항에 대해 조사 심의할 것 등이 제안되었다.

1966년 7월의 석탄광업심의회의 답신 '석탄광업의 발본적 대책에 대해서'에서는 "금일 방대한 잔존 광해를 떠안고 있으며 더구나 과거 수년간에 걸친 대규모의 폐광 합리화 실시에 따라 무자력 광해가 증대하여 광해 문제가 더욱 심각해지고 있는 사태에 비추어 광해 대책의 강화, 확충을 도모할" 필요가 있다고 했다. 1968년 5월에는 "석탄광산의 잇따른 폐광과 함께 무자력 광해가 격증하는 등 광해 문제가 더욱 심각해지고 있기 때문에 종합적이며 강력한 광해처리 체제를 확립하기 위해" 임광법을 개정하여 광해기금과 광해복구사업단을 석탄광해사업단으로 통합하기로 했다. 이에 따라 1968년 7월 1일 광해복구사업단은 해산하고 업무를 석탄광해사업단이 계승했다.

이처럼 1960년대에 들어와 석탄 대책이 실시되면서 폐광에 따른 광해 문제의 심각화에 대해 대응을 강화해 갔다. 이것은 석탄 대책 예산 중 광해대책비가 매년 크게 증가하고 있는 데에서도 알 수 있는데(〈표 1-5〉(46쪽)), 광해대책비는 1969년도부터 1,000억 엔을 넘어섰으며 1973년도에는 1,709억 엔에 달했다(석탄 대책 관계 예산의 15.6%). 이러한 막대한 예산을 투입하여 추진된 광해 대책은 대개 얕은 갱도 때문에 함몰한 지면의 웅덩이를 폐석으로 메운다든가, 오염된 하천·논밭을 준설하여 객토(客土)하는 것 등의 토목공사가 대부분이었는데, 광해 대책의 구체적인 추진 상황과 성과에 대한 본격적인 분석은 아직 이루어지지 않은 상태이다.[10]

2) 지역 사회와 주민의 대응

석탄산업 사양화에 대한 지역 사회 대응의 주된 패턴은 자자체를 중심으로 중앙정부의 석탄대책사업에 참여하는 것이었으며, 산탄 지역 진흥정책에 대한 주민의 자주적 참여 결여가 지역정책의 문제점으로 지적되어 왔다. 산탄 지역의 경제 상황이나 주민들의 생활상에 대한 사례 연구는 상당히 축적되어 있지만, 지역 주민이 구체적으로 지역 진흥에 어떠한 노력을 기울였으며, 어떠한 성과를 내었는지(혹은 내지 못했는지)에 관한 사례 연구는 아직 많지 않은 듯하다.

한 예로 이이즈카시(飯塚市, 후쿠오카현 소재)의 '지쿠호(筑豊) 세미나'의 활동은 주민 주체의 지속 가능한 지역진흥운동의 가능성을 보여 주는 사례로 주목할 가치가 있다. '지쿠호 세미나'는 '자립하는 지쿠호, 열린 대학'을 표방하고 1988년에 발족한 '마을 만들기(町づくり) 집단'으로, 1992년에 주학협동기구(住学協同機構) '지쿠호지역만들기센터'(筑豊地域づくりセンター)를 설립하여 조직을 정비했다.[11] 개별 사례에 대한 연구가 집적되어 다양한 지역 사회의 대응 양상이 밝혀지게 되면, 그중에는 현재의 지방 과소 상태의 해결로 연결될 수 있는 지속 가능한 주민 활동의 맹아적인 형태를 발견할 수 있을지도 모른다.

3) 개인 차원에서의 대응

석탄산업의 사양화는 노동자, 지역 사회 주민, 그 가족에게 큰 고통을 주었다. 개인이나 가족은 고통을 감내하면서, 스스로 새로운 살길을 모색하지 않을 수 없었다. 그들의 삶의 구체적 모습을 구명하는 작업은 산업의 사양화가 개인의 삶에 미친 영향을 밝히는 작업이다.

이러한 개인, 가족 차원에서의 대응 중 가장 두드러진 것이 이동이었다. 이동에는 산업이동과 지역이동의 두 가지 측면이 있다. 산업이동에는 실직한 노동자 자신의 재취직(세대 내 이동)과 자녀들의 취직(세대 간 이동)이 포함된다. 지

역이동은 성장산업이 집중하는 태평양 벨트를 중심으로 하는 대도시권으로의 이동이다.[12]

고도성장기에는 농촌에서 도시로, 농업에서 제조업으로 대량의 산업이동과 지역이동이 일어났는데, 이와 병행하여 산탄 지역에서는 도시에서 도시로, 석탄산업에서 제조업으로 대량의 노동자와 가족의 이동이 발생했다. 석탄산업의 사양화에 따른 노동자와 그 가족의 이동은 산업구조 전환에 따른 노동자 이동의 원형이며 전형이라고 할 수 있다. 그들의 이동 경로나 최종적인 정착지를 밝히는 것과 함께, 이동 과정에서 발생하는 생활과 가족관계의 변화, 이동 과정에서의 지역 커뮤니티 혹은 직장 커뮤니티의 역할을 살펴보는 것이 요청된다.[13]

주

서장

1. 한국개발연구원(2017).
2. 「'코스트벨트'가 흔들린다, 군산-통영-거제 현지 르포」, 『동아일보』, 2018. 3. 17; 「청년층 떠나는 울산, 신생아수 14% 뚝」, 『동아일보』, 2017. 9. 7; 「멈춘 현대중 군산조선소…지역 경제 타격 불가피」, 『동아일보』, 2017. 7. 4; 「실적 부진 車-조선, 엎친 데 덮친 노사갈등」, 『동아일보』, 2017. 12. 19.
3. 러스트 벨트는 1950년대부터 시작된 산업 사양화를 경험한 미국 지역(주로 미국 북동부와 중서부 지역)을 지칭하는 용어로, 1980년대 초부터 빈번히 사용되기 시작했다(Wikipedia, "Rust Belt").
4. 1978년 「특정불황산업안정임시조치법」(특안법), 1983년 「특정산업구조개선임시조치법」(산구법)이 제정되었다.
5. 기업 성하정은 학문적 용어는 아니지만, 석유위기 후 기초소재형 산업을 중심으로 발전해 온 도시의 쇠퇴 국면과 가공조립형 산업을 중심으로 한 도시의 대두 국면이란 양면에서, 중심 기업에 일극 집중되어 있는 도시가 사람들의 주목을 받으며 기업 성하정이란 용어도 일반적으로 사용되기 시작했다(松石, 2010, 7쪽).
6. 영국에서의 산업 사양화에 대한 연구는 대단히 많지만, 섬유산업에 대해서는 Singleton(1993), 자동차산업에 대해서는 Church(1994), 조선산업에 대해서는 Lorenz(1991)를 참조. 러스트 벨트에 대해서는 High(2003), Cooke(1995) 등이 참고된다.
7. 일본 방적산업의 쇠퇴 과정에 대한 연구로는 渡辺純子(2010)가 있다.
8. 제2차 세계대전 후 일본 석탄산업에 대한 대표적인 연구로는 園田(1970), 矢田(1975, 1977), 島西(2011)를 참고. 기존 연구에 대한 자세한 검토는 제1장 이하의 각 장을 참조.
9. 산업조정 및 산업조정정책에 대해서는 小宮·奥野·鈴木編(1984), 小宮外(1988)를

참조.

10. 현 시점의 지방 쇠퇴 문제에 대해서는 増田(2014)을 참조.

11. 일본에서는 연차(calendar year)와 연도(fiscal year)의 기간이 상이하므로 주의를 요한다. 연차는 당해년의 1월부터 12월까지, 연도는 당해년의 4월부터 그 다음 해 3월까지이다.

12. KMC는 석탄 대기업의 하나인 다이헤이요탄광(太平洋炭礦)이 2002년 폐광한 후 구시로 지역 자본에 의해 규모를 축소하여 시민 탄광으로서 재출발한 기업이다. 약 50만 톤 정도의 석탄 생산 외에 아시아로부터의 연수생 수용, 기술자 파견을 주요 업무로 하고 있다.

13. 메리트는 중유와 석탄 각각의 칼로리당 가격이 경제적으로 등가가 되는 경우의 비율로, 대개의 경우 중유 가격을 100으로 하였을 때의 석탄 가격으로 표시한다. 즉, 중유에 대한 석탄의 메리트가 80이라면 같은 칼로리에 대해 석탄은 중유 80% 수준의 경제성밖에 없음을 의미한다. 이러한 메리트의 차이는 석탄에 비해 중유가 관리가 용이하고 연소 비율이 좋으며 품질이 균일하다는 등의 이유로 발생한다.

제1장

1. 예를 들면, 園田(1970); 秋葉(1975, 1976); 矢田(1975, 1977); 仙波(1977, 1978).
2. 전후 산업정책에 관한 가장 자세한 문헌이라고 할 수 있는 『通商産業政策史』의 석탄정책에 관한 부분에서 고용 문제와 관련하여 「탄광이직자임시조치법」을 비교적 상세히 소개한 것은 평가할 수 있지만(通商産業省, 1991a, 416~420쪽), 여기서도 석탄정책을 조정정책이라는 시점에서 파악하고 있지는 않다.
3. 제2차 세계대전 직후부터 1949년 9월 통제 해제까지의 석탄산업에 대해서는 根津知好編(1958), 荻野喜弘(2002)을 참조.
4. 通商産業省(1992), 125~126쪽.
5. 日本興業銀行調査部(1960), 54쪽.

6. 탄로는 경영자단체인 일본석탄광업연맹을 상대로 임금 인상을 요구하는 스트라이크를 1952년 10월 17일부터 63일에 걸쳐 실시했다.
7. 石炭鉱業合理化政策史研究会(1990), 34쪽.
8. 본서에서 대기업이라고 하는 경우, 당시 오테(大手)로 불린 日本石炭協會(1948년에 발족) 회원 회사를 말한다. 日本石炭協會는 원래 기업 규모의 대소에 관계없이 대부분의 탄광 기업을 멤버로 한 업계 단체였으나, 대기업과 중소기업의 이해관계 차이 때문에 중소탄광 기업은 1951년 일본석탄협회를 탈퇴하여 별도의 日本石炭鑛業聯合會를 발족시켰다. 이후 '오테'란 일본석탄협회의 회원 회사를 지칭하게끔 되었다.
9. 日本興業銀行調査部(1960), 55쪽.
10. 中村(1961), 252쪽.
11. 日本興業銀行調査部(1960), 57쪽.
12. 각의는 우리나라의 국무회의에 해당된다. '각의 요해'는 원래 주임 장관의 권한으로 결정될 수 있는 사항이나 그 중요성에 비추어 다른 장관의 의향을 징구하는 것이 적당하고 판단되는 것을 대상으로 한다. 이에 대해 '각의 결정'은 합의체인 내각의 의사를 결정하는 사안을 대상으로 한다.
13. 石炭経済研究所(1962), 44쪽.
14. 総合研究開発機構(NIRA)戦後経済政策資料研究会編(1999), 32쪽.
15. 通商産業大臣官房物資調整課編(1957).
16. 経済企画庁(1958).
17. 通商産業省(1991a), 369쪽.
18. 労働省職業安定局(1971), 30~31쪽.
19. 労働省職業安定局(1971), 38쪽.
20. 석탄광업정비사업단은 탄광 매수에 수반하여 해고, 이직이 불가피한 탄광 노동자에 대해 일정한 이직금을 지급하여 재취직까지 생활비의 일조가 되도록 했다.
21. 労働省職業安定局(1971), 49쪽.
22. 石炭経済研究所(1962), 169~170쪽.

23.「日本経済たてなおしのための勧告」, 1956년 9월 14일, 産業計画会議(1960).

24. 橘川(1995).

25. 小堀(2005, 2010).

26. 중유 가격은 1957년 1사분기부터 1959년 1사분기 사이에 17銭(약 15%, 1,000킬로칼로리당) 하락하여 1959년 1사분기의 게이힌(京浜)지구의 중유 가격은 메리트를 고려할 경우, 석탄 가격에 비해 보일러에서는 13銭(14%), 화력발전에서는 6銭(6%) 더 낮았다.

27. 일본 정부는 1960년 6월 '무역·외환자유화대강'(貿易·為替自由化大綱)을 발표하여 1960년 4월 현재 40%였던 자유화율을 3년 후 약 80%로 인상하기로 했으나 더한층의 개방을 요구하는 IMF 등의 압력으로 자유화 시기를 앞당겼다. 단, 석유 수입 자유화에서 原油 수입은 자유화하지만 중유 등의 석유제품 수입 자유화는 단계적으로 실시하는 방침이 취해졌다.

28. 경제기획청의 자료에서는 "가공산업의 발전을 도모하고 산업구조 고도화의 효과를 올리면서 무역자유화를 추진하고 경쟁력을 강화하기 위한 기본적인 전제가 되는 것은 저렴한 에너지의 공급이다. 우리나라의 에너지 코스트는 일반적으로 높은 편이다"라는 인식하에 무역자유화에 의한 에너지 코스트의 삭감을 기대하고 그 일례로서 전력의 경우 화력발전을 重油専焼火力으로 이행할 경우, 건설비의 16%, 운전비의 6%를 절감할 수 있음을 소개했다(経済企画庁, 1960, 55쪽).

29. 通商産業省(1991a), 403쪽.

30. 矢田(1995).

31. 석탄정책의 내용에 대해서는 石炭鉱業合理化政策史研究会(1990)와 石炭政策史編纂委員会編(2002)이 자세하다. 1960년대의 석탄정책 내용에 대해서는 園田(1970), 秋葉(1975, 1976), 矢田(1975, 1977), 仙波(1977, 1978), 通商産業省(1990, 1991a) 등을 참조. 최근의 연구로는 島西(2011)가 유용하다.

32. 기업은 대체 변제 대상으로 인정받은 차입금(원금과 이자)을 10~12년간 할부상환하고 정부는 상환액에 상당하는 보급금(補給金)을 기업에 지급했다.

33. 島西(2011), 280~284쪽.

34. 1992년 「석탄광업구조조정임시조치법」으로 명칭 변경됨.
35. 1968년 「석탄광해배상등임시조치법」으로 개칭됨.
36. 1992년 「탄광노동자 등의 고용 안정 등에 관한 임시조치법」으로 명칭 변경.
37. 1972년에 「석탄 및 석유대책특별회계법」, 1980년에 「석탄, 석유 및 석유대체에너지 대책특별회계법」, 1993년에 「석탄 및 석유 및 에너지 수급구조고도화대책특별회계법」으로 명칭 변경됨. 석탄특별회계법은 1967년에 제정되었으나, 석유 관세는 1960년부터 석탄대책비의 재원으로서 재원 관세의 성격을 갖게 되었다(石炭鉱業合理化政策史研究会, 1990, 392쪽).
38. 1956~2001년도까지 석탄정책에 투입된 재정자금은 예산 베이스로 약 4조 엔에 달한다(石炭政策史編纂委員会編, 2002, 資料編, 22~23쪽).
39. 이자 보급이란 차입금 이자의 상당액을 국가가 지원하여 사실상 무이자화하는 조치이다.

제2장

1. 점결탄은 코크스를 만들 수 있는 석탄의 총칭이며, 강점결탄은 제철용의 코크스로 사용되며 약점결탄은 코크스 강도가 낮아 연료용이나 가스발생용 탄으로 사용된다.
2. 「経済審議会エネルギ-部会における審議結果に関する報告」(総合研究開発機構(NIRA)戦後経済政策資料研究会編, 2000a, 381~384쪽). 에너지부회의 장기 에너지 전망 작업 결과는 1960년에 발표된 소득배증계획의 장기 에너지 수급 전망에 반영되었다. 제1장 참조.
3. C중유 가격이 1,000kcal당 80전, 75전, 70전의 경우, 이에 가격으로 경쟁할 수 있는 1970년도의 국내탄 생산 규모는 각각 4,630만 톤, 3,770만 톤, 3,130만 톤으로 산출되었다(エネルギ-小委員会, 「経済計画資料第19号」, 1962년 1월(総合研究開発機構(NIRA)戦後経済政策資料研究会編, 2000a, 367쪽)).

4. 석유 가격의 하락과 일본탄광노동조합(탄로)의 '정책전환 투쟁'으로 정부는 1,200엔 인하 정책의 재검토가 불가피하게 되어 1962년 4월 6일 긴급석탄각료회의를 열고 석탄산업의 근대화, 합리화 및 고용의 실상 조사를 위한 석탄광업조사단의 파견을 결정했다. 정책전환 투쟁에 대해서는 제4장 참조.
5. 기존의 장기안정협정 거래에 수반되는 수요업계의 부담에 대해서 1962년 4월에 원유관세 인상분을 면제하는 還付稅規定이 설치되어 있었다(一般還付).
6. 에너지 안전보장(security)론이 부상한 배경에는 '구주(歐州)에너지정책조사단'의 보고(1961년 7월 17일)와 '에너지 간담회'의 석탄 대책에 대한 답신(1961년 8월 31일)이 있었다. '구주에너지정책조사단' 보고와 '에너지 간담회'의 영향에 대해서는 정진성(2007)을 참조.
7. 산업구조조사회의 부회(部會)였던 종합에너지부회는, 산업구조조사회의 폐지 후, 산업구조심의회의 부회로 존속하였지만, 1965년 8월 통산성의 자문기관으로서 새로 발족한 종합에너지조사회에 그 조직, 기능을 이관했다.
8. 通商産業省石炭局編(1968), 86~93쪽.
9. 이 원가는 매년 임금 7%, 물가 1%의 상승을 예상하고, 거기에 생산성의 상승, 규모효과를 감안한 시산이다. 그러나 임금 7%, 물가 1%는 비현실적인 가정으로 실제는 1966~1970년까지의 임금은 매년 약 12.4%, 물가는 약 1.9% 상승했다. 임금은 전광원의 정기급여(일본석탄협회 조사), 물가는 종합도매물가지수(大川一司, 1966)로부터 계산했다.
10. 『石炭年鑑』 1965年版, 122쪽.
11. 福岡県(1964b).
12. 『石炭年鑑』 1968年版, 22쪽.
13. 島西(2011), 284~288쪽. 島西는 특히 공해 문제와 관련된 클린 에너지 도입에 따른 석탄 수요의 감소를 중요시하여, 일본 경제는 1950년대 중반부터 에너지 효율 상승과 가격 저하로 상징되는 에너지 코스트의 변화와 1960년대 말의 클린 에너지화로 상징되는 에너지 품질 변화라고 하는 중층적 에너지 혁명을 경험한 것으로 보았다.

14. 당시 심각해지고 있던 공해 문제에 대응하여 일본 정부는 1967년에 「공해대책기본법」, 1968년에 「대기오염방지법」, 1969년에 아류산(亞硫酸)가스 배출 기준을 제정했다.
15. 재건정비계획은 1967년도의 대기업 손실을 99억 엔으로 예상하였지만, 실제 손실은 169억 엔에 달했다.
16. 결국, 제4차 석탄 대책에서 약 850억 엔, 제5차 석탄 대책에서 약 700억 엔의 대체변제가 실시되었다.
17. 土屋清, 「転換点に立つ石炭政策」(『石油業界の推移』, 1966, 207쪽). 島西는 당시 국내탄 5,000만 톤 중 20%는 석유로 대체할 수 없는 원료탄이었음을 지적하면서 이러한 논의가 타당하지 않음을 지적했다(島西, 2011, 280쪽). 원료탄과 일반탄의 품질 면에서의 차이를 등한시한 기존 연구에 대한 島西의 비판은 정당하지만, 土屋의 논설은 석탄을 전량 석유로 대체하더라도 국제수지 면에서의 부담이 크지 않음을 강조하기 위한 레토릭일 뿐 원료탄의 존재를 무시한 것은 아니다.
18. 해외에너지사정조사단(海外エネルギー事情調査団)(단장 有沢広巳)은 1964년 5월부터 2개월에 걸쳐 구미 제국의 에너지 사정 및 정책을 조사하여 동년 8월 25일 중간 보고를 제출했다.
19. 석탄광업 재건은 종래와 같은 '개별적·사기업 체제'로는 이미 곤란한 상태가 되었다는 인식 위에, 1966년 말부터 "국유 내지는 국가관리로의 이행, 또는 전국 1사 혹은 지역별 3사 등으로 통합을 도모함으로써 석탄광업의 재건을 꾀하고자 하는 논의"가 활발히 전개되었지만, 결국 구체적인 성과는 보지 못했다. 재편성 문제에 대해서는 石炭鉱業合理化政策史研究会(1990), 166~187쪽을 참조.
20. 丁振聲(2006), 18쪽. 이에 대해 牛島는 재편성 논의가 제4차 대책에서 탄광 기업에서의 석탄 생산 부문 분리가 진행되어 석탄산업의 기업체제 변화가 활발해지는 데 중요한 계기가 되었음을 주장했다(牛島, 2012).
21. 「제4차 석탄정책의 중간적 구상」에서는 1973년도의 목표생산량을 3,600만 톤으로 상정했으나 그 후의 검토 과정에서 대책 기간 중 폐광 예정량이 극히 유동적이라는 이유로 출탄목표 수량의 설정이 곤란하다는 의견이 나옴에 따라 목표연도의

출탄량 규모를 명시하지 않는 것으로 했다(石炭鉱業合理化政策史研究会, 1990, 192쪽).

22. 석탄광업합리화기본계획의 1973년도 출탄 규모는 3,600만 톤 정도를 상정했으나, 이미 1972년도의 출탄량은 기본계획에 크게 미달하는 2,750만 톤 정도에 불과할 것으로 예상되었다.
23. 1960년의 일본 갱내부의 능률은 독일의 52%, 프랑스의 56%, 벨기의 65%에 불과했다(『石炭·コ-クス統計年報』, 1964年).
24. 일반폐산 방식과 특별폐산 방식에 대해서는 제5장 제2절 참조.
25. 1963년도의 경우, 1,200엔 인하 정책의 실동노무자의 상정치는 17만 5,670명, 제1차 대책 상정치는 14만 7,120명이었지만, 실적은 12만 2,779명이었다.
26. 『石炭年鑑』 1964年版, 126쪽.
27. 석탄산업 조정에 대한 노동조합의 대응에 대해서는 제4장 참조.
28. '黒い羽根' 운동과 당시의 광부 실업 상황에 대해서는 戸木田(1958), 山本順子(1959), 徳本正彦·依田精一(1963)을 참조. '黒い羽根' 운동에 대한 최근 연구로는 藤野(2019)를 참조.
29. 内閣総理大臣官房審議室(1960).
30. 福岡通商産業局(1962).
31. 通商産業省(1991a), 417~418쪽.
32. 嶋崎尚子(2018), 84쪽.
33. 労働省職業安定局(1971), 209쪽.
34. 雇用促進事業団(1971), 2~3쪽.
35. 戸木田에 따르면, 탄광 이직자 대책은 노동력 유동화 정책의 '端緒的·原型的' 형태였다. 그에 따르면, 적극적 노동정책으로서 '노동력 유동화' 정책이란 명칭이 나타난 것은 대체로 1960년의 미이케쟁의 이후로, 광역 직업 소개를 위한 「직안법」 제19조의 개정과 「탄광이직자임시조치법」이 노동력 유동화 정책의 선구라고 했다. 그는 노동력 유동화 정책의 본질을 독점자본을 위한 저임금 노동력의 재배치와 적극적 활용을 촉진하는 생산력 정책으로서의 노동력 정책으로 규정했다(戸木田,

1989, 417~419쪽). 노동력 유동화 정책을 산업조정정책의 일환으로 보는 필자와는 다른 견해이다.

36. 労働省職業安定局(1971), 326쪽.
37. 雇用促進事業団(1971), 174쪽.
38. 雇用促進事業団(1971), 65쪽.
39. 『昭和40年国勢調査』.
40. 九州経済調査協会(1966), 271쪽.
41. 福岡県(1964a), 11쪽.
42. 北海道労働部(1968), 6쪽.
43. 石炭鉱業合理化政策史研究会(1990), 資料編 표 9.
44. 正岡ほか編(1998), 203쪽.
45. 산탄 지역에 퇴적되는 중고년 광부들 중에는 중소탄광에서 일했던 노동자들이 많았을 것으로 추정된다. 대탄광에서 일했던 노동자들은 폐광 시의 재취직처로 폐광 탄광회사의 제2회사, 폐광 탄광회사의 계열·그룹 회사, 산탄 지역에 유치한 기업, 광역 직업 소개를 이용한 타 지역의 기업 등을 생각할 수 있으나, 중소탄광의 노동자들에게 폐광 시 대탄광 노동자들이 누릴 수 있는 위와 같은 재취업 기회는 제한적이었다(嶋崎, 2018, 90~91쪽).
46. 예를 들면, 1963년도 1년간의 광역 소개 성과에 대한 평가는, 재취직한 자는 구직자의 "2할에 미치지 못했고", 매년 광역 소개에 의한 県外 취직은 증가하고 있지만, "이 정도의 역외 이동으로는 석탄 실업자의 빙산의 일각을 움직이는 것에 불과하다"(九州経済調査協会, 1966, 271쪽)는 혹독한 것이었으며, "분산 유동화 정책에 의한 이직자는 반드시 많다고 할 수 없다"(福岡県, 1966, 101쪽)는 평가도 있다.
47. 1963~1976년도의 道外 취업률은 평균 19.6%, 석탄광업 취업률은 29.7%였다. 또 1968~1976년도의 道内 취직 동향에 따르면, 산탄지 5개 직업안정소의 취업률이 71.4%인 반면, 道内의 노동력 수요지인 삿포로(札幌), 고마코마이(苫小牧), 기타 도시 취업률은 28.6%였다(白樫久, 1982, 784쪽).
48. 白樫久(1982), 784쪽.

49. 탄광 이직자의 재취직 동향이나 산탄 지역 사회의 변화에 대해서는 다음과 같은 연구가 참고된다. 사회학 분야에서 1960년대의 죠반(常磐)탄전 연구로 武田良三編(1963), 1970년대의 홋카이도 유바리(夕張) 지역 연구로는 布施鉄治編(1982), 1980년대의 가이지마(貝島) 연구로는 高橋伸一編(2002), 1990년대의 죠반탄광 연구로는 正岡寛司ほか編(1998)이 있다. 경제학 분야에서는 1970년대의 죠반탄광 이직자 동향에 대해서 矢田(1975), 간사이(関西) 지구로의 탄광 이직자 이동 연구로는 戸木田嘉久·川端久夫(1970, 1972), 이케시마(池島)탄광의 폐광 이직자의 재취직 연구로는 浜民生(2004), 홋카이도 태평양탄광 이직자의 재취직 과정에 대한 연구로는 嶋崎(2013)가 있다.

50. 이직자 대책의 성과에 대해서는 피차별부락의 문제가 개재되어 있어 그 평가가 용이하지 않다는 지적이 있다(島西, 2011, 244쪽). 1975년 규슈 지쿠호 각 시정촌 인구의 약 10%가 피차별부락 주민이었으며, 지쿠호의 이직자로 실업 대책 사업에 종사한 약 1만 명 중 약 80%가 피차별부락 주민이었다. 피차별부락 주민은 현외 지역으로 취직할 조건이 결락되어 있거나 재취직 시 차별을 받는 경우도 있어 이동이 용이하지 않았다고 한다.

제3장

1. 여기서의 산탄 지역 은 「산탄지역진흥임시조치법」에서 산탄 지역으로 지정한 지역(2조 지역)을 말한다.
2. 1,000명당의 숫자. 생활보호는 「생활보호법」의 규정에 따라 경제적으로 곤궁한 국민에게 정부나 지자체가 최저한도의 생활을 보장하기 위한 생활비를 지급하는 제도이다.
3. 재정력지수는 기준재정수입액을 기준재정수요액으로 나눈 값이다.
4. 6조 지역은 「산탄지역진흥임시조치법」에 규정된 석탄산업에 대한 의존도가 특히 높은 지역을 말한다. 제2절 참조.

5. 通商産業省産炭地域振興課(1972).

6. 矢田(1995).

7. 岩本(2005).

8. 3개의 지표는 정책달성률(광업에서 제조업으로 취업인구의 전환 동향), 제조업 취업인구 증가율, 구조전환율(취업구조의 변화)이다.

9. 澤口(2011)는 이와키 지역이 상대적으로 지역 경제의 회복이 빨리 일어난 요인을 탄광 기업, 지자체, 노동조합의 대응과 상호적 연계가 중요한 역할을 했음을 밝히고 있다. 이 연구는 산탄 지역 정책 자체를 분석하고 있지 않지만, 산탄 지역의 활성화에는 정책 자체의 효과보다 정책적 지원을 활용할 수 있는 기업과 노조를 포함하는 지역 커뮤니티의 존재 방식이 더 중요함을 시사하고 있다.

10. 平兮元章·高橋薫·内海洋一編著(1998).

11. 高橋伸一編(2002).

12. 지역정책은 지역 문제를 해결하기 위해 공공 부문이 경제 과정에 개입하여 지역경제의 구조와 지역 간 관계를 개조하는 공공정책을 말하며, 지역개발은 지역 경제의 불균등을 시정하고 지역 문제를 해결하기 위한 경제, 사회, 문화를 망라한 종합적 개발을 말한다(宮本憲一·横田茂·中村剛次郎編一, 1990, 23, 122쪽).

13. 石岡(2012).

14. 「산탄지역진흥임시조치법」의 성립을 전후로 제정된 지역개발법은 다음과 같다. 「低開発地域工業開発法」(低開法 1961년), 「新産業都市建設促進法」(新産法 1962년), 「近畿圏の近郊整備区域及び都市開発区域の整備及び開発に関する法律」(近畿圏整備開発法 1964년), 「工業整備特別地域整備促進法」(工特法 1964년), 「首都圏の近郊整備地帯及び都市開発区域の整備に関する法律」(首都圏整備法 1958년), 「後進地域の開発に関する公共事業に係わる国の負担割合の特例に関する法律」(後進特例法 1961년), 일련의 「ブロック開発促進法」(1957~1960년), 「新産業都市建設及び工業整備特別地域整備のための国の財政上の特別措置に関する法律」(新産工特法 1965년), 「首都圏, 近畿圏及び中部圏の近郊整備地帯等の整備のための国の財政上の特別措置に関する法律」(1966년) 등.

15. 산탄지역진흥심의회에 관해서는 이미 간행된 자료 외에 산탄지역진흥심의회의 내부 자료를 이용할 수 있었다. 이 자료는 산탄지역진흥심의회 제1회 총회부터 1995년까지의 각종 회의 자료를 수록하고 있다. 이 자료는 현재 PDF로 되어 있어 누구나 이용할 수 있으며, 이 자료의 내용을 인용할 경우 PDF 자료번호를 사용했다.
16. 九州大学産炭地問題研究所(1964), 160쪽.
17. 산탄지역진흥사업단에 대한 서술은 주로 産炭地域振興事業団(1972)에 의거하고 있다.
18. 폐탄산은 석탄을 채취할 때 발생하는 사석(捨石)의 집적장을 말한다. 일본에서는 폐탄을 보타(ボタ), 폐탄산을 보타산이라고 한다.
19. 원래의 명칭은 총합부회(總合部会)이지만 여기서는 한국어 용법에서 익숙한 종합부회로 번역했다.
20. 심의회 제1회 총회에서의 기시(岸道三) 종합부회장의 발언(산탄지역진흥심의회 자료, 「産炭地域振興審議会第1回総会議事概要」(総1-G), 1961년 7월 17일). 이하 산탄지역진흥심의회 자료를 인용할 경우는 자료 제목과 PDF 번호, 연월일만을 기재한다.
21. 일본석탄협회와 일본석탄광업연합회에 대해서는 제1장 주 8, 탄로와 전탄광에 대해서는 제4장 주 1을 참조.
22. 堀坂正太郎는 共同印刷常務이지만, 동시에 사업단 이사이기도 하여 사업단 관계 위원으로 분류했다.
23. 산탄 지역의 정의에 대해서는 「産炭地域の指定の考え方について」(小561030-S-1), 1981년 10월 30일에 의거했다.
24. 石岡(2012).
25. 정령은 내각이 제정하는 명령으로 행정기관이 제정하는 명령 중에서 가장 우선적인 효력을 가진다.
26. 기준재정수요액과 기준재정수입액은 「지방교부세법」으로 규정되어 있다. 기준재정수요액은, 지방단체가 합리적으로 타당한 수준에서 행정 활동을 하기 위해 최소한으로 필요한 재정수요를 나타내는 것으로, 토목비, 교육비, 후생노동비, 산업경

제비, 행정비 등에 대해 인구, 면적, 기존 시설의 규모·면적 등의 객관적 지표를 이용하여 지역 특성 등으로 보정하여 산출한다. 기준재정수입액은 통상 표준적으로 징수할 수 있을 것으로 생각되는 세입액 중 기준재정수요액으로 산정된 표준적 재정지출에 대응하는 금액이다.

27. 광산세율에 대한 설명은 별도로 없으나, 시정촌의 세입에서 차지하는 광산세의 비율로 생각된다.

28. 1972년도 이후 통산성의 산탄 지역 진흥 관련 예산은 1972년도 이후 더욱 증가하여 1962~1971년도의 약 26억 엔에 비해, 1972~1981년도 약 63억 엔, 1982~1990년도 약 82억 엔, 1991~1998년도 약 116억 엔으로 증가했다. 1962~1998년도 전체로 보면 총예산은 2,653억 엔에 이르는데, 항목별로는 산탄지역진흥임시교부금이 1,029억 엔(38.8%), 이어서 지역진흥정비공단 출자금이 632억 엔(23.8%), 산탄 지역 진흥 사업채 조정분 이자 보급분이 428억 엔(16.2%)이었다(「産炭地域振興対策の経緯と展開」(総9-s-17), 1998년 6월 17일, 「産炭地域振興対策の概要」(部31-s-4), 1981년 9월).

29. 재투자금은 재정투융자 자금을 말한다. 재정투융자는 2001년 재정투융자의 개혁 전에는 우편저금, 후생연금 및 국민연금의 적립금에서 예탁을 받아 대장성 자금운용부 자금으로 일본 정부, 특수법인, 지방공공단체에 대한 융자 등으로 사용되었다.

30. 1981년까지의 합계는 2,278억 엔에 이른다(1982년 이후 미확인).

31. 1967년도에서 1997년도까지의 합계 기준으로 보면, 석탄대책특별회계 세출에서 산탄 지역 진흥대책비가 차지하는 비중은 7.1%였다(笹生, 2000, 149쪽). 석탄대책특별회계 세출의 40%는 석탄광업의 생산체제 개선이나 탄광정리 촉진을 위한 보조금 등으로 지출되는 석탄광업 구조조정 대책비가 차지했으며, 그 다음으로 광해대책비가 35.0%를 차지했다.

32. 산탄지역개발취로사업비는 1967~1981년도 합계 786.5억 엔이 투입되었다.

33. 긴급취로대책사업비는 1967~1981년도 합계 639.6억 엔이 투입되었다.

34. 中西(2005), 5쪽.

35. 「産炭地域振興対策の実績と概要」(小550613-S-3), 1980년 5월.

36. 1980년의 산탄법 10년 연장 시에 산탄 지역 시정촌이 진흥법의 연장을 강력히 요망하는 이유를 당시의 신문은 "동법 11조에 대한 '매력'" 때문으로 설명하고 있다(「海峡」, 『北海道新聞』, 1980년 11월 22일).

37. 제1차 진흥계획과 제3차 진흥계획 사이에 1967년 8월에 책정된 제2차 진흥계획이 있었지만, 제2차 진흥계획에서는 실시계획만을 개정하고 기본계획은 변경하지 않았다. 그런 점에서 제2차 진흥계획은 제1차 진흥계획과 같은 정책 기조에 있는 것으로 판단할 수 있다. 단, 개정된 실시계획에는 제1차 실시계획보다 각 지역의 특수성을 고려한 보다 구체적인 내용을 담고 있는데, 특히 문교 대책 등 사회환경 정비, 그리고 공업 외의 농업, 관광업의 진흥에 대해서도 언급하고 있는 점이 주목된다. 이 점은 제3차 진흥계획에서는 더욱 큰 비중을 차지하게 된다.

38. 산탄지역진흥심의회 제1회 총회에서의 석탄국장의 발언(「産炭地域振興審議会第1回総会議事概要」(総1-G), 1961년 7월 17일).

39. 「産炭地域振興審議会第1回総会議事概要」(総1-G), 1961년 7월 17일.

40. 石炭局, 「今後の産炭地域振興対策について」(部17-S7), 1968년 6월 10일.

41. 経済企画庁, 「新全国総合開発計画の策定について」(部17-S4), 1968년 4월 30일.

42. 호리사카(堀坂) 위원은 산탄 지역 문제가 처음 대두되었을 때는 "탄광의 폐광에 수반하는 사후 처리적인 면이 대단히 강조되어 산탄 지역 문제가 지역개발이라고 하는 정부 정책 중에 좀처럼 들어가지 못하는 느낌이 강했다"(6~7쪽)고 하면서, "전국적 시야에서 하지 않으면 안되는 지역개발이라든가 지역보존이라든가, 그러한 정책의 일환으로서 산탄 지역이 보다 좋은 지역으로서 남겨지고 혹은 개발된다고 하는 방향에서, 지역정책에도 도움이 된다고 하는 감각을 가지고 생각해도 좋은 시기에 온 것은 아닌가"(7~8쪽)라는 문제 제기를 했다. 다카하시(高橋) 위원은 "이 법률이 나올 때의 문제의식은 산탄 지역은 (석탄-인용자)산업이 쇠퇴하여 갔지만 토지도 인구도 대체로 남아 있다는 것을 전제로 석탄이 없어진 진공을 어떻게 메워 갈 것인가라는 것이었다. 그 후의 경제성장, 노동력 부족 등 일본 전체의 제 사정의 변화로부터 산탄 지역을 새로운 시야에서 재검토하게 된 것이 아닌가. 그러한 시대에 태평양 벨트 등에 산업, 인구의 과도한 집중이 일어났기 때문에

이러한 것을 전국적으로 균형 잡아 분산시킬 필요가 나온 것이다"라고 명확히 신 종합국토개발계획을 의식한 발언을 하고 있다(「産炭地域振興審議会 第1回小委員会議事概要」(小450827-G), 1970년 8월 27일).

43. 산탄 지역 간 격차가 현저해짐에 따라 1980년 11월의 산탄법 연장 때 산탄 지역 지정을 해제하는 제도가 도입되어 1987년 4월에 '이와키 산탄 지역 경제생활권'(죠반 탄전 지역)이 산탄 지역 지정에서 해제되었다.

44. 1971년도의 A시, B시, C시의 재정력지수는 각각 39.6, 36.1, 28.6으로 전국 평균 60.2보다 낮았고, 생활보호율은 112.0, 63.0, 45.0으로 전국 평균 21.7보다 높았다.

45. 「産炭地域振興審議会 第1回小委員会議事概要」(小450827-G), 1970년 8월 27일. 이 질문에 대해서 위원장은 "입지적 조건의 재정비가 진전되어 지역이 본래 가지고 있던 잠재적 능력이 발휘될 수 있게끔 되는, 즉 자립적 발전의 에너지가 붙으면 되는 것"이라는 추상적인 답변에 그치고 있다.

46. 진흥정책의 목표점에 관한 논의는 1980년의 진흥법 10년 연장 시에 다시 한번 보다 명확하게 나타난다. 당시의 신문기사는 어떤 상황이 되었을 경우가 (진흥정책의-인용자) 졸업인가라는 판단을 내릴 기준의 필요성을 지적하고 있었다(「産炭地振興に必要な自助努力」, 『朝日新聞』, 1980년 11월 12일).

47. 九州経済調査協会(1988).

48. 「産炭地域の当面する課題とその対策」(部19-S-9), 1969년 9월 17일.

49. 「産炭地域振興審議会 第4回小委員会」(小451003G), 1970년 10월 3일.

50. 「産炭地域振興審議会 第3回小委員会」(小450919G2), 1970년 9월 19일.

51. 「産炭地域振興審議会第1回総会議事概要」(総1-G), 1961년 7월 17일.

52. 예를 들면, 제1회 종합부회에서 사토(佐藤) 규슈상공회의소연합회 회장은 규슈 지역에서 광공업만이 아니라 농업에 대해서도 배려할 것을 요구했다(「産炭地域振興審議会第1回総合部会議事概要」(部1-G), 1961년 8월 23일).

53. 심의회 제3회 종합부회에서의 전국광업관계시정촌연합회장인 사카타(坂田) 위원의 질문(「産炭地域振興審議会第3回総合部会議事概要」(部3-G), 1962년 2월 9일).

54. 「産炭地域振興審議会第3回総合部会議事概要」(部3-G), 1962년 2월 9일.

55. 「産炭地域振興審議会 第2回小委員会」(小450909G), 1970년 9월 9일.

56. 「産炭地域振興審議会 第2回小委員会」(小450909G), 1970년 9월 9일.

57. 「産炭地域振興対策の概要」(部20-S-2), 1970년 7월.

58. 九州大学産炭地問題研究所(1964), 161쪽.

59. 『石炭年鑑』 1962年版, 44쪽.

60. 島西(2011), 221~223쪽.

61. 제1회 종합부회에서 전기사업연합회 회장인 管 위원은 규슈에서 발전하여 한신까지 송전하는 것은 경제적으로 현실성이 없다고 했으며(「産炭地域振興審議会第1回総合部会議事概要」(部1-G), 1961년 8월 23일), 제4회 종합부회에서도 북해도전력(주) 사장인 岡村 위원은 산탄지 화력발전은 휴머니즘 정책으로서 경제적 합리성은 없다고 주장했다(「産炭地域振興審議会第4回総合部会議事概要」(部4-G), 1963년 5월 30일).

62. 제1회 종합부회에서 석탄국장은 어느 정도의 산탄지 발전사업을 하면서 합리적으로 석탄 생산을 유지하고 그 사이에 비능률 탄광을 폐지하는 것을 생각해야 한다고 하며, 초고압 송전은 일정 조건하에 성립하는 것이라면 꼭 실시해야 한다는 견해가 강하지만 기술적인 면에서 수정을 할 필요가 있다고 하고 있다(「産炭地域振興審議会第1回総合部会議事概要」(部1-G), 1961년 8월 23일).

63. 통산성은 1961년 9월 6, 7일의 통산성 국장회의에서 산탄지 발전 구상을 게이한신(京阪神) 지역에서의 소비지 발전으로 하는 것으로 방침을 변경했다(九州大学産炭地問題研究所, 1964, 161쪽).

64. 「産炭地域振興審議会第2回総合部会議事概要」(部2-G), 1961년 12월 4일.

65. 1988년에 간행된 탄주에 대한 조사연구서에는 제3차 진흥계획에서는 생활환경의 정비가 목표의 하나로 설정되어 있기는 하지만, 그것은 어디까지나 산업개발=중핵사업 도입에 필요한 한에서의 생활환경 정비일 뿐으로 제3차 진흥계획은 여전히 생산력 중시의 논리가 작용하고 주민복지의 향상은 종속변수적인 지위에 머물러 있다고 비판하고 있다(九州経済調査協会, 1988, 36쪽).

제4장

1. 총평(日本労働組合総評議会)은 1950년 7월에 결성한 산업별 노동조합의 통일조직. 총평은 반공파, 민주화 동맹 세력이 점령군의 지원을 받아 반공조합으로서 발족하였지만, 단독강화 반대 운동을 계기로 좌경화하여 투쟁력을 강화하면서 급속히 발전했다. 총평의 좌경화에 비판적인 우파 조합이 1954년에 탈퇴하여 전로(全労, 全日本労働組合会議)를 결성한 이후에도 총평은 최대의 전국 조직으로서 노동운동의 중심적 존재였다. 1958년 3월 15일 현재, 총평 산하 조합원 수는 333만 8,800명, 전로 산하 조합원 수는 99만 1,100명이었다. 탄로(日本炭鉱労働組合)는 1950년에 결성된 탄광 노동자의 산업별 단일조직으로서 총평 산하의 최강 조직이 되었다. 1958년 3월 15일 현재, 탄로 산하 조합원 수는 19만 8,000명이며, 전로 산하인 전탄광(全国石炭鉱業労働組合)의 산하 조합원 수는 5만 3,500명이었다(『石炭労働年鑑』 1959年版).
2. 전후 일본의 노사관계나 노동운동을 다룬 연구로서 미이케쟁의를 다루지 않은 것은 없을 것이다. 미이케쟁의를 특히 중점적으로 고찰한 대표적인 연구성과로서는 平井(1991, 2000), 清水(1963, 1982)를 참조. 미이케쟁의에 관련되는 문헌 정보에 대해서는 平井(2000)가 자세하다. 반면에 정책전환 투쟁에 대해서는 통사적 문헌에서는 반드시 언급되고 있지만 이것만을 따로 고찰한 연구성과는 찾아볼 수 없었다.
3. 清水(1982), 7쪽.
4. 여기서 직장이란 job의 의미가 아니라 workshop, 즉 작업장 또는 노동 현장의 의미이다.
5. 清水(1982), 20쪽.
6. 兵藤(1982), 217~220쪽.
7. 兵藤(1997), 228쪽.
8. 미이케쟁의 당시의 총평 및 탄로는 석탄위기를 다음과 같이 파악하고 있었다. 총평은 1959년 11월에 개최된 제13회 임시대회에서 "정부와 경영자는 '석탄산업의 위기

를 (중략) 석탄산업은 사양산업이기 때문이다'라고 하지만, 이 선전은 거짓말이다. 석탄산업의 오늘날의 위기는 독점자본의 일관된 고식적인 방식에 그 원인이 있다" 고 하였으며, 탄로는 같은 해 10월에 개최된 제23회 임시대회에서 석탄위기의 진정한 원인은 '석탄 자본의 정체적 생산기구'와 '미국 제국주의에 종속된 국가독점자본의 에너지정책'에 있다고 주장했다(『資料労働運動史』 第16巻, 1961, 513쪽).

9. 兵藤(1982).
10. 兵藤(1982), 264~265쪽.
11. 兵藤(1982), 227쪽. 예를 들면, 당시 총평 산하의 유력 노조였던 국로(国労, 国鉄労働組合)에서 전개된 정책전환 투쟁에서는 '직장에서의 저항체제'의 강화를 기축에 두면서 투쟁을 진행시켜야 한다는 주장에도 불구하고 사실상 직장에서의 투쟁을 경시하는 쪽으로 흘렀다고 한다(兵藤, 1982, 250쪽).
12. 탄로 최초의 합리화 반대 투쟁의 방침은 1950년 7월의 중앙위원회에서 정해졌으며, 1953년 7월 제7회 정기대회에서 합리화 반대 투쟁방침을 확립하고 기업정비반대투쟁위원회를 조직하여 구체적인 투쟁방침을 결정했다(日本炭鉱労働組合, 1991, 316~320쪽).
13. 全国三井炭鉱労働組合連合会. 1959년 당시 미쓰이광산을 구성하는 전국 6개 광업소의 6개 단위노조(砂川, 芦別, 美唄, 三池, 田川, 山野)로 구성된 연합조직(企業連)이었다.
14. 기업련은 한 기업 산하에 여러 광업소가 있을 경우, 광업소마다 조직된 노동조합의 연합체를 의미한다. 예를 들어, 북해도탄광기선회사 산하 각 광업소의 노동조합은 북탄노련(北炭労連)이라는 기업련을 구성했다. 기업과의 교섭은 기업련이 중심이 되어 이루어진다.
15. 日本炭鉱労働組合(1991), 327쪽.
16. 日本炭鉱労働組合(1991), 328쪽.
17. 三井鉱山株式会社(1963), 194쪽.
18. 대기업 12사는 三菱鉱業, 北炭, 住友石炭, 古河鉱業, 明治鉱業, 雄別炭礦, 太平洋炭礦, 日本炭鉱(日炭), 日鉄鉱業, 貝島炭礦, 大正鉱業, 宇部興産이다. 이들 기업에

三井鉱山, 杵島炭礦, 常磐炭礦, 大日本炭礦, 麻生産業, 松島鉱業을 더한 기업을 오테(大手) 18사라고 했는데, 오테는 일본석탄협회의 멤버 기업을 의미한다. 三井와 杵島가 장기계획협정 투쟁에 참여하지 않은 것은, 이 2사의 장기계획협정이 무기한이었기 때문이다. 常磐炭礦, 大日本炭礦, 麻生産業, 松島鉱業의 노조는 전탄광 산하였다.

19. 日本炭鉱労働組合(1991), 329쪽.
20. 『石炭年鑑』 1961年版, 163쪽.
21. 三井鉱山社員労働組合連合会. 미쓰이광산 직원조합의 연합체.
22. 1960년의 안보 투쟁은 1951년에 일본이 미국과 체결한 안보조약의 개정을 둘러싸고 발생했던, 반정부, 반미운동과 그에 수반된 대규모 시위운동이다. 신안보조약 체결에 반대하는 대학생, 시민 등은 일시 수십만 명 규모로 국회의사당을 포위하는 등 기세를 올렸지만 1960년 5월 20일 신조약안이 중의원본회의에서 통과되어 6월 19일 자연 성립되고, 기시(岸) 내각에 7월 19일에 퇴진하면서 안보 투쟁은 동력을 상실했다. 미이케 노조와 동 노조를 지원하고 있던 사회당과 총평은 신안보조약 체결에 반대하고 있었다.
23. 당초 지명해고자는 1,202명이었으나, 이 중 1960년 9월 29일까지 34명이 퇴직, 4명이 사망했다. 1,164명 중 995명은 용퇴(勇退)를, 169명은 자발퇴직을 선택했다. 자발퇴직이란 퇴직계(退職届)를 제출하지 않음으로써 자연퇴직하는 것을 가리키며, 이들은 자신들의 지위에 대해 법정 투쟁을 계속했다. 자발퇴직을 선택한 사람은 대개 직장위원 이상의 조합력을 가진 자, 혹은 사회당원이나 공산당원에 한정되어 있었다고 한다(三井鉱山株式会社, 1963, 732쪽).
24. 윤번제(輪番制)와 생산 컨트롤은 미이케 직장 투쟁의 핵심적 내용이었다. 윤번제와 생산 컨트롤에 대해서는 平井(2000)을 참조.
25. 兵藤(1997), 220쪽.
26. 平井(1991).
27. 1960년 9월 29일 탄로 중투회의(『資料労働運動史』 第15巻, 1960, 575쪽).
28. 탄로 제31회 임시대회(『資料労働運動史』 第16巻, 1961年, 495쪽).

29. 原茂, 「いばらの十年 -63日ストから政転闘争まで-」, 日本炭鉱労働組合篇(1964).

30. 독주(獨走)란 개별 노조의 투쟁을 의미한다. 따라서 '독주에서 통일 투쟁'이란 탄로의 각 지부가 개별적으로 투쟁을 하면서 독주체제를 구축하고 그 기반 위에 통일 투쟁체제를 구축한다는 전략이다.

31. 兵藤(1982), 226쪽.

32. 9월 25일에는 총평, 사회당, 탄로가 삼위일체가 되어 '石炭政策転換最高指導会議'를 구성하고, 그 실천기관으로서 石炭政策転換闘争本部를 사회당 내에 설치했다. 총평과 사회당은 이와 같이 탄로와 삼위일체가 되어 정책전환 투쟁의 전 과정에서 탄로를 적극 지원하며 밀접히 개입했다. 한편, 탄로와는 달리 노사협조 노선을 표방해 온 전탄광, 탄직협(炭職協)과도 연대를 추진해 10월 3일에 탄로는 이들 단체와 함께 '石炭政策共闘連絡会議'를 설치해 정책전환 투쟁에서 협조했다.

33. 『石炭労働年鑑』 1962年版, 165쪽.

34. 『石炭労働年鑑』 1963年版, 107쪽.

35. 기본 요구는 ① 고용의 안정, ② 최저임금제의 확립, ③ 석탄산업의 기초 확립, ④ 산탄지 진흥의 4항목이며, 당면 요구는 ① 고용안정을 가장 중점적으로 다룰 것, ② 우리의 주장이 반영되는 석탄 대책이 수립되도록 탄로와 협의할 것, ③ 각의 결정 후라도 '실효 있는 조치'가 취해질 때까지 해고를 하지 않는다는 '4·6 각의 결정'을 재확인할 것, ④ 중소탄광에 대한 긴급조치의 4항목이다.

36. 『石炭労働年鑑』 1963年版, 115쪽.

37. 석탄 관계 4법안은 제1차 답신이 제언한 탄광 이직자 대책, 산탄 지역 진흥 실시를 위해, 제42회 임시국회(1962년 12월 8~13일)에서 정부가 제출했던 ① 석탄광업합리화임시조치법의 일부 개정하는 법률안, ② 석탄광산보안임시조치법의 일부 개정하는 법률안, ③ 산탄지역진흥사업단법의 일부 개정하는 법률안, ④ 탄광이직자임시조치법의 일부를 개정하는 법률안을 일컫는다.

38. 『石炭労働年鑑』 1963年版, 125쪽.

39. 『石炭労働年鑑』 1961年版, 129쪽.

40. 『石炭労働年鑑』 1961年版, 132~133쪽.

41. 『石炭年鑑』 1962年版, 184쪽.

42. 『資料労働運動史』 第16巻, 1961, 537쪽.

43. 1960년 12월 개최한 제3회 평의원회 결정의 춘투방침(『資料労働運動史』 第16巻, 1961年, 515쪽).

44. 1962년 12월 18일 중투지령 제63호(『資料労働運動史』 第17巻, 1962, 494쪽).

45. 『資料労働運動史』 第16巻, 1961, 516쪽.

46. 兵藤(1982), 226쪽.

47. 「방침」은 "구조개혁의 중심목표는 '국민 제 계층의 생활 향상'을 달성하기 위한 것이다"라고 하고, 구조개혁 체계가 '생활 향상', '반독점', '중립'의 3개 기둥으로 집약되는 것을 강조했다. 중요한 것은 이 '세 개의 기둥'이 현재의 자본주의 경제의 틀 내에서 실시될 수 있는 변혁이라고 한 점이다(原, 2000, 184~185쪽).

48. 『月刊総評』 1961년 1월.

49. 「組合の抵抗の方法」, 『毎日新聞』, 1961년 9월 13일(『資料労働運動史』 第16巻, 1961, 530쪽).

50. 『資料労働運動史』 第16巻, 1961, 537쪽.

51. 兵藤(1997), 232쪽.

52. 총평 내부에는 구조개혁 노선을 지지하는 유력한 그룹이 형성되고 이것은 나중에 오타·이와이(太田·岩井)체제를 지탱하고 있던 민동좌파(民同左派) 그룹의 분열로 나타난다(神代·連合總合生活開發研究所編, 1995, 326쪽).

53. 4항목이 투쟁목표로 최초로 명확히 제시된 것은 필자의 관견에 따르면, 1962년 10월 1일 政転闘争本部幹事会決定에서였다(『資料労働運動史』 第17巻, 1962, 448쪽). 이 4개의 투쟁목표는 제1차 답신이 발표된 후 탄로가 정부에 제출한 '석탄정책에 관한 요구서' 중 4개의 기본 요구, ① 고용의 안정, ② 최저임금제의 확립, ③ 석탄산업의 기초 확립, ④ 산탄지 진흥에 해당된다.

54. 『資料労働運動史』 第16巻, 1961, 524쪽.

55. 조부와 청부부는 작업청부업자에 고용된 노동자로서 탄광 기업과 직접 고용관계가 없는 노동자이며, 임시부는 당일 또는 2개월 미만의 기간을 정해 고용되는 노

동자이다.

56. 제2회사란 당해 기업이 경영하고 있던 광구의 일부를 분리하여 본사와는 별도의 회사를 설립하는 것을 말한다. 제2회사의 임금은 본사 임금보다 20~30% 정도 낮은 수준으로 책정되었다(日本炭鉱労働組合, 1991, 538쪽).

57. 1963~1965년에 걸쳐, 田川·山野(三井), 空知·神威(北炭), 好間(古河), 貝島2·5광(貝島), 赤池(明治), 美唄(三菱)가 제2회사로 이행했다.

58. 『石炭労働年鑑』 1964年版, 128쪽. 통산성 자료에 의하면, 상용노무자에 대한 청부부의 비율은 1963년 3월에 약 16%였지만, 1965년 3월에는 약 18%로 오히려 증가했다(『石炭労働年鑑』 1965年版, 統計資料集).

59. 日本炭鉱労働組合(1991), 537~538쪽.

60. 중앙최저임금심의회에서의 심의 과정에 대해서는 『石炭労働年鑑』 1963年版, 171~176쪽을 참조.

61. 『石炭年鑑』 1962年版, 452쪽.

62. 당시의 신문기사는 "대기업 18사의 갱내부 임금은 대부분 1만 6,000엔에 달하고 있거나 상회하고 있는 것이 실정이며, 대기업에의 영향은 1할을 조금 넘는 정도에 그칠 것이다. 그러나 500명 이하의 광산은 33%가 영향을 받게 된다"라고 분석하고 있었다(「実利は石炭経営者に, 炭労の石炭答申受入れへ布石」, 『毎日新聞』, 1962년 10월 12일).

63. 『石炭年鑑』 1963年版, 179쪽.

64. 1960년 11월 15일 탄로의 정부에 대한 정책변경 요청(政府への政策変更申入れ)에는 재취직을 촉진하기 위해 산탄지에 기계공업 그 외 신규 산업의 도입을 요구했다(『資料労働運動史』 第15巻, 1960, 577쪽).

65. 1960년 12월 4일의 노동, 통산, 경제기획청에 대한 요청서에는 산탄 지역 진흥 대책을 별도의 항목으로 세우고 다발적 실업지역의 진흥, 산탄지 댐의 건설, 신규 공업 육성 등을 요구했다(『資料労働運動史』 第15巻, 1960, 580쪽).

66. 「炭労の政転闘争」, 『朝日新聞』, 1961년 9월 15일.

67. 총평 제17회 정기대회(1961년 8월 2~6일)에서 결정한 1961년도 운동방침에서 "정책

전환 투쟁의 계급적 성격을 명확히 해야 하지만 석탄산업과 같이 합리화의 집중 공격을 받고 있는 절박한 상황에서는 대중이 조합에서 이탈되지 않도록 산업방위적 입장에서 축소산업에 대한 보호정책을 요구하는 것도 필요"하다고 하고 있었다(『資料労働運動史』 第16巻, 1961, 516~517쪽).

68. 예를 들면, 고용촉진사업단의 설립 과정에서 탄로는 탄광 이직자 원호에 대한 특별조치를 요망하는 요망서를 경영 측(석탄경영자협의회)과 공동으로 제출했다(『石炭労働年鑑』 1961年版, 418~419쪽).

69. 経団連과 같은 재계 단체는 연료의 수급은 자유경제의 일환으로서 연료의 경제적 합리성에 기초한 소비자 자유 선택에 의해서 성립할 것을 명백히 하고 있었다. 특히 일본 전력업계의 거물인 마쓰나가 야스자에몽(松永安左エ門)은 산업계획회의 및 전력중앙연구소를 통해 에너지 쇄국정책이 일본 경제의 진보를 저해하는 요인이 되고 있다고 하면서 에너지원을 중유로 전환할 것을 강력히 주장했다(제1장 참조).

70. 탄로의 위원장이었던 하라(原茂)는, 대중 동원이라는 투쟁 형태는 1959년 당시 서독의 탄광 노동자가 기업정비 반대를 위해 500명을 동원하여 그것이 정치적 운동으로 발전한 것에서 힌트를 얻은 것이지만, 그것보다도 안보 투쟁에서의 경험, 즉 "국민 전체가 참여(国ぐるみ)하는 대운동으로 발전한 투쟁의 형태에서 배운 것"이라고 술회하고 있다(日本炭鉱労働組合, 1964, 884쪽).

71. 탄로 제31회 대회에서 오카(岡) 사무국 차장은 "국민의 이해와 지지가 필요하며 여론을 환기하여 사회문제화하여 정부가 요구를 받아들이지 않을 수 없게 한다. (중략) 1,000명의 대행진, 5,000명의 대동원을 하여 정부, 관계 방면에 대한 진정, 시위, 도쿄 도민에 대한 어필을 하여 그중에서 정책전환의 무드를 만들어 일정 시기에 생산점에서의 대결, 제네스트 체제와 결합하여 정책전환을 획득한다"는 투쟁 방침을 제안했다(『資料労働運動史』 第16巻, 1961, 527쪽).

72. 탄로의 이러한 전략, 즉 대중 투쟁을 통해 요구를 관철시키려는 전략은, '형식적 의회주의'보다 '대중의 에너지'에 의존한다는 논리하에 의석수에 의한 결착을 '다수의 폭력'으로 기피하는 사회당의 전략(原, 2000, 171쪽)과 부합하는 것이다.

73.『石炭労働年鑑』 1963年版, 181쪽; 1965年版, 122쪽. 탄광노무자 대책의 불비는 1963년 중반부터 불거진 탄광 노무자의 부족이라는 사태에 직면하여 이직자 대책에 편중된 석탄정책의 문제점으로서 지적되었다.

74. 三池炭鉱労働組合(1967), 806쪽.

75.『石炭年鑑』 1963年版, 186~187쪽.

76.『石炭年鑑』 1964年版, 131쪽.

77. 상용 노동자는 연말 수치, 탄로 조합원 수는 1962년은 7월 1일 현재, 1966년은 5월 1일 현재의 수치.

78. 이와 같은 임금교섭 방식은 탄광 노동운동 사상의 중대한 전환을 형성하는 것이라는 평가도 있었다(『石炭年鑑』 1965年版, 128쪽).

79. 탄로는 석탄 국유화 투쟁을 1963년 11월의 제39회 정기대회에서 정식으로 제기했다. 석탄 국유화 투쟁에 대해서는 『炭労四十年史』, 496~498쪽, 『石炭年鑑』 1965年版, 124~127쪽, 참조.

80. 戸塚·兵藤(1995).

81.『石炭年鑑』 1964年版, 130쪽.

82. 市原(1997), 372쪽.

제5장

1. Porter(1980).
2. Porter(1980), 259~265쪽.
3. 石炭経済研究所(1962), 486쪽.
4. 石炭鉱業合理化政策史研究会(1990), 111, 169쪽.
5. 矢田(1975, 1977).
6. 구재벌계 기업은 제2차 세계대전 전에 존재했던 재벌에 속해 있던 기업을 말한다. 미쓰이계의 미쓰이광산과 홋카이도탄광기선, 미쓰비시계의 미쓰비시광업, 스미토

모계의 스미토모석탄광업이 있었다. 재벌은 전후의 재벌 해체에 의해 소멸했지만 재벌에 속해 있던 개별 기업들은 전후에도 계속 경영을 유지하다가 새로이 기업집단을 형성하였다(주 9 참조).

7. 矢田(1979).
8. 矢田(1977).
9. 기업집단은 제2차 세계대전 이후 형성된 6대 기업집단(三井, 三菱, 住友, 芙蓉, 三和, 第一勸業)을 의미한다. 이 중 전전의 재벌에 속해 있던 기업들이 전후 다시 결집해 형성한 기업집단을 구재벌계 기업집단이라고 하며 미쓰이 그룹, 미쓰비시 그룹, 스미토모 그룹이 이에 해당된다. 전전의 재벌과 전후의 기업집단은 그 조직원리가 상이하며, 구재벌이 지주회사를 정점으로 하여 그 아래에 산하 기업을 수직적으로 지배하는 종적 기업 간 관계인 반면, 기업집단은 상호 주식 보유를 주된 방법으로 하여 여러 산업 부문의 대기업을 멤버 기업으로 구성된 횡적인 기업 간 관계를 의미한다(橘川, 1992). 영어로는 흔히 keiretsu로 번역되나 하청계열과 같은 수직적 기업 간 관계와 구별하기 위해 'enterprise group' 혹은 'financial keiretsu'라고 한다.
10. 島西(2011), 251쪽.
11. 정진성(2009).
12. 이미 1960년 시점에서 동년도의 대기업 설비투자액(계획치)으로는 합리화의 목표 달성이 어려울 것으로 예상되었고, 특히 석탄산업의 사양화가 시중은행의 융자 의욕을 저해하고 있다고 보고 있었다(『石炭年鑑』 1960年版, 129쪽). 실제로 1960년도의 설비투자 실적은 계획의 89% 정도에 그쳤고 흥업은행과 시중은행의 융자액이 계획치를 크게 미달했다(『石炭年鑑』 1961年版, 40~41쪽).
13. 카페(Kappe)는 독일어로서 갱도의 천반(天盤)을 지탱하는 금속성의 들보(梁)를 말한다. 카페채탄은 높이를 자유로이 조절할 수 있는 철주와 카페로 지압을 지탱하면서 채굴하는 방식으로 콜 커터(coal cutter)나 컨베이어와 결합하여 생산능률을 비약적으로 향상시켰다.
14. 島西(2011), 253~254쪽.

15. 島西(2011), 257~261쪽.

16. 1973년의 경우 정부의 각종 지원금(이자보급금, 재건교부금, 안정보급금 등)은 톤당 1,799엔에 달했음에도 불구하고 톤당 2,358엔의 손실을 보전할 수 없었으며, 탄광 기업은 결국 톤당 660엔의 손실을 보았다(石炭鉱業合理化事業団編, 1976, 390~391쪽).

17. 1961년도에 1,030억 엔이었던 석탄 대기업의 차입금 잔고는 1966년도에 2,218억 엔으로 팽창했다(石炭鉱業合理化事業団, 1976, 117쪽).

18. 조광권 탄광이란 5년 이내의 기간을 정하여 "설정행위에 근거하여 타인의 광구에 광업권의 목적으로 되어 있는 광물을 채취 및 취득하는 권리"를 인정받고 있는 탄광을 말한다(광업법 제6조, 제71~87조). 조광권제도의 제정 경위와 법적 성격에 대해서는 石村善助(1960), 350~395쪽을 참조.

19. 구방식에서는 대탄광이 조광권이 설정되어 있는 광구가 있는 탄광을 자유롭게 매수 신청할 수 없었지만, 신방식에서는 조광권 탄광도 교부금 교부 대상이 되기 때문에 대탄광은 광구 내의 조광권 탄광의 유무에 관계없이 소유 탄광의 폐광이 가능하게 되어, 대탄광이 조기 폐광하는 인센티브로도 되었다(島西, 2011, 238~239쪽).

20. 石炭鉱業合理化事業団(1976), 116~118쪽.

21. 島西(2011), 324쪽.

22. 矢田(1975), 124쪽.

23. 미쓰이광산의 경우, 山野탄광을 제2회사(株式会社山野鉱業所)화함으로써 아래와 같은 방법으로 노무비용을 삭감했다고 한다(戸木田, 1989, 332~333쪽).

첫째, 기존 조합을 해산하여 탄로에 가입하지 않은 노사협조적인 조합을 만들었다.

둘째, 새로운 협정으로 임금이 약 2할 절하되었고, 실제의 평균 월수입은 4할 가까이 절하되었다.

셋째, 본공 노동자와 차별되는 조건으로 노동하는 하청 組夫가 도입되었다. 組夫는 회사와 직접적인 고용계약을 맺지 않고 있으므로, 회사는 조부의 취업 중 사고에 법적 책임을 지지 않았다. 조부의 임금은 직할광부의 70%에 불과하였으며 사회보험에도 가입되어 있지 않는 경우가 많았다.

24. 제1그룹은 구재벌계 기업으로 기업집단의 멤버 기업, 제2그룹은 구재벌계이며 전후에도 기업집단과의 관계가 깊은 기업들, 제4그룹은 전전에는 재벌계였지만 전후에는 계열에서 이탈한 기업들이며, 제3그룹은 어느 쪽에도 분류하기 어려운 기업들이다(矢田, 1977).
25. 矢田(1977), 162~163쪽.
26. 矢田(1977), 193쪽.
27. 矢田(1977), 176쪽.
28. 川村(1960), 315쪽.
29. 通商産業省石炭局編(1968), 212쪽.
30. 야다가 1967년 3월 시점의 대기업 11사(〈표 5-4〉의 6개 기업과 北海道炭礦汽船, 太平洋炭礦, 松島炭鉱, 常磐炭礦, 雄別炭礦, 日本炭礦)의 대차대조표에서 구한 관계회사 주식과 대부금의 총자산에 대한 비율을 보면, 雄別炭礦과 貝島炭鉱을 제외한 9사가 10%를 넘고 이 중 6사(三井鉱山 21.5%, 住友石炭鉱業 27.3%, 北海道炭礦汽船 19.0%, 常磐炭礦 24.9%, 日本炭礦 31.5%)는 20% 전후에 이른다(矢田, 1979, 54~55쪽).
31. 스미토모의 경우에는 1958년에 경영권을 취득한 기네시마(杵島)탄광에 대한 대부금이 증가했다.
32. 矢田(1977), 176~181쪽.
33. 호쿠탄기계공업(1938년), 홋카이도석탄하역(1941년), 호쿠세이(北星)해운(1950년), 호쿠탄건설(1961년), 호쿠탄화성공업(1965년) 등이 있다.
34. 탄광기계의 제작·수리 부문은 죠반제작소(1963년 설립), 갱도 굴진 등의 토목·건축 부문은 죠반개발(1960년), 석탄 수송 부문은 죠반석탄수송(1957년), 오나하마석탄하역(1961년), 죠반창고(1961년), 부산물로서는 죠반공동가스(1959년), 죠반요업(1961년), 죠반탄광연탄(1964년)이 설립되었다. 후생복리 부문에서는 죠반생활협동조합(1959년), 의료법인 죠반회(1963년)가 설립되었다. 석탄광업과 직접적인 관련이 없는 부문에서는 죠반콘크리트공업(1957년), 죠반紙業(1959년), 죠반축산

(1963년), 도키와급행화물(1963년), 일본 조라이트(경량골재사업, 1963년), 죠반식품(1965년) 등이다.

35. 三井鉱山株式会社(1990), 三菱鉱業セメント株式会社(1976), 住友石炭鉱業株式会社社史編纂委員会(1990).
36. 깃카와는 탄광 기업의 시멘트업계 진출에 대해서 기업집단에 의한 불황산업 대책이란 시점에서 고찰했다(깃카와, 1997, 320~323쪽).
37. Lesbirel(1991), 1086쪽.
38. 住友石炭鉱業株式会社社史編纂委員会(1990), 393~395쪽.
39. 三井鉱山株式會社(1990), 319쪽.
40. 三菱鉱業セメント株式会社(1976), 609쪽.
41. 住友石炭鉱業株式会社社史編纂委員会(1990), 348~349쪽.
42. Lesbirel(1992), 1082~1083쪽.
43. 깃카와(2001), 362쪽.
44. 住友石炭鉱業株式会社社史編纂委員会(1990), 389쪽.
45. Suzuki(1997), 83쪽.
46. Porter(1980), 263~264쪽.

보론

1. 미국 무연탄산업의 산탄 지역 문제에 대해서는 Dublin and Licht(2005), Bakerman(1979), 일본의 산탄 지역 문제에 대해서는 矢田俊文(1995), 高橋伸一(2002), 布施哲治(1982), Culter(1999), Allen(1994), 杉山伸也·牛島利明(2012), 정진성(2013), 한국의 산탄 지역 문제에 대해서는 정진성·박기주(2013), 영국의 산탄 지역 문제에 대해서는 Ashworth(1986), Waddington, Critcher, Dicks, and Parry(2001) 등의 연구가 있다.
2. 이 글에서 주민의 자치 능력이 높고 노동조합의 영향력이 강한 유럽의 사례를 다루지 못한 것은 치명적인 결점이 될 수도 있다. 이런 면을 보완하기 위해, 유럽 국

가의 경험 중 영국의 사례를 결론 부분에서 간단히 언급했다.

3. 이 부분의 서술은 별다른 언급이 없는 한 Dublin and Licht(2005)에 의존하고 있다.
4. 예를 들면, 뉴욕의 금융자본은 펜실베이니아의 대탄광 기업인 the Lehigh Coal and Navigation Company의 주가가 8.5달러인 반면, 자산 가치는 주당 26달러에 이름을 알고는 이 회사의 주식을 대량 매입한 후 회사 자산을 쪼개어 판매함으로써 막대한 이익을 얻었다(Parton, 1998).
5. 주로 미국 북부의 석탄 노동자를 대표하는 노동조합으로 뉴딜 정책을 지지하면서 1930년대에 크게 성장했다.
6. Krajcinovic(1997).
7. 1920년에서 1960년까지 UMWA를 지도하였던 존 루이스(John L. Lewis)는 CIO(the Congress of Industrial Organization)를 설립하고 초대 회장에 취임하는 등 미국 노동운동사에 중요한 역할을 했다.
8. 이 부분은 특별한 언급이 없는 한 주로 정진성·박기주(2013)에 의거하고 있다.
9. 식민지기 조선의 석탄산업에 대해서는 박기주(2009) 참조.
10. 해방 후 1950년대까지의 한국 석탄산업에 대해서는 임채성(2007, 2008)을 참조.
11. 석탄산업합리화사업단(1994), 7쪽.
12. 석탄산업합리화사업단(1997), 208쪽.
13. 석탄산업합리화사업단(1991), 71쪽.
14. 산업자원부(2003), 872쪽.
15. 강원도(2006), 817~823쪽.
16. 대한석탄공사(석공)는 1950년 11월에 설립된 국영기업으로서 석탄의 생산만이 아니라 연탄가공과 판매도 겸했다. 석공 설립 초기에 석공의 무연탄 시장 점유율은 90%를 넘었고, 1960년 이전까지도 5할 이상이었지만, 민영 탄광의 성장에 의해 1960년대 말의 석공 점유율은 40% 정도로 떨어졌다.
17. 남춘호(1991), 151쪽.
18. 한국에서는 해방 후 1946년 10월에 '대한노총' 산하의 장성, 도계, 문경, 철암노조가 탄생했으며, 1949년 4월에는 '전국광산노동연맹'이 결성되었다. 5.16 이후에는

'한국노동조합총연맹' 산하 15개 산별 노조의 하나로서 '전국광산노동조합'으로 재편되었다.

19. 박형신(2004), 161쪽.

20. 1987년의 탄광 노동자 노동쟁의에 대한 최근의 연구로 임송자(2013)가 있다. 단, 이 연구는 노동쟁의의 구체적인 전개 양상을 밝히는 것을 목적으로 하고 있어, 노동쟁의가 산탄 지역 대책이나 지역 사회에 미친 영향에 대해서는 언급하지 않고 있다.

21. 석탄산업합리화사업단(1994), 125쪽; 임송자(2013), 185~189쪽.

22. 남춘호(1991), 167~168쪽.

23. 남춘호(1991), 172쪽.

24. 박형신(2004), 161쪽.

25. 석탄합리화사업에서 카지노 설립까지의 과정을 지역 사회의 갈등구조란 측면에서 연구한 성과로는 박형신(2004)을 참조.

26. 한국에서는 1988년 3월 「지방자치법」이 개정되고 그에 따라 1991년 주민의 직접선거에 의해 기초 및 광역 자치 단체의 지방의회가 구성되었으며, 1995년에는 기초 및 광역 자치 단체의 단체장을 뽑는 선거가 치러졌다.

27. 1995~2005년 사이에 태백시, 삼척시, 영월군, 정선군의 인구는 약 26만 9,000명에서 약 21만 2,000명으로 21.2% 감소했다(강원도, 『통계연보』; 각 시군, 『통계연보』).

28. 강원도(2006).

29. 石炭政策史編纂委員会編(2002), 資料編, 22쪽.

30. 麻生百年史編纂委員会編(1975).

31. 澤口(2011).

32. 菱高開発(株)(1986년 12월 설립, 자본금 3,000만 엔, 三菱鉱業시멘트와 三菱石炭鉱業이 자본 참여), 高島興産(株)(1987년 1월 설립, 자본금 1,500만 원, 三菱鉱業시멘트와 三菱石炭鉱業이 자본 참여), (株)시텟쿠스(シ-テックス)(1987년 4월 설립, 자본금 1억 4,300만 엔, 三菱 그룹 자본 참가). 각사의 그 고용력은 한정적이어서, 菱高開発은 10~15명, 高島興産은 2명, 시텟쿠스는 12명의 종업원 채용을 예상했다(「今後の産炭地域振興策について」, 産炭地域振興会九州地域部会, 專620616-

S-2, 1987년 5월 29일).

33. 「三井三池炭鉱の閉山に伴う産炭地域振興関係各省庁等の対策について」, 資源エネルギ-庁石炭部, 総9-S-28, 2007년 5월.

34. 작법은 지자체의 자치 운용의 표준적 처리 수속이며, 자치 운영의 패턴을 의미한다(光本, 2007, 21쪽).

35. 光本(2007), 230~232쪽.

36. 斉川誠太郎, 「夕張よ 盛衰の軌跡 2 前市長の夢 まち再生へ らつ腕発揮」, 『北海道新聞』, 2006. 8. 30.

37. 中澤(2018), 117~118쪽.

38. 유바리시의 파산에 대해서는 남황우(2007) 참조.

39. 「産炭地域振興審議会第30回総合部会議事録」(部30-G), 1980년 11월 10일.

40. 1990년 11월의 산탄심 답신에 기초하여, 지역의 자주적 노력을 끌어내고 동시에 지원하기 위한 방책으로 "광역적으로 조직된 주민의 자발적 개발기구"인 중핵적 사업 주체가 설치되었지만, "당초 계획하고 있던 기금 운용률에 크게 미치지 못하고 있는 등, 시정촌(市町村)의 지원 요망에 충분히 대응하지 못하고 있으며, 또 자주사업을 적극적으로 전개하지 못하고 있는 상황에 있다"(「第13回産炭地域振興審議会総会」(総13-S-3), 1999년 2월 25일)는 평가에 따르면, 중핵적 사업 주체가 기대한 만큼의 성과를 올리지 못하고 있는 상태에 있음을 알 수 있다.

41. 탄광을 소유하고 직접 경영하였던 영국 정부는 석탄산업의 구조조정 과정에서 광부들과 그들의 지역 사회에 광범위한 공적 지원을 제공했다. 국가석탄위원회(National Coal Board: NCB)가 1960년대에 비생산적인 탄광의 폐광을 시작했을 때, 영국 정부는 해고된 광부를 고용하고 지원하는 조치를 강구했다. 단거리를 통근해야 했던 광부들에게는 여행수당을 지급했으며, 멀리 떨어진 탄광 지역으로 이동하는 것을 선택한 광부들에게는 이동경비 일체를 정부가 지급했다. 1965년에 성립한 퇴직수당법(the Redundancy Payments Bill)은 관대한 일시금을 보상함으로써 광부들이 석탄산업에서 떠나가기 쉽도록 했다. 추가적인 입법 조치에 의해 55세 이상의 광부들에게는 그들의 마지막 수입의 90%에 해당한 퇴직수당을 3년 동

안 받을 수 있게 했고, 국가연금을 받을 수 있는 자격이 되는 나이를 낮추었다. 배치전환된 광부나 전에 광부였던 자들도 영국의 국가 보건 시스템하에서 건강보험을 유지했다. 중앙정부는 전직 광부들을 위한 직업 재훈련 계획과 구직 서비스뿐만 아니라 석탄 지역의 재개발에도 자금을 쏟아부었다.

영국 정부는 폐광 지역의 사회적 환경만이 아니라 물리적 환경에도 주의를 기울였다. 영국의 토지 복구에 대한 기준은 세계의 다른 어느 곳보다도 높았다. 1951년에 농업성은 고갈된 노천굴을 농지로 복구하기 위한 자금을 제공하기 시작했다. 노천굴의 잇따른 폐광으로 5년 안에 농경지로 완전히 복구하는 것을 요구하는 새로운 규제가 생겼다. NCB가 집중적인 폐광을 시작한 후인 1960년대와 1970년대에 정부는 200개의 갱이 있는 520에이커의 부지에 새로운 계획도시의 건설과 1,000에이커의 컨트리 파크 조성을 포함하는 야심적인 복구 프로젝트를 착수했다. 1990년대에 또 하나의 대대적인 산탄지 진흥이 시도되었다. 이때의 진흥 프로젝트는 토지 복구와 경제 재개발을 조절하는 새로운 국가위원회 English Partnership의 설치, 환경 정화를 위한 사적인 자금조성을 하는 몇 개의 비정부 조직의 설립, 유럽연합의 유럽 지역 개발 펀드로부터의 보조금 등을 포함하는 것이었다. 영국의 20세기 후반의 석탄산업의 정치적 과정 및 노동조합의 역사에 대해서는 Ashworth(1986), Waddington, Critcher, Dicks, and Parry(2001)를 참조.

42. 일본은 제2차 세계대전 전에도 불완전하지만 지방 자치의 경험을 가지고 있었다. 1890년에 어느 정도의 자치권을 갖는 지방의회가 설립되었지만, 선거권 제한·국세 납입액에 의한 등급선거제, 자치 단체장 집행권의 의회에 대한 우월한 지위 등 중앙집권적, 관치적 색채가 농후했다. 1926년의 보통선거제의 채용 등으로 자치권은 점차 강화되었지만, 제2차 세계대전 시에 자치권은 축소되었다.

43. 영국의 강력한 노동조합은 폐광 충격에 대한 완충장치의 역할을 했다. NCB가 1960년대에 들어와 계획적인 폐광을 시작할 때, 영국의 광산노조(the National Union of Mineworkers: NUM)는 강력히 반발했다. 특히 1974년의 전국적인 파업으로 보수당 정권을 무너뜨렸을 정도로 NUM은 강력한 정치력을 가지고 있었다. 대처 총리의 NUM에 대한 단호한 정책은 노동조합을 분열시키고 약화시켰

으나, 그 과정에서 석탄산업 문제는 항상 대중의 주목을 받아 왔으며 정부는 석탄산업을 항상 우선적으로 연구, 조사하고 사양화에 대한 사회적 붕괴의 충격을 완화하게 하는 정책을 취했다. 20세기 후반의 영국의 탄광노동조합에 대해서는 Ashworth(1986), Parker(2000)를 참조.

44. 비즈니스 유니오니즘은 조합은 조합원으로부터 조합비를 받고 조합원을 위해 서비스를 제공하는 것이 조합이 업무이며 그 이하도 그 이상도 아니라는, 즉 '비즈니스'라는 사고에 기초하고 있는 것으로, 특히 미국 노동조합의 특징으로서 지적되고 있다. 미국의 비즈니스 유니오니즘에 대해서는 Goldfield(1987), Moody(1988), 津田(1967)를 참조.

종장

1. 산업정책의 효과에 의문을 제기하는 대표적인 연구로는 三輪芳朗·J.マーク·ラムザイヤー(2002), 竹内弘高(2002)를 참조.
2. Johnson(1982).
3. 제2장 주 6 참조.
4. 사회복지정책과 경제정책의 사상으로 자유경쟁에 기초하여 자유로운 창의, 궁리를 경제적 효율성에 뒷받침된 사회복지적 진보로 연결시키는 것을 목적으로 하는 것이나, 그 개념은 다양하게 해석되고 종종 정치적 슬로건으로 간주되는 경우가 있다. 시장경제이기 때문에 시장 메커니즘과 자유경쟁을 존중하고 시장의 균형화 기능을 중시하는 사고임에는 틀림이 없으나, 동시에 '시장경제' 앞에 둔 '사회적'이라고 하는 형용사는 시장 참가자로 구성되는 사회 전체의 움직임에 배려한다는 윤리적 개념을 나타내는 것으로 정책에 의한 사회 조화를 중시하는 사고방식이다. 기업이나 사유재산, 자유무역을 옹호하면서 노동조합의 단체교섭이나 연금·건강보험 등의 사회보험과 같은 사회정책과 결합한 형태의 자본주의라고 할 수 있다(ウィキペディア).

5. 土屋清·稲葉秀三編(1961), 334, 338쪽.
6. Ludwig Wilhelmina Erhard. 1949년부터 1963년까지 서독의 경제장관으로서 제2차 세계대전 후 서독의 기적적인 경제성장을 이끌었으며, 사회적 시장경제 개념을 제창했다.
7. 土屋清·稲葉秀三編(1961), 244~247쪽.
8. 通商産業省(1990), 425쪽.
9. 石炭鉱害事業団編(1971), 49쪽.
10. 토목공사 중심의 광해 대책으로 탄광 이직자를 임시 고용한 지역의 토목업자(이 중에는 악덕업자가 상당히 포함되어 있었다)가 큰돈을 벌게 되어 '광해 저택'(鉱害御殿)들이 규슈의 지쿠호 일대에 세워졌다고 한다(中澤, 2018, 111~112쪽).
11. 笹生(2000), 210~211쪽.
12. 嶋崎(2018), 81쪽.
13. 이직 광부들의 생활사 및 이동에 관한 선구적 연구로는 布施(1982), 高橋(2002)를 참조. 최근의 연구로는 嶋崎(2013, 2018)를 참조.

참고문헌

1. 자료

『有価証券報告書』.
日本石炭協会九州支部資料.
通商産業省,「産炭地域振興審議会資料」.

2. 통계/연감

労働省編,『資料労働運動史』, 労務行政研究所.
大同通信社,『石炭年鑑』, 大同通信社.
石油連盟,『石油業界の推移』, 石油連盟.
通商産業大臣官房調査統計部編,『石炭・コークス統計年報』, 日本石炭協会.
通商産業省調査統計部鉱業統計課編,『本邦鉱業の趨勢』, 通商産業調査会.
日本エネルギー経済研究所 計量分析ユニット編,『エネルギー・経済統計要覧』, 省エネルギーセンター.
日本産業技術振興協会,『石炭統計資料』, 日本産業技術振興協会, 1974.
日本石炭協会,『石炭統計総観』, 日本石炭協会, 1950.
______,『石炭統計総観』, 日本石炭協会, 1957.
日本石炭鉱業経営者協議会篇,『石炭労働年鑑』, 日本石炭鉱業経営者協議会.
日本銀行統計局,『明治20年-昭和37年 卸売物価指数』, 日本銀行, 1964.
______,『明治以降 本邦主要経済統計』, 日本銀行, 1967.

3. 한국어 문헌

강원도,『강원 탄광지역의 어제와 오늘』, 2006.
깃카와 다케오,「전후형 기업집단의 형성」, 하시모토 쥬로·다케다 하루히토 편저, 장현준·권혁태 편역,『일본경제의 발전과 기업진단』, 1997.

______, 「전후의 경제성장과 일본형 기업경영」, 미야모토 마타오 외, 정진성 옮김, 『일본경영사: 일본형 기업경영의 발전-에도에서 현재까지』, 2001.
남춘호, 「石炭鑛業 勞動市場分節에 관한 연구」, 서울대학교 박사학위논문, 1991.
남황우, 「유바리시 재정파탄에 관한 연구」, 『도시행정학보』 제20집 제3호, 한국도시행정학회, 2007.
미야모토 마타오 외 지음, 정진성 옮김, 『일본경영사: 일본형 기업경영의 발전-에도에서 현재까지』, 한울, 2001(宮本又郎·阿部武司·宇田川勝·沢井実·橘川武郎, 『日本経営史-日本型企業経営の発展·江戸から平成へ』, 1995, 有斐閣).
박기주, 「식민지기 조선의 석탄 수급구조와 정책」, 『대동문화연구』 제67집, 2009.
박기주·정진성, 『사양산업의 구조조정정책: 석탄산업의 사례를 중심으로』, 기획재정부, 2013.
박태호·박철희 엮음, 『동아시아의 로칼리즘, 내셜널리즘, 리저널리즘』, 인간사랑, 2007.
박형신, 「강원 폐광 지역의 지역 정치와 갈등 구조-석탄 합리화 사업에서 카지노 건립까지」, 『사회와 역사』 66, 2004.
산업자원부, 『산업자원백서』, 2003.
석탄산업합리화사업단, 『폐광에 따른 산탄지역진흥에 관한 연구』, 1991.
______, 『석탄광폐광지원백서』, 1994.
______, 『사업단십년사 1987-1997』, 1997.
임송자, 「강원도 탄광노동자들의 노동쟁의 양상과 특징」, 『통합인문학연구』 제5권 제1호, 한국방송통신대학교 통합인문학연구소, 2013.
임채성, 「軍派遣團의 大韓石炭公社 支援과 石炭産業의 復興(1954. 12-1957. 8)」, 『동방학지』 139, 2007.
______, 「해방 후 석탄산업의 재편과 귀속탄광의 운영」, 『아세아연구』 제51권 제4호, 2008.
정진성, 「에너지혁명하 일본탄광기업의 경영전략」, 『국제지역연구』 제13권, 2004.
______, 「무역자유화와 일본의 종합 에너지정책」, 박태호·박철희 엮음, 『동아시아의 로칼리즘, 내셔널리즘, 리저널리즘』, 2007.
______, 「전후 부흥기 일본의 석탄산업-석탄통제 철폐 이후의 시기를 중심으로-」, 『논문집』 제48집, 한국방송통신대학교, 2009.

______, 「에너지혁명기 일본석탄산업의 노동운동-석탄정책전환투쟁을 중심으로-」, 『韓日經商論集』 제56권, 2012.

______, 「일본의 산탄지역진흥정책: 산업구조조정정책에서 지역개발정책으로」, 『일본비평』, 제8권, 서울대일본연구소, 2013a.

______, 「산탄지역대책에 대한 한미일 비교」, 『통합인문학연구』 제5권 제2호, 한국방송통신대학교, 2013b.

하시모토 쥬로·다케다 하루히토 편저, 장현준·권혁태 편역, 『일본경제의 발전과 기업집단』, 오롬시스템, 1997(法政大学産業情報センター·橋本寿朗·武田晴人編, 『日本経済の発展と企業集団』, 東京大学出版会, 1992).

한국개발연구원, 『주력산업 구조조정과 고도화를 위한 사례연구』, 한국개발연구원, 2017.

4. 일본어 문헌

相原茂編, 『現代日本の資本蓄積』, 東京大学出版会, 1961.

秋葉理史, 「エネルギー危機」下の新石炭政策について」(上)(中)(3)(4), 『経済』 第138, 140, 141, 142号, 1975, 1976.

麻生百年史編纂委員会編, 『麻生百年史』, 麻生セメント, 1975.

石岡克俊, 「産炭地域振興臨時措置法の形成と展開」, 杉山伸也·牛島利明編, 『日本石炭産業の衰退-戦後北海道における企業と地域』, 2012.

市原 博, 『炭鉱の労働社会史』, 多賀出版, 1997.

石村善助, 『鉱業権研究』, 勁草書房, 1960.

岩上真珠·池岡義孝·大久保孝治編, 『変容する社会と社会学-家族·ライフコース·地域社会』, 学文社, 2017.

岩本直, 「産炭地域政策の政策効果に関する研究」, 『第32回土木計画学研究·講演集』, 2005(http://www.jsce.or.jp/library/open/proc/maglist2/00039/200511_no32/index.html).

牛島利明, 「第4次石炭政策と企業再編」, 杉山伸也·牛島利明編, 『日本石炭産業の衰退-戦後北海道における企業と地域』, 2012.

大川一司編, 『長期経済統計8 物価』, 東洋経済新報社, 1966.

荻野喜弘,「占領期における石炭鉱業」, 原朗編,『復興期の日本経済』, 2002.
貝塚啓明・財務省財務総合政策研究所編,『再訪 日本型経済システム』, 有斐閣, 2002.
神代和欣・連合總合生活開發研究所編,『戰後50年 産業・雇用・勞働史』, 日本勞働研究機構, 1995.
河西宏祐,『企業別組合の理論-もう一つの日本的労使関係-』, 日本評論社, 1989.
橘川武郎,「電気事業法と石油業法」, 近代日本研究会編,『年報近代日本研究13 経済政策と産業』, 山川出版者, 1991.
______,『日本電力業の発展と松永安左衛門』, 名古屋大学出版会, 1995.
九州経済調査協会編,『不況下における九州中小炭鉱の実態』, 西日本石炭通信社, 1955.
______,『九州経済の20年』, 九州経済調査協会, 1966.
______,『旧炭鉱住宅の実態と産炭地域の生活環境整備に関する調査研究』, 九州経済調査協会, 1988.
九州大学産炭地問題研究所,『産炭地域住民の生活実態調査 報告書(1)』謄写版, 1964.
経済安定本部,『日本のエネルギー問題』, 経済安定本部, 1951.
経済企画庁,『日本のエネルギー』, 日刊工業新聞社, 1958.
______,『貿易自由化と日本経済』(その1, その2), 1960.
______,『国民所得倍増計画』, 1961.
経済産業省九州経済産業局,『九州石炭鉱業の歩み』, 経済産業省九州経済産業局, 2001.
小堀 聡,「エネルギー革命と日本の電力産業・電力政策-重油専焼火力発電所をめぐって-」,『経営史学』第39巻 第4号, 2005.
______,『日本のエネルギー革命一資源小国の近現代』, 名古屋大学出版会, 2010.
______,「エネルギー供給体制と需要構造」, 武田晴人編,『高度成長期の日本経済-高成長実現の条件は何か』, 2011.
小宮隆太郎・奥野正寛・鈴木与太郎編,『日本の産業政策』, 東京大学出版会, 1984.
小宮隆太郎外,『日本の産業政策』, 東京大学出版会, 1988.
雇用促進事業団,『炭鉱離職者援護業務5年のあゆみ』, 雇用促進事業団, 1966.
______,『雇用促進事業団十年史』, 雇用促進事業団, 1971.

笹生 仁,『エネルギー・自然・地域社会-戦後エネルギー地域政策の一史的考察-』, EEC出版, 2000.
澤口恵一,「石炭産業の衰退と漸進的撤退の戦略-常磐炭田の事例から」,『大正大学研究紀要』, 第96輯, 2011.
産業計画会議,『わが国エネルギー政策の基本問題』, 1958.
______,『日本のエネルギーと石炭』, 東洋経済新報社, 1960.
産炭地域振興事業団,『産炭地域振興事業団十年史』, 産炭地域振興事業団, 1972.
資源エネルギー庁石炭部,「産炭地域振興対策の現状と今後の検討事項」, 1980.
嶋崎尚子,「「最後のヤマ」閉山離職者の再就職過程-太平洋炭礦と釧路地域-」,『地域社会学会年報』第25集, 2013.
______,「炭鉱離職者対策初期における労働者の広域職業移動-「炭鉱離職者就職通報」個票データによる分析」,『エネルギー史研究』第32号, 2017年 3月.
______,「炭鉱閉山と労働者・家族のライフコース-産業時間による説明の試み」, 岩上真珠・池岡義孝・大久保孝治編,『変容する社会と社会学-家族・ライフコース・地域社会』, 2017.
______,「炭鉱閉山と家族」, 中澤秀雄・嶋崎尚子編著,『炭鉱と日本の奇跡』, 2018.
島西智輝,『日本石炭産業の戦後史』, 慶應義塾大学出版会, 2011.
清水慎三,「三井三池争議」, 藤田若雄・塩田庄兵衛,『戦後日本の労働争議』, 1963.
______編,『戦後労働組合運動史論』, 日本評論社, 1982.
______,「三池争議小論-八〇年代からの再論」, 清水慎三編,『戦後労働組合運動史論』, 1982.
白樫 久,「炭鉱離職者の生産・労働-生活過程に関する分析」, 布施鉄治編,『地域産業変動と階級・階層-炭都・夕張/労働者の生産・労働-生活史・誌-』, 1982.
杉山伸也・牛島利明編,『日本石炭産業の衰退-戦後北海道における企業と地域』, 慶応義塾出版会, 2012.
住友石炭鉱業株式会社社史編纂委員会,『わが社のあゆみ』, 住友石炭鉱業株式会社, 1990.
石炭経済研究所,『石炭鉱業の諸問題-新石炭政策の背景-』, 石炭経済研究所, 1962.
石炭鉱害事業団編,『石炭鉱害復旧史』, 宝満社, 1971.
石炭鉱業合理化事業団編,『団史(整備編)』, 石炭鉱業合理化事業団, 1965.

______,『団史(整備・近代化編)』, 石炭鉱業合理化事業団, 1976.
石炭鉱業合理化政策史研究会,『石炭鉱業合理化政策史』, 石炭鉱業合理化政策史研究会, 1990.
石炭政策史編纂委員会編,『石炭政策史』, 石炭エネルギーセンター, 2002.
仙波恒徳,「戦後石炭政策の変遷とその帰結(1)(2)(3)」,『レファレンス』第27巻 第11, 12号, 第28巻 第1号, 国立国会図書館調査及び立法考査局, 1977, 1978.
総合研究開発機構(NIRA)戦後経済政策資料研究会編,『国民所得倍増計画資料』第1巻, 日本経済評論社, 1999.
______,『国民所得倍増計画資料』第31巻, 日本経済評論社, 2000a.
______,『国民所得倍増計画資料』第32巻, 日本経済評論社, 2000b.
園田 稔,『戦後石炭史』, セキソウ, 1970.
田浦良也,「石炭産業の崩壊と筑豊経済の変貌」, 平兮元章・高橋薫・内海洋一編著,『旧産炭地の都市問題-筑豊・飯塚市の場合-』, 1998.
高川正通,「貝島炭礦の離職者対策」, 高橋伸一編,『移動社会と生活ネットワーク』, 2002.
高橋伸一編,『移動社会と生活ネットワーク』, 高菅出版, 2002.
竹内弘高,「日本型政府モデルの構成要素」, 貝塚啓明・財務省財務総合政策研究所編,『再訪 日本型経済システム』, 2002.
武田晴人編,『高度成長期の日本経済-高成長実現の条件は何か』, 有斐閣, 2011.
武田良三編,「炭礦と地域社会-常磐炭礦における産業・労働・家族および地域社会の研究-」,『社会科学討究』第8巻 第2・3号, 合併号早稲田大学社会科学研究所, 1963.
丁振聲,「高度経済成長期の石炭産業調整政策-生産維持と雇用調整を中心として-」,『社会経済史学』, 第72巻 第2号, 2006.
通商産業省,『産業合理化白書-回顧と展望-』, 日刊工業新聞社, 1957.
______,『通商産業政策史』第10巻, 通商産業調査会, 1990.
______,『通商産業政策史』第7巻, 通商産業調査会, 1991a.
______,『通商産業政策史』第8巻, 通商産業調査会, 1991b.
______,『通商産業政策史』第3巻, 通商産業調査会, 1992.
通商産業大臣官房物資調整課編,『将来における日本の産業とエネルギー』, 1957.

通商産業省産炭地域振興課,『産炭地域の現況』, 1972.
通商産業省石炭局編,『高炭価問題と合理化の方向』, 石炭経済研究所, 1953.
______,『石炭政策の概観』, 財務出版, 1968.
通商産業大臣官房物資調整課編,『将来における日本の産業とエネルギー』, 1957.
津田真澂,『アメリカ労働組合の構造-ビジネス・ユニオニズムの生成と発展』, 日本評論社, 1967.
土屋清・稲葉秀三編,『エネルギー政策の新展開』, ダイヤモンド社, 1961.
戸木田嘉久,「炭鉱失業の諸問題」,『社会政策学会年報』第六集, 1958.
______,『九州炭鑛労働調査集成』, 法律文化社, 1989.
______・川端久夫,「関西地方在住の炭鉱離職者の就労と生活状態に関する調査報告」,『立命館経済学』, 1970.
______・川端久夫,「関西地方在住の炭鉱離職者の就労と生活状態に関する調査報告ー続ー」,『立命館経済学』, 1972.
徳本正彦・依田精一,『石炭不況と地域社会の変容』, 法律文化社, 1963.
戸塚秀夫・兵藤釗編,『地域社会と労働組合』, 日本経済評論社, 1995.
内閣総理大臣官房審議室,『石炭鉱業の雇用失業関係資料(その二)』, 1960.
中澤秀雄,「産炭地と「自治」-夕張はなぜ破綻したのか」, 中澤秀雄・嶋崎尚子編著,『炭鉱と日本の奇跡』, 2018.
中澤秀雄・嶋崎尚子編著,『炭鉱と日本の奇跡』, 青弓社, 2018.
中西穂高,「産炭地域振興対策の終了過程における地域の視点からの論議-国会審議の分析から-」,『経済地理学年報』第51巻, 2005.
中村隆英,「石炭鉱業の資本蓄積」, 相原茂編,『現代日本の資本蓄積』, 1961.
日本エネルギー経済研究所編,『戦後エネルギー産業史』, 東洋経済新報社, 1986.
日本興業銀行調査部,「戦後石炭鉱業における設備投資と合理化の過程」,『興銀調査月報』48, 1960.
日本政策投資銀行編,『日本開発銀行史』, 東京: 日本政策投資銀行, 2002.
日本炭鉱労働組合篇,『炭労十年史』, 日本炭鉱労働組合, 1964.
______,『炭労四十年史』, 日本炭鉱労働組合, 1991.
根津知好編,『石炭国家統制史』, 日本経済研究所, 1958.
浜民生,「池島炭鉱離職者及び家族の就労・生活実態に関する調査分析-閉山2年を経

て-」, 長崎県地域労使就職友授機構, 2004.
原朗編,『復興期の日本経済』, 東京大学出版会, 2002.
原彬久,『戦後史のなかの日本社会党』, 中央公論社, 2000.
兵藤釗,『労働の戦後史(上)』, 東京大学出版会, 1997.
______,「職場の労使関係と労働組合」, 清水慎三編,『戦後労働組合運動史論』,1982.
平井陽一,「三井三池争議 1960年-人員整理の「質」と三鉱連離脱問題-」, 労働争議史研究会編,『日本の労働争議(1945-80年)』, 1991.
______,『三池争議-戦後労働運動の分水嶺』, ミネルヴァ書房, 2000.
平兮元章・高橋薫・内海洋一編著,『旧産炭地の都市問題-筑豊・飯塚市の場合-』, 多賀出版, 1998.
福岡県,『福岡県産炭地域振興対策基本調査報告書』(筑豊地区資料編), 1962.
______,『炭鉱離職者対策-合理化解雇離職者を中心として-』, 1964a.
______,『炭鉱労働力充足対策』, 1964b.
______,『産炭地域振興調査報告書』, 1966.
福岡通商産業局,『九州の石炭』, 福岡通商産業局, 1962.
______,『九州における石炭鉱業の概況』, 福岡通商産業局, 1966.
______,『九州石炭鉱業の概況』, 福岡通商産業局, 1971.
______,『九州産炭地域の現況』, 福岡通商産業局, 1974.
藤田若雄・塩田庄兵衛,『戦後日本の労働争議』, お茶の水書房, 1963.
藤野豊,『「黒い羽根」の戦後史: 炭鉱合理化政策と失業問題』, 六花出版, 2019.
布施鉄治編,『地域産業変動と階級・階層-炭都・夕張/労働者の生産・労働-生活史・誌-』, お茶の水書房, 1982.
星野省也,『日本のエネルギー問題』, ダイヤモンド社, 1964.
北海道労働部,『炭鉱離職者対策の概況』, 1968.
正岡寛司ほか編,『炭礦労働者の閉山離職とキャリアの再形成 PARTⅠ』, 早稲田大学人間総合研究センター・早稲田大学文学部社会学研究室, 1998.
増田寛也編,『地方消滅-東京一極集中が招く人口急減』, 中央公論新社, 2014.
松石泰彦,『企業城下町の形成と日本的経営』, 同成社, 2010.
三池炭鉱労働組合,『みいけ20年』, 労働旬報社, 1967.
三井鉱山株式会社,『資料 三池争議』, 三井鉱山株式会社, 1963.

______,『男たちの世紀-三井鉱山の百年』, 三井鉱山株式会社, 1990.
三菱鉱業セメント株式会社,『三菱鉱業社史』, 三菱鉱業セメント株式会社, 1976.
光本伸江,『自治と依存ー湯布院と田川市の自治運営のレジーム』, 敬文堂, 2007.
宮本憲一・横田茂・中村剛次郎編,『地域経済学』, 有斐閣, 1990.
三輪芳朗・J. マーク・ラムザイヤ-,『産業政策論の誤解』, 東洋経済新報社, 2002.
矢田俊文,『戰後日本の石炭産業-その崩壊と資源の放棄-』, 新評論, 1975.
______,『石炭業界』, 教育社, 1977.
______,「「エネルギー革命期」における石炭企業の動向」,『ビジネス レビュー』, Vol. 26, No. 2, 一橋大学産業経営研究所, 1979.
______,「構造不況と地域政策-戦後日本の石炭産業の衰退と産炭地域政策」,『産業学会年報』第10号, 1995.
山本順子,「炭鉱地帯における失業問題」,『社会政策学会年報』第七集, 1959.
労働省職業安定局,『炭鉱離職者対策十年史』, 日刊労働通信社, 1971.
労働争議史研究会編,『日本の労働争議(1945-80年)』, 東京大学出版会, 1991.
若林良和,「閉山に伴う地域社会の変貌」, 高橋伸一編,『移動社会と生活ネシトワーク』, 2002.
渡辺純子,『産業発展・衰退の経済史-「10大紡」の形成と産業調整』, 有斐閣, 2010.

5. 영어 문헌

Allen, Matthew, *Undermining the Japanese Miracle: Work and Conflict in a Coal-mining Community*, Cambridge, New York: Cambridge University Press, 1994.
Ashworth, William, *The History of the British Coal Industry, Vol. 5, 1946-1983: The Nationalized Industry*, Oxford: Clarendon Press, 1986.
Bakerman, Theodore, *Anthracite Coal: A Study in Advanced Industrial Decline*, New York: Arno Press, 1979.
Church, Roy A., *The Rise and Decline of the British Motor Industry*, London: Macmillan, 1994.
Cooke, Philip, *The Rise of the Rustbelt*, London: UCL Press, 1995.
Culter, Suzanne, *Managing Decline: Japan's Coal Industry Restructuring and Community*

Response, Honolulu: University of Hawaii Press, 1999.

Dublin, Thomas and Walter Licht, *The Face of Decline: the Pennsylvania Anthracite Region in Twentieth Century*, Ithaca: Cornell University Press, 2005.

Goldfield, Michael, *The Decline of Organized Labor in the United States*, Chicago: University of Chicago Press, 1987.

Hein, Laura E., *Fueling Growth: The Energy Revolution and Economic Policy in Postwar Japan*, Cambridge and London: Harvard University, 1990.

High, Steven C., *Industrial Sunset: The Making of North America's Rust Belt, 1969-1984*, Toronto: University of Toronto Press, 2003.

Johnson, Chalmers, *MITI and the Japanese Miracle: The Growth of Industrial Policy, 1925-1975*, Stanford University Press, 1982.

Krajcinovic, Ivana, *From Company Doctors to Managed Care: The United Mine Workers' Noble Experiment*, Ithaca: Cornell University, 1997.

Lesbirel, S. Hayden, "Structural Adjustment in Japan: Terminating 'Old King Coal'," *Asian Survey*, Vol. XXXI, No. 11, 1991.

Lorenz, Edward H., *Economic decline in Britain: the shipbuilding industry, 1890-1970*, Oxford: Clarendon Press, 1991.

Moody, Kim, *An Injury to All: The Decline of American Unionism*, London: New York: Verso, 1988.

Parker, M. J., *Thatcherism and the Fall of Coal*, Oxford: Oxford University Press, 2000.

Parton, W. Julian, *The Death of a Great Company: Reflection on the Decline and Fall of the Lehigh Coal and Navigation Company*, Easton, Pa.: Canal History and Technology Press, 1998.

Porter, Michael E., *Competitive Strategy: Techniques for Analyzing Industries and Competitors*, New York: The First Press, 1980.

Singleton, John, *Lancashire on the Scrapheap: the Cotton Industry 1945-1970*, Oxford: Oxford University Press, 1993.

Suzuki, Kunio, "From Zaibatsu to Corporate Complexes," in Shiba, Takao and Shimotani Masahiro, eds., *Beyond the Firm: Business Groups in International and Historical Perspective*, Oxford: Oxford University Press, 1997.

Waddington, David, Chas Critcher, Bella Dicks, and David Parry, *Out of Ashes: The Social Impact of Industrial Contraction and Regeneration on Britain's Mining Communities*, London: The Stationery Office, 2001.

찾아보기

ㅊ

ㅋ

ㅌ